혁신을
기록하다

인천도림초등학교 행복배움 이야기

부모되는
철학시리즈
15

인천도립초등학교 행복배움 이야기

혁신을 기록하다

초판 1쇄 발행 2020년 12월 15일

지은이. 이해정 외 41명

ISBN
978-89-6529-261-6
(03370)

18,000원

이 도서의 국립중앙도서관
출판예정도서목록(CIP)은
서지정보유통지원시스템 홈페이지
(http://seoji.nl.go.kr)와 국가자료
공동목록시스템(www.nl.go.kr/
kolisnet)에서 이용하실 수 있습니다.

발행. 김태영
발행처. 도서출판 씽크스마트
서울특별시 마포구 토정로 222(신수동)
한국출판콘텐츠센터 401호
전화. 02-323-5609 / 070-8836-8837
팩스. 02-337-5608
메일. kty0651@hanmail.net

씽크스마트 · 더 큰 세상으로 통하는 길
'더 큰 생각으로 통하는 길'이라는 비전으로
삶의 지혜를 채우며 생각의 깊이와 넓이를
더하는 힘을 드리고자 합니다

도서출판 사이다 · 사람과 사람을 이어주는 다리
사람의 가치를 밝히며 서로가 서로의
삶을 세워주는 세상을 만드는 데 필요한
사람과 사람을 이어주는 다리의 줄임말이며
씽크스마트의 임프린트입니다.

혁신을
기록하다

인천도림초등학교 행복배움 이야기

CONTENTS

제1부 **혁신을 심다**

CONTENTS

제3부 배움이 자라다

제4부　행복을 얻다

1부

혁신을
심다

새로운 학교의 길을 만나다

이태섭
교　사

일상이 기적

"학교 다녀오겠습니다!"

침대 위에서 쏟아지는 잠을 이겨내고 몸의 중력을 거슬러 학교로 달려 나가는 아이의 모습이 이젠 일상의 기적처럼 느껴진다.

2020년 봄, 코로나19의 대유행은 가정과 학교의 모습에서 우리 삶의 방식을 촘촘히 변화시켰다. 반갑게 만나며 손뼉을 마주치는 인사도, 살갗을 부딪치며 뛰놀던 아이들의 몸부림도, 맛있는 반찬을 조금 더 먹겠다고 왁자지껄하게 떠드는 점심시간도 이젠 낯설게 다가온다. 학교에서 학생들을 만나고 관계를 맺는 소소한 일상이 기적이었다니.

아이들은 일주일에 한두 번 학교에 가고, 교실에서도 마스크를 쓰며 서로 떨어져 있어야 한다. 그리고 이러한 현실은 교육을 논하기 전에 너무도 비극적인 일이다. 공공재인 학교의 부재가 아이들의 일상을 무너뜨리고 무기력하게 만들고 있는 것이다. 일상의 삶이 무너지고 배움이 멈춰버린 현재, '학교란 무엇인가?'에 대해 새롭게 논란이 되고 있다. 학교는 교사와 학생들에게 어떤 공간인지, 학교의 사회적 역할과 기능은 무엇인지, 학교는 어떤 모습으로 변해야 하며 또는 변화하지 말아야 하는지 우리에게 많은 질문을 던지고 있다. 학교의 존재론적 가치를 긍정하거나 부정하는 모든 사람에게 학교에 대한 물음이 이젠 범인에게나 학자에게나 철학적 질문이 된 것이다.

오늘날의 학교는 학교의 어원인 스콜레(한가함)처럼 아이들이 놀고 즐기는 공간은 아니다. 학교는 사적 공간인 가정에서 공적 공간으로 나아가 세상을 만나게 하는 매개체의 역할을 한다. 인간이 만든 사회문화와 정치, 경제의 세상은 그것들을 이해하기 위한 과정이 필요하고, 수업이라는 형태로 상호작용하기 위해 학교라는 공간이 필요하게 되었다.

하지만, 현대의 학교는 다양한 구성원들의 사회적 요구들이 충돌하고 있다. 세상을 만나게 하는 매개체의 역할을 어떻게 평가하고 변화하길 바라는지에 따라 학교는 늘 논란의 대상이 되어왔다. 이들 논란에 대한 다양한 주장을 살펴보면 네 가지로 정리될 수 있다.

첫째는 학교가 기존의 모순된 사회체제를 유지하고 기득권을 인정하는 역할을 하기에 학교제도 자체를 폐지하거나 정부의 역할을 대폭 축소해야 한다는 의견이다. 이처럼 탈학교를 부르짖는 사람들은 대안학교 운동으로 발전해 나갔다. 둘째로는 학교 교육이 불평등하고 차별적인 사회를 변화시키기 위해 사회 혁신에 좀 더 밀착된 교육을 지향해야 한다는 주장이다. 이는 국가 주도 교육과정을 축소하고 사회 불평등의 시발점인 경쟁 중심 입시교육과 학교 서열화를 폐지하는 교육개혁운동으로 전개되고 있다. 셋째는 학교의 역할이 국가와 사회의 요구에 부응하기보다는 교육의 본질적인 모습으로 돌아가서 개인의 자아 형성을 돕고 저마다의 성장과 발달을 지원해야 한다는 주장이다. 국가 주도 교육과정을 비판하고 있다는 점에서 두 번째 주장과 비슷해 보이나 구조개혁보다는 개인의 발달에 집중해야 한다는 입장이다. 마지막으로 학교가 정보화와 4차산업혁명으로 급속히 변화하는 사회적 요구에 충족하지 못한다는 것이다. 변화하는 사회적 요구가 충실히 반영되는 교육내용과 교육방법의 혁신을 요구하고 있다. 하지만 그 사회적 요구가 공동체를 지향하는 사회적 요구인지 양질의 노동력을 확보하기 위한 자본의 요구인지는 고민해 보아야 한다.

학교 변화에 대한 바람은 구성원의 수만큼 손가락으로 셀 수 없을 정도로 다양하다.

그렇다면 도림초의 구성원들이 바라는 행복배움학교는 어떠한 모습의 학교를 지향하는가? 학교 혁신을 주도하는 사람과 그렇지 않은 사람은 서로의 학교 철학이 상충되지는 않는가? 앞으로도 혁신학교와 같은 새로운 학교 운동은 타당한가? 이러한 논제는 몇몇 학교 변화를 주도했던 사람들의 생각을 정리한다고 일반화되지 않는다. 학교 구성원들이 스스로 한 뼘 더 성장하고 있다는 질적인 변화를 감지해야 한다. 이를 위해 도림초의 학교 혁신에 참여했거나 참여하고 있는 많은 교사들의 이야기를 통해서 그에 대한 해답을 찾고자 한다. 학교가 존재하는 이유를 결과론적 당위의 산물로 비판하기보다는 학생, 교사, 학부모의 상호작용을 관찰하면서 학교 혁신의 유의미한 지향점을 찾길 소망한다.

설레임

봄에는 언덕배기 과수원에 배꽃이 피어나고 여름에는 논밭 사이로 백로가 먹이를 찾아다니며 가을에는 울창한 숲에 상수리나무와 밤나무 열매가 열리는 곳.

도림초의 풍광은 광역도시답지 않게 자연 친화적이고 도심지와 다르게 복잡하지 않다. 수도권이 아닌 시군지역의 학교라고 해도 어색하지 않은 모습이다. 그곳에 사는 사람들도 자연을 닮았는지 모습이나 움직임이 평온해 보이기까지 하다.

도림학교로 첫 출근 하는 날. 낯선 환경과 낯선 사람과의 만남은 늘 설레임을 갖게 하거나 경계의 대상이 된다. 이는 타자와의 관계에서 형성된 경험의 질과 깊이에 따라 긍정적으로는 설레임을 부정적으로는 경계의 대상이 되기도 한다. 나에게 설레임은 늘 새로운 것에 대한 원동력이었고 모든 것에는 선한 의지를 갖고 있다는 막연한 신념에서 시작되었다. 다행히 도림초에서 만나는 모든 것의 시작은 설레임으로 다가왔고 그날의 기억은 나를 더욱 흥분시켰다.

2014년 인천시 교육감 선거일이 지나고 이튿날 아침, 2교시가 끝나고 교감선생님이 찾아오셨다.

"이부장님, 잠깐 얘기 좀 할 수 있을까?"

"교감선생님? 무슨 일 있으세요? 갑자기 교실을 다 찾아오시고"

"아... 아니. 음... 우리 학교에서 혁신학교 해보는 건 어때?"

"지난번에도 얘기했었잖아. 인천에서도 이젠 가능할 거 같은데?"

5분도 되지 않는 짧은 대화가 도림초 혁신학교 이야기기의 시작이 될 줄 누가 알았겠는가? 물론 하인리히의 법칙처럼 어떤 일이 일어날 때에는 무수히 많은 징후들이 있었고 노력한 사람들이 있었겠지만 말이다. 10여 년 전 학교의 새로운 변화를 위해 초등포럼 연구모임을 결성하거나 학교 혁신 연수에서 치열한 논의를 했던 어떤 순간보다도 극적으로 다가왔다.

교감선생님과 혁신학교에 대해 이야기를 나눈 후 도림초는 어제와 같은 존재가 아니었으며 새롭게 고백한 여자친구처럼 가슴 설레는 존재로 다가왔다. 도림초는 일어나지도 않은 일들을 상상하며 연민의 대상이 되었고 그것은 나에게로 다가와 비로소 꽃이 된 것이다.

변화의 징후

생각해 보면 혁신학교를 시작하자는 교감선생님의 제안은 갑작스러운 모습은 아니었다.

학교 혁신의 길로 갈 수 있었던 가장 큰 원동력은 도림초 선생님들이었다. 특히 지자체가 공모로 지원하는 '도림초 수업 나눔 동아리'는 학교를 변화시키는 공론의 장을 마련해 주었다. 2011년 창립된 동아리는 내가 도림초로 전출되었던 해에 동아리 회장의 역할을 맡게 되었다. 예산을 지원받는 공모동아리 활동으로 학교 혁신을 연구하기 위한 필요조건이 마련된 셈이다. 작은 학교의 놀라운 혁신을 보여준 학교가 바로 남한초등학교라고 할 수 있다. 그 남한산초등학교를 직접 취재했던 방송국 PD를 초대하여 PD의 눈으로 본 학교 수업의 변화와 아이들 모습을 생생히 전해 들었다. 겨울에는 양평에 있는 조현초등학교 인근으로 숙소를 잡고 교직원 수련회를 열었다. 경기도 혁신학교인 조현초에 근무하시는 선생님을 강사로 모셔 학교 변화에 대한 철학을 나누었다. 그렇게 도림초 교사들은 혁신학교의 흐름을 자연스럽게 접하게 되었고 학년연구실에서 학교와 수업의 변화를 나누는 것이 어색하지 않은 문화가 만들어졌다.

또 다른 변화의 징후는 학생평가에 대한 것이다. 2012년 도림초에 근무를 시작하고 학력부장을 맡으면서 시험과 평가에 대한 고민을 시작했다. 6학년을 대상으로 하는 전국학업성취도평가에 휘둘리면서도 백분율로 공지되는 시험성적은 경쟁의 도구로 자리 잡아 학생들을 고통스럽게 했다. 객관식 문항을 지양하고 서술형 문항 중심으로 수행평가를 바꿔내고 점수를 백분율로 나타낼 수 없도록 문항 수와 배점을 달리하도록 했다. 평가 방법의 변화를 통해 수업과 교육과정의 변화를 바꾸고자 했던 의도가 다분했다. 학부모를 가장한 학원장의 항의도 있었고 시험점수를 알려달라는 학부모의 항의도 있었지만 2013년에 전국학업성취도평가가 폐지되면서 큰 무리 없이 정착되었다. 이와 함께 교사의 평가권에 대한 자율성이 높아지면서 수업과 교육과정에 대한 다양화로 조금씩 확대되어갔다.

학생회 운영에 대한 변화의 시도도 있었다.

"부장님, 전교어린이회의는 도대체 왜 할까요? 말도 안되는 공약을 남발하고 당선된 이후에는 제대로 된 회의도 이루어지지 않고."

교사 회의에서 학생자치를 담당하던 후배 교사가 민원과 운영의 어려움을 호소하였다. 이후 여러 경로로 다양한 의견이 나왔지만, 담당교사의 개인 능력으로 치부하기보다 구조적인 문제로 접근해 갔다. 마침내 학부모 설문과 학교운영위 회의를 거쳐 전교어린이회의를 폐지하고 학급회의 중심으로 학생자치를 운영하는 것으로 결정했다. 전교어린이회의 폐지는 다음해 학급 정·부회장 제도 폐지로 이어지고 학급자치가 학교자치로 연결되도록 대의원제도를 만들었다. 형식적인 제도보다 학생들이 학교의 일에 좀 더 많은 참여가 이루어지도록 조금씩 제도를 바꿔나갔다.

이처럼 학교의 새로운 변화에 대한 시도들이 여러 곳에서 진행되어왔으며 2014년 인천형 혁신학교 준비교에 선정되면서 교사들의 저력이 빛나기 시작하였다. 도림초 혁신학교를 준비하면서 수차례에 걸친 토론과 다양한 제안들은 새로운 학교에 대한 확신을 얻기에 든든한 디딤돌이 되었다. 이러한 새로운 변화에 대한 도림초의 혁신학교 DNA는 아직도 유효하다.

아이의 모습으로

기억을 정리하면서 도림초가 가는 길에 몇 가지 당부하고 싶은 이야기를 남기고자 한다. 앞에서 언급한 것처럼 코로나로 인한 학교의 부재로 학교 구성원들의 고통이 가중되고 있다. 비대면 교육에 대한 방법을 모색하고 미래 교육의 방향을 찾고자 다양한 논의가 이뤄지고 있다. 하지만 도림초가 지금 고민해야 하는 건 언택트 교육을 위한 제반 여건을 갖추는 것이 아니라 아이들의 마음을 살피는 것이라고 본다. 서로 만나고 정서적인 교감을 할 수 없는 아이들의 마음이 어떠한지 가정환경에 따른 학습 격차를 어떻게 도와줄 것인지를 논의해야 한다. '함께 성장'이라는 학교 비전이 퇴색되지 않도록 학교는 천진무구한 아이의 모습으로 학생들을 돌봐야 한다. 학교의 위기 속에서 중심을 잃지 않고 학생의 건강한 발달과 성장이 되도록 지혜를 모아야 한다. 도림초를 떠난 교사들이 각자의 공간에서 길을 잃어버리지 않도록 등대의 불빛이 되어 주길 바란다.

모든 학교는 마치 유기 생물처럼 끊임없이 변화한다. 도림초도 학생, 교사, 학부모의 구성원들이 변화하고 그들이 가지고 있는 혁신학교에 대한 기억들도 매년 다르게 변화하고 있다. 그렇기에 변화한 내적 조건과 외적 환경 변화에 대응하며 혁신의 길을 멈춰서는 안 된다. 기존에 진행했던 다양한 교육과정과 수업, 그리고 만족도가 높아 관행처럼 이루어졌던 모든 교육 활동을 회의적인 시각으로 돌아봐야 한다. 논쟁이 멈추고 교사의 열정이 식지 않도록 학교 운영에 대한 교사의 자발성과 참여의 기회를 보장해야 한다. 교사의 자율성이 위축되지는 않는지 학생의 발달과 성장이 아닌 통제와 편의로 사고하는 것은 아닌지 늘 살펴야 한다. 이는 관리자의 영역도 교사나 학부모의 권한도 아닌 구성원 모두의 책임이다.

대한민국에 있는 수많은 혁신학교의 이야기가 다르듯 이 책의 이야기 또한 지나온 하나의 발자국이다. 그럼에도 지금 험난한 현실에 부딪혀 고군분투하는 선생님들의 다음 이야기가 궁금해진다. 추억을 공감하는 사람들이 서로 만나면 환하게 웃는 것처럼 두 번째 도림초 이야기도 계속 출간되었으면 하는 바람이다. 마지막으로 도림초가 행복배움학교로 성장할 수 있도록 기다림과 격려를 아끼지 않으신 김신환 교장 선생님과 이용수 교감선생님께 감사의 말씀을 보내며, 아울러 도림초 이야기를 출간하기 위해 애써 주신 선생님들께 깊은 감사의 마음을 전한다.

학교를 바꾸는 힘은 교사다

김윤희
교　사

엄마의 마음으로 시작하다

2009년 경기도에서 진보교육감이 선출되며 혁신학교 바람이 일었다. 여러 방송에서 남한산초등학교를 소개하며 대중에게 알려졌다. 당시 초등학교 입학을 앞둔 아들을 둔 엄마로 혁신학교는 매력적으로 다가왔다. 엄마가 되고 난 뒤 학부모 역할이 더해지며 교육에 대한 고민이 깊어졌다. 내가 좋은 교사인 것도 중요했지만 우리 아이의 선생님도 좋은 교사를 만나는 것도 중요해졌다. 내가 사는 지역에 남한산초등학교와 같은 혁신학교가 있었으면 하는 바람이었다. 아이 입학을 위해 남한산초등학교로 이사할 수도 없는 노릇이었다. 학부모가 되어보니 우리 아이가 좋은 담임을 만나길 원하는 엄마 마음이다. 좋은 담임교사를 만나는 일이 하늘에 별 따기도 아닌데 어렵게 느껴졌다. 매년 학기 초 아이들보다 더 떨리는 엄마 마음을 실감하기 시작했다. 그렇게 이기적인 마음으로 혁신학교 운동을 시작하게 되었다. 나뿐 아니라 옆 반 선생님도 우리 아이를 위해 혁신 교육을 알아야 했다. 옆 교실 교사와 함께라면 학교 문화가 달라질 날이, 우리 아이가 좋은 선생님을 만나 행복하게 학교생활을 할 수 있으리라 믿었다.

최상의 환경, 바로 이 학교야!

전국 혁신 교육 연수를 찾아다니며 공부를 시작했다. 그러면서 학교 문화 바꾸기는 교사 혼자서는 불가능함을 깨달았다. 뜻을 함께할 동료 교사가 필요했다. 새로운 학교로 전입을 가며 새로운 학교 문화를 만들어 갈 학교를 찾아야 했다. 그리고 도림동에 위치한 우리 학교를 알게 되었다. 학교 전경에 공원과 오봉산을 바라보고 있다. 생태교육에 적합한 환경 조건이 좋았다. 당시 24학급의 규모도 적당했다. 최상의 환경 조건을 가진 학교였다.자연

환경부터 매료된 우리학교로 전입 후 학교문화 바꾸기를 꿈꾸게 된다. 새로운 동학년을 만나 혁신학교를 알리고 함께 공부하자고 제안했다. 그때 마치 구세주와 같이 남동구청에서 교사동아리 지원 사업이 시작되었다. 당시만 해도 교사동아리는 학교 문화에서 없는 단어였다. 누가 시켜서가 아닌 자발적으로 교사끼리 모여 함께 사업에 지원했다. 교사동아리 사업을 지원받으며 '수업나눔 교사동아리'가 만들어졌다.

수업나눔, 교사동아리의 시작

수업나눔이란 교실 문을 열고 자신의 수업을 동료와 나누자는 의미이다. 교사 혼자 하는 학급경영은 교사 경쟁의 시작이다. 교사를 평가하는 관리자와 학부모, 학생을 넘어 동료 교사 간 경쟁하는 분위기는 무시할 수 없었다. 옆 반에서 무엇을 하는지 알아야 했고, 옆 반보다 하나라도 더 잘해보려는 마음이 순수함을 넘어선 지 오래였다. 이러한 경쟁적인 교사문화는 교원평가제도가 시행되며 더 팽배해졌다. 교사 스스로 성찰하고 견제하지 않으면 '좋은 교사'라는 명목하에 능력주의에 빠질 우려가 있었다. 이러한 사회적 문제와 학교 문화에 잠식되지 않기 위해 함께 해결하는 방법이 최선이었다. 교사 스스로 교실을 개방하고 수업을 나누는 취지로 '수업나눔 교사동아리'로 뜻을 모았다. 처음 공부는 교사의 기존 관념을 흔들어 놓기였다. 기존에 알고 있던 당연함을 의심하는 것이 필요했다. 변화는 기존의 것을 의심하고 질문하기부터 시작된다. 그래서 아이를 바라보는 관점을 새롭게 다가갔다. 교사가 아닌 한의사를 모시고 체질별로 달리 공부하는 방법을 배웠다. 획일적이고 통제가 필요한 교실에서 아이의 체질을 생각할 틈이 없었다. 체질은 몸이 아플 때 한의원에 가야 듣는 이야기였다. 우리는 그렇게 아이들의 몸과 마음이 연결됨을 알았고 아이들을 자세히 보는 눈을 길렀다. 이때 학생을 관찰하며 배움의 방법을 들여다보는 배움 중심수업의 시초가 아닐까 싶다.

공부하는 교사문화가 자리 잡다

자발적인 참여의 교사동아리 모임은 회가 거듭될수록 교사들의 입소문이 나며 인원이 늘어났다. 늘 새로운 이야기와 학급에서 겪는 문제의 해결방법을 얻어가는 모임이 유일했기 때문이다. 직장 동료를 넘어 함께하는 교사공동체의 의미를 알아가게 되었다. 이렇게 교사동아리 참여 독려인 "한번 와봐"가 전문적 학습공동체에서 말하는 '옆구리 찌르기' 넛지인 셈이다.

이러한 교사동아리 모임이 더욱 활기를 받을 수 있었던 이유가 또 있다. 우리 학교는 전통적으로 내려오는 학교행사가 많았다. 그중 6학년을 위한 학교에서 1박 캠프가 가장 큰 행사였다. '이런 걸 학교에서?' 하는 의아한 마음이었지만 한번 참여하고 나니 달라졌다. 아이들만 즐거운 행사가 아니라 교사도 즐기게 된다. 준비부터 행복해할 아이들 얼굴을 떠올리며 교사들이 즐겁게 일했다. 공포체험코너에서 깜깜한 화장실에서 아이들을 기다리는 교사를 상상해보라. 신기한 것이 교실에서 다투던 아이들이 귀신 앞에서 하나가 되는 신기한 광경, 재미있는 목격담을 나누는 교사들의 수다가 밤을 새우게 한다. 다른 학교에서 경험하지 못한 이런 일들이 가능한 학교였다. 행사와 오봉산을 오르며 배우는 생태학습은 이미 남한산초등학교를 부럽지 않았다. 그 안에서 교사들이 생각이 모이며 학생을 생각하는 교육을 이야기하고 공부하게 되었다. 그리고 2012년 '수업나눔'을 전체교사 연수 시스템으로 바꾸었다. 자발성을 넘어 당연하게 모두 참여하는 교사동아리로 발전하게 된다.

교육과정의 새로운 시도와 동학년회의 문화

방학식 날이면 전체교사가 친목 행사로 당일이나 1박 워크숍을 가곤 했다. 말이 워크숍이지 밤새 친목 도모를 위한 밤이 없는 긴 회식이었다. 그런데 '수업나눔'이란 전체 교사동아리의 이름으로 진짜 워크숍을 하게 된다. 양평 외갓집체험마을로 1박 워크숍을 진행하였는데, 경기도 혁신학교 교사를 모시고 교육과정 재구성 관련 연수를 듣게 되었다. 그리고 우리 학교 학년 사례도 발표하였다. 저녁 9시가 넘어서까지 진행된 연수는 교사들을 당황케 했다. 맘 편히 놀러 온 줄 알았는데 생소한 교육과정 재구성이라니 말이다. 2012년 연수이니 2015년에 행복배움학교를 시작한 인천교육에서 이른 시기의 혁신 연수였다. 교사들은 '교육과정 재구성을 어떻게 하나', '너무 어렵다', '저걸 다하면 교사가 힘들다'라는 반응 일색이었다. 하지만 교사들은 참 열심이다. 새로운 이야기를 귀담아듣고는 한번 해봐야 직성이 풀리지 않는가. 새로운 시도를 해보고 나누는 동학년 회의는 학교 일상이 되고 있었다. 교과서 없이 공부하는 것이 이상하지 않았고 프로젝트 학습을 시도하였다. 교육과정 재구성의 본격적인 시작이었다.

우리보다 미래를 사는 아이들

학교 문화를 바꾸는 핵심은 교사에게 달려있다. 교사의 생각과 관점이 교실문화와 배움에 가장 큰 변화 요인이기 때문이다. 아무리 좋은 교육정책도 교실 안 교사의 이행 여부에 따라 성공 여부가 달라진다. 교사의 삶이 교실과 연결이 될 때 아이들에게로 다가간다. 그래서 교사가 중요하다. 이러한 이유로 관점과 인식을 바꾸는 교사문화에 집중했던 것 같다. '제가 그동안 잘못했나 봐요. 아이들한테 미안해요'라고 말하는 후배의 말이 나에게 꽂힌다. 감각통합 연수를 마치고 '우리반 아이가 힘든 이유가 이것 때문이었구나' '아이의 잘못이 아니구나' 라며 교사들이 말한다. 우리반 아이의 어려움이 아이의 의도와 무관함을 교사들이 깨달았다. 아이의 인성을 나무랄 것이 아니라 어려움을 이해하고 찾아가는 교사로 거듭나고자 했다. 이렇게 교사들도 공부하며 성장해가고 있었다. 우리 학교가 2015년 행복배움학교를 시작하며 한 학부모의 말이 이러한 노력에 확신을 주었다.

"어떤 선생님이 우리아이 담임이 되어도 좋아요. 그래서 학기초에 걱정이 덜 되더라고요"

라며 웃는다. 같은 자리에 있는 학부모도 맞장구를 쳐준다. 그때 그 학부모님들은 나의 첫째 아들의 같은 반 학부모였다. 내가 교사라서 하는 말이 아니다. 진심으로 이야기하고 있었다. 처음 나의 이기적인 마음으로 시작한 혁신교육 운동이 혼자만의 바람은 아님을 증명하는 말이다. 우리 학교가 좋은 이유 중 첫 번째가 '열정적인 교사공동체'이다. 그 밑바탕에는 오랜 시간 다져온 함께 하는 교사문화가 자라 잡았기 때문이다. 열정적인 교사는 늘 멈추지 않고 시대를 앞서가야 한다. 내가 만나는 아이들은 항상 교사보다 미래에 있기 때문이다. 나는 우리 아이의 미래를 위해 다시 엄마의 마음으로 열정적인 교사로 살아갈 것이다. 혼자가 아니라 여럿이 함께 말이다.

우리는 아이들에게 건강한 세상을 물려줄 책임이 있다. 그러기 위해서 미래를 변화시킬 현재를 사는 것이다. 우리의 현재가 우리보다 미래에 살고 있는 아이들에게 온전한 미래를 선물 할 것이라고 믿는다. 혼자가 아니라 여럿이 함께 말이다.

가르침의 길을 묻다

홍문숙
교　사

왜 가르치고 있는가?

COVIED19로 인한 팬더믹 속에서 학교를 가지 못하는 상황이 발생하고 있다. 이런 일을 한번도 경험해 보지 못한 나로써는 너무나 혼란스럽고 당황스럽다. 이러한 혼돈에서 나는 "학교가 필요한가?"라는 물음이 계속 맴돌고 있다. 생과 사를 넘나드는 극한의 상황 속에서 우리는 꼭 학교를 가야하는가? 그렇게 학교는 중요한 곳이었나? 하는 여러 가지 질문과 생각들이 더욱 나를 혼란하게 하는 시기를 지나고 있다. 그러면서 나는 '학교의 존재'에 대해 다시 한번 직면하게 되는 중요한 시점에 내몰리게 되었다. 이 시점과 똑같이 나는 왜 수업을 하지? 라는 질문 속에서 방황하던 내가 떠올려졌다.

2000년 발령을 받아 가정을 꾸리고 두 아이의 출산과 양육으로 교직 10년의 시간이 흐른 뒤 이제 조금 정신이 차려질 때 쯤 나 자신 스스로에게 던졌던 질문이었다. 교사로서의 정체성도 없이 그저 일상이 되어버린 나에게 "왜 아이들을 가르치고 있니?"라는 커다란 질문이 툭 던져졌다. 내가 왜 아이들을 가르치고 있고, 무엇을 가르치려고 하는지를 뒤돌아 볼 때 할 수 있는 말이 없었다. 그저 정해진 내용과 시간에 따라 성실하게 교과서를 가르치고 업무를 하며 일상을 보내는 것이 나의 '왜'가 되어 버렸던 것이다. 이건 아닌데 무언지는 모르겠고 지금처럼 나 개인의 팬더믹 상황이었다.

그 때 선택한 나의 방법은 공부였다. 다시 대학원을 다니며 전문성을 키우고 싶었다. 그래 교사라면 똑똑해야지, 수업만큼은 자신 있게 잘해야지라는 생각에 공부를 시작했고, 그 공부는 정말 재미있었다. 37세에 다시 시작한 공부는 어쩌면 나를 다시 살게한 심폐소생술 같은 것이었는지 모른다. 살아있는 교사로, 아니 살아있는 한 인간으로 살게해 준 행복한 배움이었다.

그럼에도 불구하고 대학원의 공부는 한 분야에 대한 깊이 있는 파고듬의 공부였기에 교육 현장에서 필요한 실질적인 배움이 필요함을 느끼게 되었다. 그 때 이러한 배움을 하고 싶은 교사들이 함께 미술치료, 생활지도, 상담공부를 함께 나누는 교사들과 교육현장에서 실질적으로 필요한 공부를 시작하였고, 그 안에서 교육혁신에 대해 접하게 되었다.

「학교교육 제4의 길」이라는 책을 읽고 내가 왜 그렇게 학교교육 안에서 갈증을 갖고 목말라했었는지를 알게 되었고, 우리가 정해진 그 길에서 그저 전달자의 역할만을 수행하고 있었기에 왜 가르치고 있는지에 대해 모른채 그저 그 제2의 길 위에서 교육부가 정해 놓은 지식을 전달하는 전달자만의 역할을 하고 있었다는 것을 깨닫게 되었다. 그렇게 시작된 나의 "왜 가르치고 있니?"에 대한 질문에 답하기 위해 다양한 책을 읽고, 관련된 여러 가지 강의를 듣고, 동료교사들과 함께 대화와 토론을 통해 그 답을 찾아가는 길 위로 올라서게 되었다.

그 대답을 찾기 위한 내 첫걸음은 그 길 위에 함께 설 동료들이 모여 있는 행복배움학교인 인천도림초등학교로 오는 것이었다. 여러 가지 우여곡절을 넘은 나의 첫걸음은 2017년 우리학교에서 왜 가르치는지를 고민하는 교사들이 함께하는 곳에서 나는 내 질문의 답을 찾기 위해 동료들과 손을 잡게 된 것이다.

무엇을 가르칠 것인가?

내 두 번째 걸음은 무엇을 가르칠 것인가에 대한 고민을 시작한 것이다. 정해진 길 위에서 나에게 주어진 것만이 정답인줄 알고 가르치던 나에게 그것이 정답이 아니었음을 깨닫게한 수 많은 시간과 과정을 통해 이제 내가 무엇을 가르칠 것이지를 결정하는 주인공임을 깨닫게 되었다.

무엇을 가르칠 것인지를 고민하는 과정에서의 핵심은 "나의 마음"이라고 생각한다. 내 마음대로 교육과정을 구성한다고? 이것에 의문을 갖는 교사들이 많을 것이다. 여러 교육학 도서, 전문지식, 다른 학교의 좋은 예들이 필요한 것 아닌가? 라는 의문은 마땅하다. 맞다 나의 마음은 바로 이러한 여러 가지 교육현장에서의 경험, 아이들의 반응, 아이들이 원하는 것, 나의 전문적 지식, 여러 동료와의 대화와 토론 등의 총체적인 교육적 지식과 경험이 아우러져서 만들어진 것이다. 우리 교사가 내 마음대로라는 것이 어찌 교육이라는 근본을 떠나 펼쳐질 수 있겠는가. 교사의 이러한 총체적인 지식과 경험을 통해 만들어진 자신이 하고 싶은 교육이 교사의 전문성이라고 생각하며, 무엇을 가르칠 것인가의 출발은 바로 '나의 마음'에서 부터인 것이다. 자신의 마음이 스며든 교육과정은 그 동안 교사가 갖지 못한 자발성과 자율성이 반영되어 있음으로 아마 누가 말려도 멈출 수 없는 멋진 교육의 원동력이 될 것이다.

그러나 교육은 나 혼자 할 수 없는 일이다. 교육공동체에서 나의 마음을 좀 더 성숙하게, 그리고 영향력 있게 만들기 위한 다음의 걸음은 바로 함께 만드는 교육과정이다. 나의 마음이 녹아 있는 교육공동체가 함께 만드는 교육과정을 통해 공동체의 힘을 느끼며 더 멋진 교육의 장이 펼쳐 질 수 있게 된다.

우리학교에서 만들어 나가는 함께 만드는 교육과정을 통해 무엇을 가르치는지에 대해 자세하게 알아보겠다.

첫째, 함께 만드는 교육과정의 시작은 함께 세우는 학교 비전이다. 나의 마음이 반영된 우리학교의 교육의 비전을 세우는 과정을 통해 서로의 생각을 공유하고 나누며 그 안에서의 방향성과 비전을 세우는 과정을 통해 우리학교의 공동체임을 확인하고 함께하는 힘을 갖게 된다.

그 절차를 살펴보면, 먼저 두 가지 질문으로 생각을 두드린다. 우리 아이들이 어떤 모습으로 자라기를 바라는가?, 내가 바라는 도림은 어떤 학교이면 좋겠는가? 라는 질문으로 우리 학교의 큰 비전을 생각한다. 이러한 큰 비전을 생각할 때는 거시적이고 추상적인 질문이 바람직하다. 이러한 질문을 통해 우리 학교의 구성원들이 함께 나아가고자 하는 방향성을 찾고, 동의하며, 그 방향성에 대해 고민하게 됨으로써 우리는 왜 가르치고 있으며, 무엇을 가르치고자하는지에 대한 답을 함께 고민하는 과정이다. 자유롭게 생각나는 단어나 문장을 포스트잇에 적어도 좋고, 앱사이트를 이용해 단어를 모으는 방법도 좋다. 방법은 다양하지만 이것을 하는 이유는 분명하다.

다음으로 나온 이야기를 비슷한 내용끼리 분류한다. 이 절차에서 우리 공동체가 중요하게 생각하는 비전이 추출된다. 이 분류된 내용을 바탕으로 키워드를 축출하고, 이 키워드를 연결하여 한 문장 만들기를 한다. 이 과정에서 교사들은 모둠별로 의논하고 토의하면서 함께 문장을 만들어 간다. 이 문장 만들기 과정에서 시간을 충분이 주는 것이 필요하다. 그 시간동안 우리 학교의 비전을 깊이 고민하고 나누게 되는 것이 아마 핵심이지 않을까 생각한다. 우리학교는 6모둠으로 나뉘어서 한 문장 만들기를 하여 6개의 문장이 탄생했다. 이것을 함께 큰 소리로 읽으며 함께 비전을 선언하였다. 그러나 아쉽게도 6개를 종합해서 한 개의 문장으로는 그 자리에서 만들지 못했다. 6개의 문장을 모아 뜻이 반영된 한 개의 학교비전을 만드는데는 그 후 몇일간의 시간 동안 투표와 설문으로 이어졌고, 그래서 탄생한 우리 학교의 비전이 탄생하였다. 학교 비전세우기의 핵심은 어떤 비전이 만들어졌는가보다는 '함께'에 있다. 함께 자신의 마음을 나누고 또 모으는 과정을 통해 이미 우리 학교의 비전은 세워진게 아닐까 싶다.

둘째, 학년 구성원의 마음이 반영된 학년 VISION 세운다. 전체적인 학교 비전의 아래 우리 학년에서 우리 아이들이 어떻게 성장하기를 바라는가, 어떤 것을 가르치고 싶은가를 바탕으로 학년의 일년 VISION을 세운다. 이 과정은 학교 비전 세우기 과정과 똑 같다. 다만 구성원의 수가 적어지고 좀더 내 마음이 많이 반영될 수 있다는 특징이 있다. 이 과정에서는 우리 학년만의 소수 인원임으로 자신이 바라는 우리 학년의 아이들의 1년 후 성장한 모습에 대해 자세히 이야기 나누는 시간을 가짐으로써 동학년 선생님들의 마음

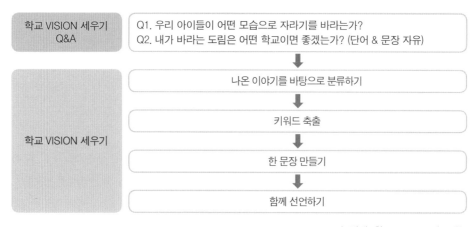

〈1단계: 학교 VISION 세우기〉

〈학교 비전세우기 마음열기〉

을 나누는 귀한 시간이 될 수 있다. 또한 학년 학생의 특성을 반영한 교육과정이 세움으로써 수업에 반영될 교육과정의 큰 맥을 세울 수 있다.

셋째, 학년 VISION에 맞는 교육과정을 재구성 한다. 이 단계에서는 교육과정의 큰 줄기를 세우는 과정으로 학년 비전에 도달할 목표를 주제별 또는 월별로 구성하여 교육과정의 큰 줄기를 세우는 과정이다. 큰 줄기의 교육과정이 세워지면 그 목표와 맞는 교육과정 성취기준을 연결한다. 요즘에는 성취기준 카드가

학년 VISION 세우기 Q&A	Q1. 1년 후 우리학년의 아이들은 어떤 모습으로 성장하기를 바라는가? (단어 & 문장 자유) - 여러 가지를 써도 됨
	↓
학년 VISION 세우기	나의 마음 자세히 이야기 나누기
	↓
	한 문장 만들기
	↓
	함께 선언하기

〈2단계: 학년 VISION 세우기〉

〈학년비전세우기〉

있어서 편리하게 구성할 수 있다. 교육의 출발이 '나의 마음'이라고 한 것은 내 마음이 원동력이라는 뜻이다. 그 교육은 교육과정의 큰 테두리인 성취기준 안에서 재구성 하는 것이 중요하다. 주제에 맞는 교육 활동을 정하고 그와 연결된 성취기준을 찾으면 자연스럽게 평가와 연결이 된다. 자연스러운 교-수-평 일체

화가 이루어지는 것이다. 거창하고 어려운 것이 아닌 교육과정과 수업, 그리고 평가가 연결되는 것은 우리의 교육과정 재구성을 통해 이루어지는 것이다.

이과정에서 주의할 것은 너무 세세한 것에서 시작할 경우 목적지를 잃고 세세한 것에 집중되어 목적을 잃을 수 있다. 그럼으로 세세한 교육과정의 계획은 마지막에 이루어지는 것이 필요하다. 그렇다고 세세한 교육과정이 필요하지 않는 것은 아니다. 꼭 필요하다. 일일 단위의 세세한 것은 아니더라도 월별 계획이 성립되지 않으면 실행에 옮겨지기 어렵다.

예를 들어 우리 동학년은 월간계획을 한 달씩 돌아가면서 맡아서 교육과정을 자세히 세우고, 동학년 선생님과 함께 토의하며 계획하고 수정하고 정리하여 실행하기의 과정을 갖는다. 이렇게 함으로써 학교의 주인, 학년의 주인, 학급의 주인이 되어 수업의 주인으로 교사가 되는 것이다.

〈3단계: 학년 교육과정 재구성〉

나는 왜 가르치고 있는가? 무엇을 가르치고 있는가? 의 해답을 찾아서 우리학교에 발걸음을 옮긴지 4년이 되어 간다. 지금까지 4년간의 과정을 통해 우리학교 선생님들과 함께 나는 왜 가르치고 있는가를 끝없이 고민하고, 무엇을 가르칠 것인가를 계속해서 고민하고 연구하게 되었다.

왜 가르치고 있는가? 해답은 바로 '함께 만드는 교육과정' 속에 있다. 첫째 단계의 함께 세우는 VISION에서 나누는 이야기가 바로 왜 가르치고 있는지를 생각하게 하고, 함께 고민하며 고정된 것이 아니라 살아서 역동하는 이야기 속에 우리가 왜 가르치고 있는지를 찾게 되는 것이다. 정답은 없다 우리가 함께 걷는 그 길 위에서 함께 나눈 이야기가 바로 방향인 것이다.

나는 왜 가르치고 있는가? 무엇을 가르치고 있는가? 의 해답을 찾아서 우리학교에 발걸음을 옮긴지 4년

〈 학년교육과정재구성 〉

이되어 간다. 지금까지 4년간의 과정을 통해 우리학교 선생님들과 함께 나는 왜 가르치고 있는가를 끝없이 고민하고, 무엇을 가르칠 것인가를 계속해서 고민하고 연구하게 되었다.

왜 가르치고 있는가? 해답은 바로 '함께 만드는 교육과정' 속에 있다. 첫째 단계의 함께 세우는 VISION에서 나누는 이야기가 바로 왜 가르치고 있는지를 생각하게 하고, 함께 고민하며 고정된 것이 아니라 살아서 역동하는 이야기 속에 우리가 왜 가르치고 있는지를 찾게 되는 것이다. 정답은 없다 우리가 함께 걷는 그 길 위에서 함께 나눈 이야기가 바로 방향인 것이다.

무엇을 가르치고 있는가?의 해답도 '함께 만드는 교육과정'의 2단계, 3단계의 과정에 있다. 우리가 가르치는 방향에 맞추어 구체적인 교육과정 재구성을 통하여 무엇을 가르칠 것인가에 대해 고민하고 구체화 시키는 과정 속에서 우리가 가르치고자 하는 무엇이 또렷해지고 가치 있어지는 것이다.

세상은 끝없이 변화한다. 아무도 예측할 수 없는 미래 코로나 이후의 세상, 미래 교육은 없다는 다양한 말과 신조어들이 우리를 더욱 불안으로 밀어 붙인다. 그러나 이러한 상황 속에서 내가 할 수 있는 일은 그냥 흐르는 것이 아니라, 그 흐름에 왜를 붙여서 생각하는 살아있는 생각이 아닐까 한다.

새로운 길에 이정표를 세우다

박태규
교　사

책을 읽는 작은 소모임으로 시작하여 행복한 학교라는 꿈을 향해 6년 동안 달려왔다. 공교육을 어떻게 변화시킬 것인가?, 우리가 가는 길이 올바른 길인가? 라는 질문에 대한 답을 찾으며 교육공동체가 함께 한 시간이었다. 다양한 혁신의 방향을 모색하며 교육의 성과를 많은 학교들과 나누며 새로운 대안을 찾기 위해 노력했다. 교사들은 소통의 힘으로 서로를 지지하며 교육의 주체로 자리매김 하였고, 교육공동체는 생각의 차이를 극복하며 마음을 모아 혁신문화를 만들어 내었다. 이제 6년의 교육적 성과를 돌아보며 앞으로 펼쳐질 미래 교육의 새로운 출발을 시작하고자 한다.

교사의 성장이 희망이다.
"마치 제가 초임교사가 된 듯한 벅찬 감정이었고, 행복하게 힘들었던 한해였습니다."
전입교사가 우리학교의 교육과정 평가회 때 자신의 경험을 진술한 이야기로 들려주었다. 많은 교사들이 고개를 끄덕이며 공감했던 순간이었다. 초임교사 뿐만 아니라 우리학교 교사들은 대부분 매우 만족해 하며 학교생활을 하고 있다. 이는 학교 만족도 평가에서 다른 인근 학교와 비교해도 높은 점수가 나온 것을 보아도 알 수 있다. 우리학교 교사들의 학교생활 만족도는 왜 높을까? 그것은 교사들 모두가 스스로 성장하고 있다는 것을 느끼기 때문이다. 교사 개인이 발전하고 교육공동체가 함께 성장하는 모습을 보며 힘들지만 행복을 느끼는 것이다. 이렇게 교사들이 만족하며 교육에서 희망을 꿈꾸는 것이 가능한 것은 우리학교가 그동안 학교의 혁신을 이루고자 하는 변화의 내용에 잘 나타나 있다. 즉, 학교업무 정상화 노력을 통한 업무경감, 교육과정 운영의 자율성 확대, 민주적인 학교문화, 서로 소통하고 배려하는 관계문화와 같은 것들 때문에 가능한 것이다.

예를 들면, 우리학교에서는 '전입 교사가 자유롭게 학년을 선택할 수 있도록 각 학년에 자리를 비워 배려하고 일년 동안 업무를 주지 않으면서 행복학교에 적응하고 성장하도록 지원한다.'는 교사들의 자발적인 규칙을 정하기도 하였다. 이러한 결정은 전입 교사와의 마음의 문을 여는 중요한 열쇠가 되었다. 새로 전입해온 교사는 원하는 학년에서 과중한 업무 없이 아이들과의 교육활동과 생활지도에만 전념할 수 있으며 동료 교사와 교육적 고민을 함께 나누고 공유하며 성장해 나간다. 교사의 발전과 성장을 지원하지 않으면 혁신학교의 미래는 없다고 말할 수 있다.

소통에 열쇠가 있다.

혁신학교에서 경험한 어려웠던 문제는 교권과 학생인권에 관한 견해의 차이였다. 우리학교는 이 문제를 교육공동체 토론회에서 서로의 차이를 발견하고 아픔을 이해하는 과정으로 해결하였다. 교사, 학생, 학부모가 참여하는 교육공동체 토론회에서 교권에 대한 교사들의 사전 설문조사 결과들을 학부모와 학생들에게 알려주었다. 교사들이 어떤 상황에서 상처를 받아왔고 교권이 침해되었다고 느꼈는지 솔직하게 말하자 "선생님들이 그렇게 마음 아파하고 힘들었는지 몰랐어요."

"선생님들의 말을 직접 들으니까 행동이 조금 후회가 되었어요." 라고 학부모, 학생들은 말하였다.

반대로 학부모들은 학교에 대해 느끼는 권위와 어려움에 대해 솔직하게 말해주었고 교사들은 "우리가 모르는 학교의 권위주의가 아직도 많이 남아 있구나!" 라고 공감했다. 이렇게 서로의 문제를 직시하게 되자 소통이 이루어지고 서로를 보듬을 수 있게 되었다. 교육주체들이 서로의 입장을 솔직하게 이야기하고 공감하는 순간 문제해결의 실마리가 풀린 것이다.

이러한 소통의 경험은 학생 인권에 대한 토론에서도 그대로 재현되었다. 학생생활 규칙을 정하는데 학생들이 일부내용(학생들의 화장품 사용 금지)에 반발하며 서명운동을 전개하였다. 각 주체들의 입장이 대립하게 되었고 다시 교육공동체 토론회를 개최하게 되었다. 강당에서 고학년 학생 전체와 학부모, 교사가 참여하여 진지한 토론회를 진행했다. 각자의 입장을 가지고 찬반 토론을 통해 최대한의 교육적 합의를 위해 노력했다. 이때 학생대표는 토론에 임하기 전에 또래 학생들을 만나 의견을 수렴하고 입장을 정리하여 참여하였다. 결국 토론회에서 학생들의 의견을 교사와 학부모가 이해하고 받아들였고 화장품 사용을 부분적으로 허용하기로 합의하였다.

토론이 끝나고 참여한 학생들은 "앞에서 이야기 할 때 너무 떨렸어요, 하지만 우리의 의견이 받아들여져 기쁘고 모두에게 고맙다는 생각이 들어요." 하며 뿌듯해 하는 모습을 볼 수가 있었다. 이때 참여한 학생들은 올해 대의원회 활동의 주역이 되었다. 학교나 사회에서 발생하는 다양한 문제들을 토론이라는 민주적 소통방식으로 풀어가는 것이 중요하다. 비판적 문제의식을 가진 교육주체들이 평등하게 참여하며 소통할 때 주인의식을 갖게 된다. 교육공동체의 발전은 주인의식을 가진 주체들이 참여했을 때 가능하다. 이러한 민주적인 소통과정이 때로는 시간적, 물질적으로 많은 노력이 들기도 하며 늘 좋은 결과만을 가져오는 것은 아니지만 서로 소통하는 과정 속에서 교육공동체는 성숙해하는 것이다.

자치문화를 꽃 피우다

"학부모회는 올해부터 세 개의 동아리를 운영할 예정입니다. 그리고 아버지 모임도 시작하려고 해요."
"올해 부터는 학부모회와 대의원회의 예산 사용도 자율적으로 진행하시면 좋을 듯합니다."
"대의원회도 올해 활동계획을 화상회의를 통해 결정했고 현재 코로나19 응원 캠페인 진행 중입니다."
"코로나19 상황에서도 자율적으로 활동하는 대의원 친구들에게 박수를 보냅니다."
각 교육공동체의 대표들이 모여 올해의 상황을 논의하는 자리에서 나눈 이야기이다. 각자의 사업계획과 예산 운영까지 각 주체들의 다모임을 통해 나눈 이야기를 조율하고 정리했다. 혁신학교 오 년의 세월은 각 공동체의 자치역량을 높이는 시간이었다. 학부모회는 교육활동을 적극 지원하는 활동 속에서 자치역량을 키웠고 현재는 전문적 역량을 키우는 세 개의 동아리가 지속적인 활동을 하고 있고 다른 학교에도 교육지원을 진행하고 있다. 올해부터 아버지 모임도 시작한다고 하니 더욱 기대가 된다.

대의원회 학생들은 코로나19 상황에도 불구하고 원격으로 화상회의를 진행하며 학생자치활동을 활발하게 전개하고 있다. 1학년 신입생들을 위해 학교 소개 영상도 만들고 코로나19를 이겨내기 위한 캠페인 공모전을 실시한 후 복도에 입상작을 전시하였다. 최근에는 학생자치에 관련된 책을 구입해 읽고 함께 토론을 진행했으며, 저자를 직접 초청하여 대의원 활동의 조언까지 구했다고 한다. 계속해서 성장하고 발전하는 대의원 학생들의 모습을 보면 우리 학교의 미래가 밝다는 것을 느낄 수 있다.

위와 같이 우리 학교의 교육공동체들은 각자의 자리에서 다양한 활동을 전개하고 있다. 학생들이 행복하게 잘 자라도록 하기 위해 학교 구성원인 학생, 학부모, 교사 모두의 노력이 필요하며, 이들이 멋진 하모니를 이룰 때 비로소 함께 성장할 수 있을 것이다.

마을교육 공동체를 꿈꾸다.

"아이들이 가게 포스터도 만들어주고 가끔 들러 안부도 물어주네요. 부모님과 함께 와 물건도 자주 사갑니다."
지금까지 마을교육을 함께 진행했던 마을주민 한 분의 이야기이다. 우리학교는 마을과 함께 하는 진로교육과 생태교육을 진행해 왔다. 아이들이 자라고 관계를 맺는 마을이 아이들의 삶의 터전이자 배움의 공간이 되어야 한다는 믿음으로 마을연계 교육과정을 운영하고 있다.

한 조사에 따르면 한국인들은 각종 사회적 관계를 중시하지만 정작 어려울 때 의존할 수 있는 사람이 있다고 응답한 비율은 OECD 회원국 가운데 가장 낮은 것으로 나타났다. 그만큼 우리나라 사람들은 삶에서 발생하는 문제를 사회와 연계하여 함께 해결하기 어려워 한다는 것을 나타낸다. 하지만 마을교육으로 행복한 관계 맺기를 경험한 우리학교 학생들은 누구보다 건강한 마을의 구성원으로 자라나고 있다.

처음에는 교사 몇 명의 고민으로 진행되었던 마을교육이 이제는 학부모회, 마을 활동가, 교사, 학생이 함께하는 마을공동체 교육으로 확대 운영되고 있다.

교사들은 마을교육과 연계한 교육과정 재구성을 통해 사회, 환경 생태교육, 경제 교육을 통합하여 운영하고 있으며, 학부모회는 전문가 참여를 통한 『오봉산 숲 해설가 되기 프로젝트』를 준비하고 있다. 또한, 마을 활동가들은 학교의 교육과정과 연계한 마을공동체 활동들을 준비하고 있다. 지금까지는 각 주체들이 따로 마을교육 활동들을 준비해 왔다면 이제는 한발 더 나아가 함께 만나 머리를 맞대고 마을공동체 교육과정을 체계적으로 통합 운영하려고 한다. 마을공동체교육과정은 학생들의 삶이 교육이 되고 교육이 곧 삶의 밑거름이 되도록 해주어야 한다.

우리학교는 교육공동체의 다양한 성공과 실패의 경험을 통해 성장을 했고 공감과 소통으로 함께 혁신을 이루며 행복학교를 만들어 왔다. 이어질 내용 들은 우리의 교육이 '삶의 힘을 기르는 교육'이 되어야 한다는 믿음으로 행복학교를 만들기 위한 다양한 교육적 경험과 실천을 정리한 것이다.

2부

문화가
싹트다

평등

학급 반장, 필요할까?

학급반장 필요할까?

호명성
교　사

민주시민교육과 개설

요즘 학교 안 밖으로 민주시민교육에 대한 요구가 거세다. 인천시교육청 민주시민교육과 개설을 시작으로 2020년에는 각 지역교육청까지 민주시민교육과를 만들었다. 민주시민 교육진흥조례를 만들고 자치안내서를 제작하여 보급하였다. 학교에서는 교과, 창체, 사회 참여, 교육청 네트워크 참여와 같은 다양한 방식으로 민주시민교육이 이루어지고 있다. 하지만 초등교육에서 민주시민교육하면 가장 먼저 떠오르는 건 학급 반장 선거와 전교 어린이회장 선거이다. 선거는 학생들이 민주주의제도를 직접 체험할 수 있다는 면에서 오래전부터 민주시민교육의 상징처럼 여겨져 왔다. 선거방식과 세부규정이 다듬어지고 발달해 왔으며 모든 학교에서 학칙으로 정하고 있다. 학생자치 담당교사의 1년 중 가장 큰 업무가 바로 이 선거이기도 해서 3월달 선거만 끝나면 학생자치 업무의 90프로가 끝난다는 우스갯소리도 만들어졌다. 그런데, 이런 학급 반장 꼭 필요할까? 어릴 적 학급반장과 관련된 경험이 떠오른다.

'반장 안할래요'

초등학교 3학년 때 일이다. 그때는 초등도 선생님들이 거주하는 교무실이 따로 있었다. 교실 한쪽에 교사용 책상이 있기는 했지만 선생님은 쉬는 시간에 교무실에 가 계셨다. 그런데 교무실로 가시면서 반장에게 미션을 남기곤 하셨다. "떠들거나 장난치는 애들 이름을 적을 것" 반장은 대단한 권력이었다. 눈을 치켜뜨고 떠드는 아이들을 색출해 내던 마녀같은 반장의 얼굴이 아직도 눈에 선하다. 당시 억울하게 이름이 적혀 담임 선생님으로부터 체벌을 받은 기억도 있다. 이름적기부터 숙제검사나 리코더 불기, 구구단 점검과 같은 간단한 과제 검사까지 반장이 도맡아 하고 있었기 때문에 반장의 권력은 상상을 초월했다.

6학년 반장선거도 기억에 남는다. 지금 생각해보면 도무지 이해가 안되지만 그땐 담임 선생님이 5학년 때 성적을 보고 반장 후보를 호명했었다. 5-6명 정도의 이름을 부르며 앞으로 나오라고 했는데 그 중에 내 이름이 불렸다. 엄청 소심했던 나는 앞으로 나가 벌벌 떨었던 기억이 있다. 반장 후보가 정해지고 돌아가며 후보자 연설을 하게 되었다. 원채 숫기가 없어 사람 앞에 나가는게 싫기도 했고 반장이 되면 엄마는 자동으로 학부모회장이 되어야 하는 당시 풍토 때문에 어떻게 거절해야 할지 머릿속이 복잡했다. 학부모회장이 되면 학교도 자주 나오셔야 하고 이런 저런 후원도 했어야 했는데 어머님은 삶을 살아가기 바빴기 때문에 그런 일에 신경 쓸 여력이 없는 분이셨다. 그래서 내 차례가 왔을 때 사퇴를 선언했다. 당당하게 사퇴한다고 했으면 좋았을 텐데 기어 들어가는 목소리로 '반장 안할래요' 했던 것 같다. 내 뒤로 다른 친구도 비슷한 말을 했다. 담임 선생님은 비야냥 걸는 말투로 사내 녀석이 용기가 없다고 했던 기억이 있다. 선거와 관련된 또 다른 경험은 회장 선거이다. 특이하게도 반별로 회장 후보를 한명 정해야 했다. 반장이 여자고 부반장이 남자친구였는데 담임쌤은 남자가 후보가 되어야 한다고 하셨다. 그런데 수긍하지 못한 여자 친구가 울고불며 담임쌤에게 왜 여자는 안되냐고 따졌다. 우여곡절 속에 우리반 회장 후보가 남자로 정해지고 옆 반에서도 후보가 한명 나왔다. 일주일동안 학교는 정말 시끌벅쩍했다. 선거를 돕는다며 회장 후보와 친했던 아이들 몇몇은 피켓을 들고 다니며 고래고래 소리를 질렀다. 알록달록 포스터도 붙고 운동장에 모여 선거유세도 들었다. 결국 우리반 후보가 당선이 되었고 유세를 열심히 도왔던 아이들은 집으로 초대되어 식사를 대접 받았다.

물론 요즘 이런 풍경은 대부분 사라졌다. 하지만 선거유세를 위한 홍보 포스터 제작을 전문 업체에 의뢰한다거나 하다못해 POP를 배운 학부모 도움을 받는 모습은 심심찮게 볼 수 있다. 선거유세를 도와준 아이들을 모아 저녁식사를 대접하거나 답례품을 주는 경우도 있다. 작년 00초등학교에서는 회장 선거에 나온 학생이 반마다 축구공을 하나씩 사주겠다는 공약을 내세워 남학생들의 압도적 지지를 받고 당선되었다. 그런데 당선 이후 공약을 이행하지 않자 여기저기서 불만과 비난이 터져 나왔다고 한다. 이를 보고 화가 난 회장 아버지가 학교는 뭐하는 거냐며 자비로 반마다 축구공을 구입하겠고 나서 문제가 되었다고 한다.

우리나라는 대의민주주의를 채택하고 있기 때문에 학급반장선거가 이런 시스템을 이해하고 교육하는데 도움을 줄 수 있다. 하지만 대의민주주의의 핵심은 구성원들의 의사를 모으고 이를 공론화하여 토의 토론을 통해 결정하는데 있다. 지금의 학급반장제도는 여기에 초점이 있는게 아니라 선출 자체에 초점이 맞추어져 여러 가지 문제가 발생한다.

대의민주주의 채택하기로

처음 우리학교에 전입 왔을 때 반장제도가 없어서 의아했다. 학기초 반장후보가 되었다가 떨어졌다고 울고불고 하는 학생들을 보지 않아도 된다는 안도감과 동점자가 나와 재투표를 해야 하는 번거로움에서 벗어났다는 기쁨도 있었다. 뽑아놓은 반장에게 무언가 시켜야 된다는 압박감에서도 자유로와졌다. 이러한 기쁨과는 별개로 반장제도 대신 대의원제도를 택한 이유가 궁금했다. 마침 우리학교에서 대의원제도가 처음 만들어질 때 일을 생생히 기억하는 동료 선생님을 통해서 그때의 이야기를 들을 수 있었다. 처음 문제제기는 선생님들로부터였다고 한다. 반장제도가 가지는 부정적인 부분을 절실하게 깨닫게 된 선생님들은 교직원회의에서 반장제도를 없애고 모두가 참여하는 학생회를 만들자고 제안하였다. 가정통신문을 통해 설문조사를 거치고 학생들의 의견을 수렴하는 과정을 거쳐 반장제도 폐지를 결정하였다. 학급회의가 필요한 경우 사회를 보고 싶은 학생들이 돌아가며 회의를 진행했다. 어차피 학급에서 반장이 하는 일이 뚜렷하게 정해지지 않기 때문에 학급 내에서는 전혀 문제될 것이 없었다. 하지만 전교어린이회의 진행 문제가 남아 있었다. 반장제도를 없애면서 전교 어린이회장제도도 함께 없애 버렸기 때문에 대의원 구성을 어떻게 해야 하는지 고민하게 되었다. 2015년 반장제도를 없앤 첫해는 반별로 대의원을 선발했다. 선발 방식은 학급마다 달랐다.

어떤 학급에서는 번호순서대로 대의원이 되었고 어느 학급에서는 하고 싶은 사람이 먼저 참여하였다. 4, 5, 6학년 각 반당 한명 씩 15명의 학생들이 모여 각반의 회의 결과를 공유하고 함께 나눌 의견들을 정해 이야기 나눈다는 취지는 참 좋았다. 모든 아이들이 돌아가며 대의원이 되면 학교와 우리의 일에 관심을 가지게 되고 민주시민으로 자라나게 될 것이라는 희망도 있어 보였다. 하지만 대의원은 잘 운영되지 않았다. 매번 모이는 아이들이 달랐기 때문에 모이는 인원수도 들쑥날쑥했고 정작 모여서 할 이야기도 없었다. 생각보다 아이들은 자신의 일에 무관심했다. 2015년은 파행운영의 연속이었다. 2016년부터는 2015년의 실패를 바탕으로 학기별로 대의원을 모집하기로 했다.

자발적 대의원 지원

내가 처음 대의원 업무를 맡은 해는 2018년이다. 3월에 대의원 모집 공고를 냈더니 17명이 신청을 했다. 신청한 아이들은 모두 대의원이 되었고 17명과 1년살이를 했다. 이렇게 모집을 했을 때의 가장 큰 장점은 자발성과 평등의식의 확보이다. 학생들은 저학년때부터 대의원들이 어떤 일들을 하는지 보아왔기 때문에 신청을 하는 아이들은 진짜 하고 싶어서 신청을 했다. 자발성이 확보된 대의원들은 교사의 강요가 없어도 회의 참석이나 행사 추진 등의 기본 일정에 열심히 참여해 주었다. 선거제도에 의해 선발되지 않고 신청에 의해서 선발되었기 때문에 특권의식을 가지고 있지 않았다. 다른 학생들의 생각도 크게 다르지 않았다. 대의원들을 나보다 잘난 존재로 보지 않고 학교일을 하는 아이들 정도로 인식하였다. 2019년에는 면접제도를 도입했다. 사전에 학생들에게 지원서를 받았는데 지원서에는 대의원이 되려는 이유, 우리학교의 장점과 단점, 대의원이 되면 하고 싶은 행사나 학교에 건의하고 싶은 점 등을 쓰라고 했다. 지원서 내용을 중심으로 몇 가지 질문을 만들어 면접을 진행했다. 생각보다 많은 학생들이 지원을 해서 2:1 정도의 경쟁률이 갖춰졌다. 학생들은 생각보다 진지한 자세로 면접에 임했고 면접을 통해 대의원이 된 학생들은 2018년에 비해 더 많은 책임감을 가지고 있었다. 2018년에는 대의원 활동을 방과후에 했었는데 2019년부터는 동아리로 구성해 활동한 점이 좋았다. 수업시간에 회의를 하고 행사 준비를 할 수 있게 되자 회의의 질이 확실히 높아졌다. 하지만 2019년 학생회를 운영하며 한 가지 아쉬웠던 것은 일반 학생들이 대의원 활동에 관심이 없다는 점이었다. 일회성 행사에는 즐겁게 참여하지만 학교 내 문제를 찾아내고 이를 해결해 나가는 과정에 대한 안내와 이해가 부족했다. 대의원들도 2주 동안 별다른 생각 없이 있다가 회의에 참여해 논의할 안건이 부족한 경우도 발생했다. 우선 학급별 안건회의를 하지 않는 것이 가장 큰 문제라고 생각했다. 학급별 안건 회의가 활발하게 이루어져야 대의원 회의도 덩달아 활발해 질 수 있다. 하지만 보통 학급에서 발생하는 문제는 교사의 지시나 훈계에 의해 해결되지 학급 전체에서 회의를 통해 해결하지 않는다. 두 번째는 대의원들의 대표성 문제였다. 선거를 통해 대표를 뽑지 않으니 대의원에서 나오는 의견들을 학생들이 중요하게 생각하지 않는 것 같다는 의구심이 들었다. 그래서 2019년 학년말 반성회 때 두 가지 의견을 내었다.

하나는 2020학년도 4,5,6학년 교사 한명씩 참여하는 학생자치 TF팀을 만들자는 거였다. 초등은 아무래도 교사의 관심이 가장 중요할 수밖에 없다. 교사가 학급자치와 학생자치에 관심을 가질 때 학생자치는 활성화 된다. 그런 의미에서 대의원 담당 교사 한명이 아니라 TF팀이 함께 학생자치를 고민하는 편이 훨씬 좋을 거라 생각했다. TF 회의를 마치고 학년으로 돌아가 대의원 활동을 홍보하고 함께 고민을 확장 할 수도 있다. 대의원들에게 대표성을 부여하기 위해 선거제도를 다시 도입해 보자는 제안도 하였다. 하지만 이 부분은 득보다는 실이 많을 것 같다는 우려 속에서 받아들여지지 않았다. 대신 일반 학생들이 대의원들의 일에 더 관심을 가지기 위한 장치들을 마련해 보자고 하였다. 학급회의를 활성화 시키고 대의원회의 결과를 각 학급에 공유하는 기회들을 만들어 보기로 했다. 교내에 게시판을 확보해서 회의 결과를 게시하자는 의견도 있었다. 대의원을 미리 뽑아 2020년 학급배정 때 각 반에 한명씩은 들어가게 배정하자는 의견도 있었다.

대한민국은 민주 공화국이다

지금까지 학급반장 필요할까란 문제제기를 시작으로 우리학교가 이 문제에 대한 답을 찾아온 여정을 소개했다. 대한민국은 민주 공화국이다. 모든 권력은 국민으로부터 나온다. 대한민국 헌법 1조이다. 우리나라는 국민주권주의와 대의민주주의를 채택하고 있다. 국민에게 주권이 있고 국민에 의해 선출된 국회의원이 법을 만들고 대통령이 행정수반이 되어 국정을 운영한다. 학교는 어떨까? 학교운영의 모든 주권이 학생에게 있을까? 물론 학교구성원은 학생만이 아니다. 교사도 있고 학부모도 있다. 그렇다면 적어도 학교주권의 1/3이 학생에게 있긴 할까? 다시 학급반장 필요할까란 질문으로 돌아가 보자. 학급반장은 학생들의 의견을 수렴하고 대신하는 대표의 성격을 가질 것이다. 그렇다면 정말 중요한 것은 학교에서 학생들이 존중받고 학생들의 의견이 반영되는 것이다. 이것이 전제되지 않는다면 학생들의 대표를 뽑는 일은 아무런 가치도 가지지 못하게 된다. 학교가 학생들을 동등한 교육구성원으로 인정하는 것이 선행되어야 할 필요가 여기에 있다. 선출에 의한 학급반장이나 자발성에 기초한 대의원이냐는 그 다음 고민할 문제라고 생각한다. 하지만 한 가지 분명한 것은 반장제도가 유지되더라도 반장의 역할에 대한 고민이 있어야 한다는 점이다. 반장이 단순히 다른 학생들보다 인기가 있거나 선생님의 권위를 대리하는 존재라고는 생각하지 않는다.

결론도 안 내는 회의,
왜 좋을까?

김동현
교　사

긴장감 하나 없이

오후 3시. 교장선생님과 교감선생님은 미리 자리를 잡고 담소를 나누고 있는데 선생님들은 절반도 채 모여 있지 않았다. 10분 정도가 지나서야 뒤늦게 어슬렁거리며 들어왔다. 늦었는데 긴장감 하나 없이 얼굴엔 웃음 가득히 머금고 수다를 떨며 들어왔다. 어처구니가 없다는 생각이 들었다. 한 달에 한번 모이는 다모임이라지만 미리 와서 기다리는 분들에게 조금 미안함은 있어야 하지 않을까.

난상토론

들어서며 무슨 할 얘기가 그리 많은지 남들 전혀 의식하지 않고 떠드는 가운데 교무부장은 대충 온 걸 확인하더니 앞에 나와서 오늘 전달사항은 없다고 했다. 그리고 선생님 중 한 분이 내 놓은 안건이 있는데 그걸 다루겠다고 했다. 그러고 보니 일주일 전쯤 아이스톡으로 오늘 모여서 다룰 안건을 받겠다고 했고, 올라온 안건을 생각해 오라는 공지를 쪽지로 받았던 기억이 떠올랐다. 그렇지만 대체로 안건에 의견을 내 봐야 교무실에서 거의 결정해 놓고 전달하게 될 것이라는 관성이 작용하여 반응하지 않았었다.

어찌 다룰지 궁금하긴 했다. 안건의 내용은'방과 후 교내에 남아 있는 학생들의 휴대폰 사용에 관한 문제'였다. 금세 끝이 나겠거니 하고 있었다. 그런데 이 안건 한 가지 놓고 30분을 지나 1시간을 넘기는 게 아닌가. 그냥 학년별로 의견을 수렴하고 부장회의에서 정리되면 그냥 전달하면 그만이지 않나. 그런데 이 선생님들은 침을 튀기고 열을 내 가며 심지어 반박하는 과정에서 감정을 드러내 놓기까지 하는 게 아닌가. 게다가 내 놓는 의견들이 잘 수렴되는 것 같아 보이지도 않았다. 이런 과정을 지켜보던 교장선생님과 교감선생님 두 분은 안타까운 듯한 표정을 짓곤 했지만 한 마디도 개입하지는 않았다. 누구도 의식하지 않고 난상토론이 이어지는 가운데 마음 한 쪽이 불편해지기 시작했다. 이미 퇴근 시간은 지나가고 있었고 시계를 만지작거리는 분들도 보였다. 이쯤 되면 사회자가 개입해서 매듭을 한번 지어줘야 하는데 그냥 내버려 두었다. 그 어떤 정리나 결론도 내기 힘든 상황이었다. 그 때 사회를 보던 교무부장이 나오더니 한 마디 했다.

"다음에 더 생각해 보고 다시 모여 의논합시다."

그냥 이렇게 끝내 버리는 게 아닌가. 이걸 어떻게든 결론내야 하지 않겠냐고 보채는 선생님들도 없었다. 이렇게 비효율적으로 보였던 교직원 회의는 처음이었다.

관점의 차이

회의가 끝나고 돌아서서 곱씹어 보게 되었다. 그간 경험해 온 교직 생활의 장면 가운데 이런 식의 회의는 문화적 충격이었다. 이 학교가 지향하는 공동체 문화가 업무 중심이 아니란 소문은 들어 알고 있었다. 그래서 이런 회의가 가능한 걸까. 처음에는 허탈하다고 생각했으나 시간이 지나면서 점차 신선하게 다가왔다. 제

〈 교사 다모임 〉

한된 시간에 매여 결론을 빨리 도출해 내는 것, 그 이상 더 중요하게 여기는 부분이 있는 걸까. 뭔가 지향하고 있는 가치가 다르다는 생각이 들어 왔다.

"교내에서는 휴대폰을 꺼서 사용할 수 없다는 학교 규정이 있지만 실제 상황에서 유효하지 않아요. 여기저기 모여서 휴대폰 게임을 하는 학생들을 보곤 합니다."

"방과 후 수업 때문에 학생들이 기다리며 마땅히 할 게 없잖아요. 학생들이 그 시간을 유용하게 쓸 수 있게 환경을 마련해 주면서 규정을 지키라고 해야 하지 않을까요? 규정만 요구할 수는 없죠."

"그러면 선생님들이 하루 종일 수업하고 지친 상태에서 내일 수업도 준비해야 하는데 또 뭔가 해야 한다면 피로도가 높아질 것 같아요. 선생님들도 행복해야죠."

"학교에서 선생님들은 방과 후에 휴대폰 사용하면서 왜 학생들에게 사용하지 말라고 하죠? 휴대폰 사용이 학생들에게 좋지 않은 영향만 주는 게 아니라 순기능도 있다는 논문 결과도 있어요."

열띤 교직원 회의는 교사의 입장에서 간과하고 넘어갈 수 있었던 부분을 학생 입장에 서서 한 번 더 생각해 볼 기회를 제공해 주었다. 이렇게 마무리 된 다모임은 안건 그 자체의 해결보다는 서로 미처 생각지 못했던 관점을 열어주는데 의의가 있었다. 물론 실천은 또 다른 차원의 영역이지만 이 공동체를 이해하는데 도움이 되었다.

'이런 식의 집단지성을 갖춘 공동체라면 뭔가 좀 해볼 수 있겠는데.'

이와 같은 다모임을 통해 그간 선생님들이 각자 선택해 온 가치관과 교육 철학을 꺼내 놓고 공감하기도 하고 부딪히기도 하면서 그 과정에서 영향을 주고받으며 조율되어 가는 유익이 있었다. 이런 게 행복하게 배우고 성장해 가는 걸까.

아이들의 생활이 펼쳐지는 교실과 학교 현장에서 무엇을 필요로 할지 고민을 거듭하고 그 심리까지 들여다보려는 노력은 감동이 되었다. 가려져 있는 작은 장면에서도 아이들의 삶 속으로 들어가 맞닿아 있으려는 의도와 애씀이 업무처리 방식에 익숙해 왔던 내게 도전이 되었다. 학교 일을 마치 집안 일 다루듯 따스

함이 묻어 있고, 학생들을 자기 집 아이들 키우듯 하려는 장면에서 마음 속 경계는 무너졌다.

다모임, 또 다른 가족회의

다모임은 정보를 공유하고 연수를 하거나 시상하는 그런 일방향 중심의 교직원 회의와는 성격이 달랐다. 그래서 때로는 시간에 구애받지 않기도 하고 가끔 안건 협의를 하다가 결정을 하지 않고 끝내기도 했다. 그래서 긴장감 없이 어슬렁 거리며 편하게 모였고 스스럼없이 얘기도 꺼낼 수 있었다. 존중과 배려를 하기도 하지만 중요한 결정을 놓고 얘기하다가 어떤 장면에서는 격해지는 걸 허락하기도 했다. 이렇게 나의 어려움과 문제를 전체 앞에 꺼내 놓을 때 비로소 그 공동체가 내 공동체가 되는 걸 경험하는 과정을 거쳤다. 지지고 볶는 또 다른 형태의 가족회의 같은 느낌을 준다. 학년 초에는 새로 온 교직원들은 물론 학교를 위해 수고해 주시는 배움터 지킴이, 급식종사원, 청소도우미까지 모든 분들을 한 자리에 모은다. 공동체와 함께 하고 있다는 것을 느낄 수 있게 환영하고 소개하는 일에 공을 들인다. 서로에게 낯선 자리이지만 한 공동체라는 느낌을 주고 각자 맡은 역할이 얼마나 소중한지 의미를 부여하려고 애를 쓴다.

공동체, 실천적 삶의 기반

결정을 늘 안하기만 하는 건 아니다. 시각을 다투는 중대한 안건의 경우는 학년별 다모임을 거치고 2차로 한자리에 모여 협의를 한 후 교장선생님과 교감선생님을 포함해 1인 1투표 방식으로 3분의 2가 동의할 때 결정하는 문화를 유지하고 있다. 예를 들어, 그린 스마트 미래학교 신청 여부를 결정할 때와 사회적 거리두기 1단계로 완화되면서 학년별 주간 등교수업 일수를 정할 때는 그렇게 신속할 수가 없었다.

다모임은 결정해 가는 중간 과정을 중요시 한다. 공동체의 구성원으로서 의견을 함께 담으려는 그 가치를 중시하기 때문이다. 그래서 긴급할 때는 신속하게, 그렇지 않은 안건의 경우는 의견이 여럿으로 갈릴 때 이월해 다루기도 했다. 이 과정에서 고통을 공유하기도 하고, 그간 내놓지 못했던 감정을 쏟아내기도 했다. 이렇게 생각과 감정이 말과 표정으로 서로 섞여 오가고 나면, 퇴근하지 못하고 각자 또는 협의실에 앉아 추가적인 토의가 이어지기도 했다. 어떻게 학년 차원에서 다루어야 할지 개인적으로 생각이 깊어지기도 했다. 다 열거할 수 없지만 이렇게 다모임이 끝나고 나면 학교 여기저기에서 고민하며 나름대로 실천적 삶을 살게 된다. 선생님들의 자발적인 헌신과 수고가 교실과 학교의 장 여기저기에 깔린다. 이는 교실 현장과 수업, 학생 다모임에도 고스란히 녹아 있고 아이들은 그 영양분을 먹고 자란다.

권위의식을 버리신
교장 선생님 이야기

신은희
교 사

교장은 학교의 관리자로 권위가 필요하다. 권위가 나쁜 의미는 아니다. 사전적 의미를 찾아보니 이렇다.

① 남을 지휘하거나 통솔하여 따르게 하는 힘
② 일정한 분야에서 사회적으로 인정을 받고 영향력을 끼칠 수 있는 위신

리더라면 권위가 있어야 구성원들을 효율적으로 통솔할 수 있다. 다만 권위의식하고는 구분되어야 할 것이다. 권위는 없고 권위의식만 있는 관리자라면 학교 구성원들을 자신의 마음대로 휘두를 수 있다고 생각하는 독선에 빠질 수 있다.

교장은 학교의 최고 관리자로서 이로부터 권위의식이 느껴질 때면 마음이 어려워진다. 신규 때는 물론 경력이 오래 되어서까지 그 생각은 쉽게 변하지 않았다. 관리자가 되면 평교사와는 다른 사람이 된다는 주변 선생님들의 이야기를 듣기도 했고, 그 역할을 해내려면 그럴 수밖에 없겠지 하고 받아들여야 했다. 생각해보니 난 권위보다는 권위의식이 가득한 교장 선생님들을 만났던 것 같다.

그런 분위기의 여러 학교를 거치다 우리 학교에 발령받았다. 학교에 첫인사를 왔을 때 뭔가 분위기가 다름을 느꼈다. 그런데 그 다른 것이 무엇인지 처음엔 몰랐다. 하지만 지금까지 근무했던 학교와는 뭔가는 확연히 달랐다. 교장실에서의 첫인사, 그리고 교무부장과의 첫 대면은 새로 발령 난 학교가 주는 긴장감을 해소해 주었다. 학교는 대개 비슷한 문화일 것 같은데 실제 각 학교마다 그 문화와 분위기가 사뭇 다르다. 그리고 그 문화는 학교가 수직적이나 혹은 수평적 관계를 맺는 곳이냐에 따라 분위기가 상이해지기 마련이다. 나는 이

학교 문화가 궁금해졌다.

도림초로 발령받은 직후, 2월에 학교 선생님들과 워크숍을 2일 동안 진행했다. 보통 새로 발령받은 학교에서는 모든 교직원들이 회의실에 모여 간단한 인사 후 업무분장 및 담임 발표, 그리고 학년별 협의를 하고 마치는 경우가 대부분이었다. 하지만 도림초는 워크숍을 하는 동안 진정성 있는 연수도 받고 한해 같이 근무할 모든 선생님들이 모여 1년의 교육과정을 토론하고 발표한다.

그리고 자기를 소개하는 시간도 갖는다. 돌아가면서 내가 좋아하는 것과 하고 싶은 것, 심지어 먹고 싶은 자잘한 것까지도 소상히 나눈다. 처음 이런 광경을 접했을 때 익숙지 않은 사람들이 대부분이다. 이런 행사에 교장 선생님과 교감 선생님도 항상 같이 동참하셨다. 교장 선생님이 워크숍에 참석해서 수평적인 자리에서 이야기를 함께 나눈다는 것이 얼마나 힘든지 잘 알기에 이런 문화가 바로 행복배움학교의 문화구나 싶었다. 덩달아 나도 이런 행복을 배우고 싶은 마음이 간절했다. 교사가 행복해야 학생들이 행복하다는 사실은 분명하다는 것을 느꼈다.

점차 그 다름이 무엇인지 알아가는 것 같았다. 아무리 경력이 많은 교사라도 새로 발령받은 학교에 첫 출근을 하면 긴장하고 뭔가 아직은 내 집이 아닌 곳 같은 느낌을 받을 것이다. 하지만 이곳에서 나를 반갑게

〈그림책 읽어주기〉

맞이해주시는 선생님들과 교장 선생님을 볼 때마다 이제부터 여기가 내가 일할 곳이고 내 집이라는 느낌을 받을 수 있었다.

한창 바쁜 4월의 어느 날, 정신없이 일하는데 어느 날 꽃 화분을 선물로 받았다. 교장 선생님이 봄을 맞아 학교화단에 꽃모종을 심고 계셨는데 제일 예쁘고 탐스러운 노란 꽃 화분을 내게 선물로 주셨다. 보건실 창가에 노랗게 핀 꽃을 보면서 너무나 행복했다. 책상 옆 창가에 자리 잡은 노오란 꽃을 바라보고 있으면 업무에 지친 나를 위로해 주기에 충분했다.

우리 학교 교장 선생님은 교문에서 매일같이 학생들을 향한 아침맞이를 정성으로 하신다. 그동안 담임 선생님들이 교실에서 아침활동과 생활지도를 원활히 할 수 있도록 손수 지원을 아끼지 않으신다. 누구보다 일찍 출근해 궂은날이나 맑은날이나 늘 학생들보다 먼저 나와 아침맞이를 하신다. 김춘수의 '꽃'이라는 시처럼 교장 선생님이 아이들 이름을 한 명 한 명 불러주셨을 때 아이들은 꽃이 된 기분이었을 것 같다. 어느 친한 선생님이 교사라는 호칭 말고 내 이름을 다정하게 불러줄 때 그분을 향해 내 비밀 하나쯤은 넌지시 털어놓을 수 있는 기분 좋은 관계를 가질 수 있는 것처럼.

올해 2월 급식실 조리실무사님이 정년퇴직을 하시는 날이었다. 보통 학교 교직원들은 맛있는 급식을 고맙게 먹으면서도 급식실 직원들과 얼굴을 마주할 수 있는 기회가 적기 마련이다. 하지만 도림초에서는 매일 맛있게 급식을 먹는 급식실을 드나들면서 자연스럽게 인사도 하고 간간이 말씀도 나누는 분위기였다. 그런 조리실무사님의 정년퇴임식이었다. 코로나19로 인해 소박할 수밖에 없었지만 정성어린 정년퇴임식을 준비했다. 온 교직원은 그동안의 노고에 감사드렸고 교감, 교장 선생님께서는 각자 손수 쓴 편지를 조리실무사님께 낭독해주셨다. 그밖에 조리실무사님이 학교에서 일하시는 동안 쌓은 추억을 사진으로 하나하나 보면서 그간 드러나지 않았던 노고와 그로 인한 맛있는 음식에 절로 감사함이 느껴졌다. 이번 퇴임식은 여느 퇴임 교사들의 그것 못지않게 감동적이었다.

학교에서 모든 구성원들은 각자의 위치와 업무에 최선을 다한다. 하는 일이 다르다고 일의 가치가 다르지는 않다. 도림초의 교장선생님은 이렇게 학교 공동체 식구들이 각자의 위치에서 자기 업무를 충실히 할 수 있도록 물적, 심적 지원을 아끼지 않으신다. 그 따뜻함이 피부로 느껴지는 이곳은 행복학교 도림초.

한우정
교　사

우리 교장 선생님을 떠올리면 우선 따뜻하고 조용조용한 미소가 먼저다. 늘 먼저 다가와 인사 나눠주시는 모습에 그냥 맘이 녹아 내리고 편안해지며 행복해지는 기분이 든다. 행복배움학교에 가장 적임인 교장선생님 모습이 아닐까 싶다. 그냥 개인적인 성품이시기도 하지만 늘 아이들과 선생님들을 먼저 챙기는 모습은 당신 스스로 꽤 많이 노력하시는 게 아닐까. 전체를 아우르면서도 작고 사소한 것 하나하나도 섬세하게 배려하고 함께 고민하는 모습이 참 좋다.

아이들을 사랑하는 교장선생님

아이들의 눈높이를 놓치지 않기 위해 교장선생님은 학년별로 일정한 기간을 정해 놓고 1시간씩 특별수업을 마련하여 아이들과 시간을 보낸다. 교감선생님도 그렇다. 우리 학교만의 자랑이기도 하다. 이 시간을 통해 아이들과 소통하면서 당신들만의 특별한 교육철학이 녹아 든 배움을 나눈다. 아이들은 교장 선생님과 더욱 친밀해지는 시간이 되고 일상적인 만남에서도 친근하게 인사 나누며 서로 안부를 챙기는 사이가 되는 것이다.

교사와 늘 한 편인 교장선생님

교사가 행복해야 아이들이 행복하다는 말을 늘 하시며 학년 학급 교육활동에 전념토록 물심양면으로 늘 살펴주시는 모습도 남다르다. 언제 어디서든 교사의 의견에 경청하고 함께 의논하여 가장 최선의 해결책을 내오기 위해 고군분투하시는 모습에 선생님들은 신뢰하며 주저하지 않고 교장선생님과 이야기 나누기를 일상적으로 즐기기까지 한다. 가벼운 농담도 즉흥적인 스포츠 활동도 전학공 연수 제안도 뭐든 가리지 않고 함께 나누려는 모습은 교장선생님의 열린 마음과 모습이 아니었다면 절대 이루어질 수 없는 것들이다.

사람이 먼저, 권위가 뭔지 모르는 교장선생님

교직원 전체 다모임이나 회식 때는 오죽하랴. 있는 듯 없는 듯 우리들 속에서 잘 어우러지는 가운데 존재감을 뿜뿜 뿜어낸다. '교장'이라는 권위 대신 똑같이 배움을 실천하고 나누는 가운데 공동체 식구로서 저마다 가진 존재감과 역할이 중요할 뿐임을 몸소 보여주는 우리 교장 선생님이다. 공동체 식구 대소사에도 지극 정성 관심을 기울이며 챙겨주는 모습 또한 정겹다.

행복배움학교 우리 교장선생님은 참 고맙고 소중하신 분이다.

제2부 문화가 싹트다

넌 학생이야~
교사를 두려워하지 않는 학생 이야기

이은미
교　사

교사가 교실에서 가장 큰 존재?

"이거 해도 돼요? 화장실 가도 돼요? 물 마셔도 돼요? 색칠해도 돼요? 그만 먹어도 돼요? 일어나도 돼요?" 끝도 없이 돼요 질문이 쏟아지는 교실.

'돼요?'는 질문이 아니라 "저 이거 할게요. 화장실 가고 싶어요. 물 마시고 싶어요. 색칠 시작할게요. 급식 더 이상 못 먹겠어요"라는 의미인데 교사는 "안 돼"라는 대답으로 권위를 내보인다. 학생들을 미숙한 존재로 대하고 행동에 대한 '허락'을 당연한 것으로 여기면 학생이 학교생활에 있어 주체성을 갖지 못한다.

우리가 학생의 권리에 대해 고민하기 전까지는 학생들에게 가지 못하게 하는 곳, 만지지 못하게 하는 것, 알지 못하게 하는 것들이 많았다. 권력의 힘으로 당연하게 했다는 것을 깨닫지 못하였다. 공적인 공간에서 모든 이는 평등하다. 학생들에게 권리를 주장할 권리가 있음을 이해시키고 실천하게 함으로써 사회의 구성원으로서 존중해야 한다. 학생 스스로 자율적인 행동을 실천하고 자신의 행동에 대해 책임을 지기 때문에 교사를 두려워하지 않는다. 학교는 교사와 학생이 함께 사용하는 공간이다. 학생은 손님이 아니다. 학생도 공간의 주인으로서 올바른 권리와 책임의식을 갖도록 한다.

학급 일년살이를 위해서 가장 먼저 해야 할 일은 교사에게 집중된 주도권을 학생들과 나누는 일이었다. 《단속사회-쉴 새 없이 접속하고 끊임없이 차단한다(2014)》에서 엄기호는, 권위주의적 권력을 해체한다는 것은 말할 수 있는 기회와 권력을 다른 사람들이 나눠 가진다는 것이라고 했다(p. 175). 말할 수 있는 권력을 학생들과 나누어 가졌는가가 가장 중요한 부분이다. 다만 여기서 권력이라는 것이, 다수의 학생을 통제하기 위한 수단으로, '우리들의 일그러진 영웅 엄석대' 같은 반장에게 나누어 준다는 것으로 이해하면 큰일이다. 명령조의 말은 말할 수 있는 권력을 잘못 이해한 것이고, 그렇게 무례하게 말할 자격을 가진 사람은 없다.

우리 학교에서는 권력을 나누어 가지는 '공동체'의 구성원이 되기 위해서 모두가 하나가 되는 것을 강요하지 않았다. 경계 존중과 개인주의는 혼자 살기 위함이 아니라 함께 잘 살기 위함이다. 개인주의는 반사회적 행동이 아니다. 경계가 존중되는 진정한 개인주의는 관대함, 협업과 연결되어 있다. 있는 그대로 상대를 존중하기에 더욱 따뜻한 관계를 맺을 수 있다. 동(同)과 화(和)는 다르다. 같아지기 위함이 아니라 저마다의 특징을 간직한 채로 어우러지는 것이다. 건강한 공동체는 독립적인 개인이 자유롭게 활동할 수 있어야 한다. 필요할 때마다 누구와도 협업할 수 있다.

갈등 해결의 열쇠는 누구에게?

쉬는 시간에 블록을 가지고 놀다가 반 학생들이 투닥거린다. 한 친구가 만든 카프라 구조물을 다른 친구가 실수로 건드려서 무너지게 했단다. 한쪽에서는 자신이 만든 구조물에 대해 다른 친구가 그게 뭐냐면서 비웃었단다.

학급에서 학생들 간에 자율적인 활동이 많으면 많을수록 크고 작은 갈등이 더 많이 발생할 수 밖에 없다. 교사가 시켜서 활동을 할 때보다 모둠별로 활동할 때나 또 학생들끼리 노는 시간이 많고 교실 안에 놀잇감이 많아지니 학생들의 다툼이 더 잦아졌다. 그러면 이러한 갈등이 일어나게 하는 위험요소(?)인 모둠활동이나 놀이시간, 놀잇감을 제거해주는 것이 학생들 간 평화를 지켜내는 길일까?

여러 사람이 어울려 살아가다 보면 항상 즐거운 일만 있을 수 없고 피할 수 없는 갈등이 일어나기도 한다. 갈등이 부정적이고 힘든 일로만 생각되는데, 사실 갈등은 긍정적인 면도 지니고 있다. 갈등을 통해 서로의 다름을 알게 되고 집단 내에 서로 다른 사람들이 모여 살 수 있는 다양한 약속과 규칙이 생기는 등 사회적 기술을 길러주기도 한다(《두근두근 설레는 인성교실 여행》, p. 173).

갈등이 생겼을 때 피하지 말고 현명하게 해결할 수 있는 방법을 함께 고민해 본다. 하지만 갈등이 일어난 당사자들끼리만 문제를 해결하려다 보면 회피하거나 서로의 마음에 상처를 내며 비난하고 공격하게 되는 경우가 많다. 문제가 발생했을 때 당사자들이 해결하지 못하기 때문에 교사에게 와서 '고자질'을 하게 된다. '고자질'이란 말은 옛날 임금 곁에서 시중들던 환관(내시)들이 시시콜콜 임금님에게 다 일러바치는 데서 비롯된 말이라고 한다(《교실 속 평화놀이》, p. 47). 하지만 도움을 요청하러 오는 학생을 외면할 수만은 없다. 이때 교실에서 활용할 수 있는 제도가 '또래조정'이다.

학급에서 또래조정자로 활동할 친구를 모집한다. 자발적이어도 좋고 추천을 받아도 좋다. 갈등이 발생했을 때 또래조정자를 찾아가서 발생한 일에 대해 서로 이야기를 한다. 또래조정자는 사건에 대해 다시 한

번 정리하고 어떤 해결을 원하는지 묻는다. 갈등이 쉽게 조정이 될 때도 있고 안 될 때도 있다. 조정이 되지 않더라도 나의 이야기를 누군가에게 정리해서 말한 것 자체로 마음이 저절로 풀어지기도 한다. 해결이 꼭 필요하거나 심각한 문제는 또래조정자가 교사에게 알려준다.

교사가 시시콜콜 학생들의 일상에 개입하다보면 문제를 해결하는 과정 중에 또 다른 오해가 발생하기도 한다. 또래조정자들은 교사보다 학생들의 입장에서 사건을 바라봐주고 교사가 개입할 때보다 사건이 훨씬 가볍게 정리한다. 물론 또래조정자들의 역량이 중요하긴 하다. 그런데 학급 학생들 중에 이런 역량을 가진 멋진 친구가 반드시 존재한다.

〈또래 조정 모습, 또래 조정 기록지, 또래 조정 장부〉

학급다모임(학급회의)은 학급에서 발생하는 여러 가지 문제나 함께 결정해야 할 일이 있을 때 함께 이야기하고 해결방법을 논의하는 경험을 통하여 민주적인 의사소통 능력을 키울 수 있도록 한다. 문제를 함께 생각하고 대안을 탐색하는 과정에서 책임을 공유하는 것이 가장 중요하다. 이미 발생한 문제의 누가 잘못했는지를 묻고 책임을 한 사람에게만 지우는 것은 민주적인 방법이 아니다.

학급 게시판에 건의할 사항을 적을 수 있는 공간을 마련하고 학급회의 안건을 누구든 올릴 수 있도록 한다. 처음에는 너무 사소하고 개인적인 문제도 많이 나오지만 몇 차례의 다모임을 거치면 안건으로서 논의할 만한 것들만 회의주제로 올라온다. 회의부원들이 미리 안건을 확인하고 중요도에 따라 협의할 주제의

 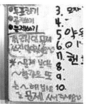 

〈학급 게시판, 회의 안건 기록, 다모임 모습〉

순서를 정한다.

공식적인 절차를 거쳐 결정된 사항은 교사가 일방적으로 판결 내리고 결정한 것보다 훨씬 큰 힘을 발휘한다. 회의내용은 칠판에 기록하고 컴퓨터로도 동시에 문서 작성하여 출력해서 누구든 볼 수 있도록 한다.

수업의 주연 배우는 언제나 교사?

'오늘은 내가 선생님' 수업은, 수업의 주도권을 학생에게 넘겨주는 것이다. 학생들이 수업계획서를 작성하여 제출하면 신청한 학생들을 불러서 수업에 대해 협의한다. 교사에게 수업에 대해 브리핑하다보면 어떤 점이 더 준비되어야 하는지에 대해 스스로 발견하게 되고, 교사가 팁을 줄 수도 있다. 주간학습을 보고 예정수업시간을 확정해서 알려주고 학생들은 그 전까지 수업자료나 준비물 등을 준비하거나 요청해둔다.

학생들이 신청하는 수업은 교과서 중심의 학습도 있고, 자신의 관심 분야에 대해 소개하고 체험해보는 수업, 공부한 내용에 대한 복습 내용 등 다양하다. 한 명보다는 보조교사까지 생각해서 여러 명의 학생이 함께 수업을 준비하는 경우가 많아 강의식 수업보다는 체험 위주의 수업이 대부분이었다. 교사가 교과서에 지나쳤던 활동을 찾아내서 준비하는 경우도 많았다.

교사가 보조자로 수업에 참여하면 미처 보지 못했던 학생들이 보인다. 수업 보조자로 수업이

〈오늘은 내가 선생님 수업계획, 수업 진행 모습〉

잘 진행될 수 있도록 분위기를 조성하고 도움이 필요한 학생이 없는지 전체적으로 확인할 수 있게 된다. 수업자로 나서 본 학생들은 다른 사람들에게 자신의 생각을 전달하는 것이 얼마나 어려운 일인가를 깨닫고 다른 수업에서 경청하는 태도가 크게 향상된다.

학생들이 지식을 뽐내는 사람이 아니라 지식으로 삶의 문제를 적극적으로 해결해가는 지성인으로, 삶을 주체적으로 선택하고 살아갈 수 있는 사람으로 성장할 기회가 된다.

우리는 모두 완벽하지 않다. 서로의 존재 자체를 믿어주고 소통하며 만들어가기 때문에 학생 주도로 다양한 일들이 진행될 수 있다. 서로를 온전히 믿지 못하면 두려움이 생기기 마련이다. 믿는 만큼 성장한다.

자발성

뭐 이렇게 하고 싶은 일들이 많아?

뭐 이렇게 하고 싶은 게 많아?

이세민
교　　사

'뭐 이렇게 하고 싶은 게 많아?'
'난 항상 하고 싶은 게 많았어.'

'아이들과 어떤 것들을 하고 싶은데?'
'다 같이 선글라스를 쓰고 수업한다거나. 겨울에 군고구마나 귤을 까먹으면서 수업 해보고 싶어.'

'왜 그런 걸 하고 싶은 건데?'
'그냥 학교에 있는 모두에게 학교가 즐겁고 행복한 곳이면 좋잖아.'

올해 5년차 교사로서 교생실습 지도 교사를 맡게 되었다. 경력도 길지 않고, 한창 배워가야 하는 시기에 교생 선생님을 지도해야 한다는 사실이 조금 부담스러웠다. 그래서 겨울방학 내내 실습 기간 동안 어떤 것들을 나누고 이야기해 주면 좋을지 고민했다. 긴 고민 끝에 내린 결론은 나의 교육관을 보여주는 것이 가장 좋겠다는 결론에 이르렀다. 교생 선생님과 한 달 동안은 '아이들이 평생 추억할 수 있는 즐거운 학교 만들기' 라는 프로젝트를 더불어 달성하기 위해 부단히도 노력했다.

우리학교에 오기 전에는 아이들에게 행복한 학교를 만들어 주려면 교사의 희생이 필연적일 수밖에 없다고 생각했다. 그래서 교사가 계획하고 고생하여 준비한 만큼 아이들이 즐겁게 참여할 수 있다는 오해를 했다. 하지만 이 학교를 경험하며 느끼게 된 것은 교사의 희생

아래 세워진 즐거운 학교는 오래가지 못한다는 것이다. 그래서 도림초등학교에서는 학생, 교사 모두가 행복한 교육과정을 목표로 삼고 있다. 학교 구성원들의 행복 속에서 계속 하고 싶은 일들이 끊임없이 생겨난다는 것을 알기 때문이다. 그렇다면 왜 도림초등학교 선생님과 학생들 모두 하고 싶은 일들이 많아지는 걸까.

교사에게 시간이 주어지면

항상 학년 초에 선생님들은 모여서 '올해는 행사를 최소화하고 여유롭게 학년을 운영합시다.' 라며 약속을 하지만 학기 중반이 되면 언제 그랬냐는 듯이 학생들과 이것저것 일을 벌이는 학년 선생님들이 늘어난다. 뭐가 그렇게 하고 싶은 게 많아지는지. 선생님들이 이렇게 학생들과 다양한 일을 벌일 수 있는 이유는 교무실에 있는 업무 전담 선생님들 덕분이다. 학교 업무의 대부분을 담당하고 있어서 몇몇 선생님들을 제외하면 담임 선생님들의 업무가 전혀 없다. 그렇기 때문에 학생들과 대화하고, 학년 선생님들이 모여 학년 운영에 쏟을 수 있는 시간이 충분히 확보되어 있다. 이렇게 시간이 주어지니까 학생들과 선생님, 선생님과 선생님 사이의 친밀도가 높아지고 서로를 더 잘 이해하게 만들어 진다. 이렇게 친밀해진 관계는 다양한 일들을 벌이는 원동력이 된다. 학생들이 어떤 것들을 원하는지 파악하게 해 주며, 그 일을 함께 의논하고 진행할 좋은 선생님들이 곁에서 지지해 준다. 시간과 에너지를 반과 학년에 오롯이 쏟을 수 있는 환경은 도림에서 다양한 일들을 끊임없이 벌어지게 만들어 준다.

학생들에게 권한을 주면

선생님들에게 업무를 줄여주고 시간을 주는 것만으로는 학교에서 다양한 일들이 벌어지지 않는다. 이것저것 하고 싶은 일들을 벌이면서 생기는 선생님의 피로는 그대로이기 때문이다. 사실 '학생들에게 권한을 주는 일'이 핵심이다. 우리학교에서는 학급이나 학년별로 프로젝트 수업을 할 때, 학생들에게 권한을 나눠주고 함께 준비하게 한다. 학생들은 자신이 관심 있어 하는 분야의 팀에 소속할 수 있으면 준비부터 진행까지 그들 스스로 하고 싶어 한다. 이해를 돕기 위해 '진로 캠프' 라는 프로젝트 수업이자 행사가 있는데 6학년들이 학교에서 1박 2일간 숙박을 한다. 일단 학급 회의와 학년 다모임을 통해 캠프 일정에 대해 학생들의 의견을 모으고 투표를 통해 일정을 결정하게 된다. 일정이 결정되고 나면 일정별로 학생 TF팀을 구성하여 학생들 스스로 일정 계획 및 진행을 담당하게 된다. 장기자랑 TF팀의 경우에는 장기자랑 시간과 장소, 필요 물품, 신청 방법, 진행에 이르기까지 전반적인 내용을 계획한다. 선생님들과 최종 협의를 하여 보완하거나 지원이 필요한 부분을 요청을 한다. 교사는 학생들의 준비 과정을 살펴보며 조언을 해 주거나 재정과 행정적 지원, 안전에 대한 부분들에 대해 신경을 써 주면 된다. 이렇게 학생들이 참여할 수 있는 행사는 교사의 노력이 경감되기 때문에 행사에 대한 피로가 많이 줄어들게 된다. 더 중요한 점은 학생들 눈높이에 맞는 계획과 운영으로 학생들의 만족도도 높일 수 있는 점이다. 스스로 계획하여 진행하기 힘든 저학년의 경우는 고학년이나 학부모님의 도움을 받는 방법도 있다. 6학년 사회에 나오는 세계 여러 나라의 자연과 문화 단원과 2학년 겨울 : 두근두근 세계 여행을 연계시켜 학년을 넘어 프로젝트 수업을 실행해 보기도 했다. 6학년 학생들이 학교밖탐험 프로젝트 수업을 하면서 각 나라의 대사관을 방문하여 배우고 경험했던 내용을 바탕으로 대륙별 다양한 나라의 언어와 음식, 의상과 놀이를 체험할 수 있게 준비하여 2학년 동생들에게 소개해 주는 수업과 행사를 했던 적도 있었다. 또한 졸업식 마저도 자기들 스스로 준비하는 과정부터 진행과 순서까지 6학년 학생들이 스스로 짜서 운영하고 선생님들이 뒤에서 지원했던 경험도 인상깊었다.

끊임없이 일을 벌이면

학생들과 다양한 일들을 벌이면 어느새 학생들의 표정이 달라지는 걸 느낄 수 있다. 그것은 학생들에게 학교라는 곳에서 보내는 시간과 공간, 관계에 대한 의미가 변하고 있다는 것을 뜻한다. 학급과 학년 친구는 힘을 합하여 다양한 문제를 해결하는 존재로, 선생님은 나의 성장을 도와주고 꿈을 키워주는 존재로, 학교는 즐겁고 행복한 일들이 많은 곳으로, 나는 존중받고 행복한 존재로 변화하고 있음을 행복하게 미소짓는 학생들의 표정에서 느낄 수 있다. 이렇게 변해가는 학생들의 모습을 보면서 선생님들도 교사로서의 행복감을 느끼게 한다. 또한 교사로서 내가 제대로 길을 가고 있다는 확신을 갖게 한다. 이러한 감정들이 도림에서 다양한 일들을 벌이는 원동력으로 재생산 되고 있다. 학교에서 선생님과 학생들이 벌이는 다양한 일들 때문에 모두가 행복하고 그 일들을 통해 학교 구성원들이 변화하고 성장하는 것을 보게 된다. 그렇기 때문에 항상 끊임없이 일을 벌이는 학교, 바로 도림이다.

절반의 자발성과 절반의 희생으로
살아 숨쉬는 멋진 선생님들

이석구
교 감

학교의 풍경들

'제발 학년부장 좀 맡아주세요. 부탁드립니다.'

새 학년이 시작되기 전 교감들은 교실을 돌아다니며 선생님들을 설득하는 작업?을 한다. 그러나 여간해서 성공하기란 쉽지 않다. 그렇다고 보직교사 없이 학교를 운영하기는 어렵기 때문에 어떻게 해서든 보직교사를 구성하려고 노력한다. 아마 대부분의 학교에서 벌어지는 현상일 것이다. 교감들은 '내가 이러려고 교감이 되었나?' 라는 슬픔에 빠지기도 한다.

2020년 코로나19로 학교에서는 하나의 갈등이 생겨났다. 원격수업 자료 제작, 수행평가 등과 관련된 것이다. 우리의 선생님들은 다른 반과의 균형을 맞추려 하고, 나만 튀면 안된다는 생각을 가지고 있다. 일종의 동업자 정신이다. 그러다 보니 우리반만 쌍방향 수업을 하거나, 새로운 것을 시도하는 것이 쉽지 않다. 학부모들로부터의 민원 등도 중요하지만 동료 교사 간의 호흡을 더 중요하게 여긴다. 우리는 '교사의 노력 정도에 따라 수업의 질과 평가가 달라진다'는 것을 이미 알고 있다. 그러나 서로간의 눈치 때문에 그 노력조차 쉽지 않은 것이 학교의 현실이다.

나는 감히 '업무 기피, 부장 기피, 좋은 수업을 위한 노력' 등의 문제가 해결되지 않는다면 학교 현장은 붕괴하고 말 것이라고 단언한다. 어쩌면 일부 학교에서는 이미 붕괴하고 있을지도 모른다. 학교 관리자의 권한도 없고, 교사 스스로의 자발성도 보이지 않는다면, 이와 같은 문제를 해결할 방법이 없다. 서로 말하지 않고, 드러내지 않고 있지만, 학교 구성원 모두가 지극히 공감하리라 생각한다.

도림의 풍경 -하나-

우리 학교는 어떨까? 나는 우리 학교는 '아니다'라고 자신 있게 말할 수 있다. 며칠 전 코로나19 관련 교육과정 운영 및 평가와 관련 회의를 하였다. 너무도 당연하게 '수행평가를 실시하자'는 쪽으로 의견이 모아졌다. 선생님들이 편하고자 생각했다면 '관찰평가' 등으로 대신하자는 의견이 나올 수도 있었다. 바로 이것이 우리 선생님들의 참모습이다. 만약 관리자가 먼저 나서서 '수행평가는 실시해야 한다'고 했으면 어떠했을까? 그 반발은 만만치 않았을 것이다.

지난 5월에 행복배움학교2.0 중간평가 관련 설문조사를 실시하였다. 학부모님들의 서술평가 중에서 원격 수업과 관련된 내용도 있었다.

"온라인 수업에 최선을 다하는 보습이 보기 좋고, 특히 선생님들이 손수 제작한 영상을 많이 만들어 학생들의 호기심을 높이는 교육열에 감사드립니다"

〈영상 제작 모습〉

요즘 학교를 돌아다니다 보면 교실 앞문에 '녹음중'이라는 판이 보인다. 안을 들여다보면 마치 아이들을 앞에 놓고 수업하는 것처럼 녹음이나 녹화를 하는 장면을 볼 수 있다. 또 어떤 학년은 듀얼 모니터를 펼쳐 놓고 한 화면은 컨텐츠 수업, 다른 한 화면은 실시간 질문 관리 등을 하면서 대면 수업보다도 훨씬 더 어려운 수업을 진행하기도 한다. 중고등학교의 교과담임도 하기 어려운 수업이다. 우리 선생님들은 그 어려운 것도 이렇게 해낸다. 얼마나 멋진 분들인가?

도림의 풍경 -둘-

우리 학교 선생님들은 여비부지급 출장을 많이 간다. 오봉산과 주변 학교다. 오봉산은 아이들과 생태체험학습을 위해 가는 것이며, 주변 학교는 연수를 위해 간다. 동학년 회의를 하는 모습은 우리 학교 오후의 풍경이다. 연구실에 모여 내일 수업을 위한 준비를 많이 하는데, 어떤 때는 치열해 보이기도 한다. 처음 도림에 부임했을 때 이해하기 힘들었던 장면 중의 하나이다. 차츰 시간이 흐르면서 '교육과정 재구성과 수업을 위한 준비'가 행복배움학교의 가치 중에 하나라는 것을 알게 되었다.

교간 전학공 활동도 많이 한다. 오늘 올라온 여비부지급출장 중 '원격수업 관련 교육과정 나눔 협의'라는 것이 있었다. 다른 행복배움학교 선생님들과 함께 모여 무엇을 어떻게 가르칠 것인가에 대한 협의를 많이 하는 것이다. 어떤 때는 늦은 시간까지 교실에 모여 강사를 모시고 연수를 듣기도 한다. 살아 숨쉬는 선생님들의 건강한 모습이다.

아침 시간, 오봉산을 향해 떠나는 아이들과 선생님들의 모습을 볼 수 있다. 보통 학교의 선생님들은 교문 밖으로 아이들을 데리고 나가는 것을 싫어한다. 귀찮기도 하고 사고의 위험 때문이다. 우리 선생님들은 사계절 오봉산과 함께 한다. 아이들과 늘 함께 하는 아름다운 모습이다. 이런 선생님들에게 교육받는 도림의 아이들은 정말 행복할 것이다.

도림의 풍경 -셋-

혁신학교는 선생님들이 수업에 전념할 수 있도록 학교업무를 최소화 하려고 한다. 우리 학교도 그렇다. 그렇다고 학교 업무가 없어지는 것은 아니니, 누군가는 그 일을 해야 한다. 업무지원팀의 일인데, 몇몇 분들이 많은 일을 처리하는 구조이다. 그것은 오직 그 선생님들의 희생으로 가능하다. 난 감히 그분들의 희생이 숭고하다고 생각한다. 업무지원팀은 학기말부터 시작되는 다모임을 통하여 구성한다. 물론 많은 논의와 진통을 겪으면서도 완벽한 모습으로 완성되지는 않는다. 중요한 것은 함께 하고자 하는 과정이며 나도 희생할 수 있다는 자발성에서 나오는 것이다.

올해, 코로나19로 새로운 업무들이 교육청으로부터 많이 쏟아져 내려왔다. 쌍방향 수업 관련 예산을 세우고 필요한 기자재를 구입해야 하며, 방역, 안전 등 새롭게 해야 할 일들이 너무나 많았다. 일반학교에서는 지금도 교무와 연구, 교무실과 행정실, 보건교사와 영양 교사 등. 업무에 대한 핑퐁 싸움이 엄청나다고 들었다. 교감은 업무 재지정 요청으로 스트레스가 이만저만이 아니라고 한다.

우리의 업무지원 어벤저스 팀은 이런 걱정을 무색하게 저마다의 역할을 다해 주신다. 학교의 거의 모든 일들과 공문을 처리해 주시는 교무부장님, 좋은 수업을 위해 새로운 것을 끊임없이 찾고 지원해 주시는 연구부장님. 나는 이분들을 감히 도림의 어벤저스라고 불러 드리고 싶다.

그리고 난 이분들에게 진심으로 감사하는 마음을 갖는다. 지원팀의 숭고한 희생으로 업무 싸움이 적고, 또 그만큼 교감으로서의 스트레스도 적기 때문이다.

여전히 남는 물음표?

지금까지 나는 우리 학교 선생님들의 자발성을 칭찬했다. 그리고 업무지원팀, 수업에 전념할 수 있는 학교에 대한 자랑을 했다. 그 칭찬과 자랑은 여전하다. 그러나 그 내면을 살펴보면 여전히 남는 문제점과 어려움이 있다. 과연 진정한 자발성을 가진 사람이 얼마나 될까? '자발성과 희생', 무엇이 진심인지 모르겠다. 사실 학교의 구성원들은 편하고자 하는 생각이 강하며, 남들은 편한데 나는 편하지 않다면 불만이 생길 것이다. 과연 그런 마음을 가진 사람들에게 '자발성'을 기대할 수 있을까?

우리 학교가 가지고 있는 '수업에 최선을 다하는 것'이라는 멋진 가치를 실현하기 위하여 '업무전담팀'을 계속해서 운영할 수 있을까? 지금도 교무실에서는 이 문제를 가지고 많은 논의를 하는 중이다. 그리고 내년에는 업무를 나누자는 이야기도 한다. 교육과정 반성회와 다모임을 통하여 모두의 의견을 담긴 논의가 필요할 것이다.

난 감히 이 멋진 가치는 꼭 지켜져야 한다고 생각한다. 만약 다시 업무를 나누고 옛날로 돌아간다면 그동안 우리가 이룬 업적은 한순간에 물거품이 될 수 있다. 그것을 지키기 위해서 도림에 온 구성원들은 한번은 부장 업무를 맡는 등의 '업무 순환제' 등도 좋겠다.

많은 혁신학교에서 업무 배정을 다시 예전의 방식으로 한다고 들었다. 그만큼 어려운 일이라고 여겨진다. 난 우리 도림이 '업무분장 방법이 성공한 학교, 수업에 최선을 다하도록 지원학교 학교'로 남았으면 좋겠다. 절반의 자발성과 절반의 희생이어도 좋다. 그리고 다른 혁신학교와 일반 학교들의 모델이 되었으면 하는 바람이다.

우리 이거 하고 싶어요

이재원
학 생

대의원 하길 잘했다

우리 학교는 다른 학교에 비해 다른 점이 많습니다. 토끼와 메추리가 있는 '동물 농장', 쉬는 시간을 넓힌 '중간 놀이 시간', 그중 단연 우리 학교의 가장 독특한 점을 꼽자면 단연 '대의원'이라고 할 수 있습니다. 대의원은 다른 학교의 '전교회장'과는 다른 독특한 방식으로 이루어지는 '자발적 봉사 활동단'에 가깝습니다. 대의원은 기본적으로 동아리로 운영됩니다. 자유롭게 신청이 가능하고, 신청한 후 면접으로 뽑아 다음 해에 활동하는 방식으로 1년마다 새로 신청해야 합니다.

대의원이 하는 활동은 추석에 진행하는 송편빚기, 11월 11일에 진행하는 가래떡 데이, 10월 하이라이트 이벤트 '도담도담 큰잔치' 등이 있습니다. 이 활동들의 기초인 홍보 포스터 만들어 사전 안내하고 책상 나르기, 활동 후 청소하기 등은 모두 대의원이 도맡아 합니다.

저는 올해 처음으로 대의원이 되었습니다. 첫 회의 안건은 '1학년에게 학교생활 알려주기'로, 코로나19로 인해 주 1회 등교와 사회적 거리두기로 학교생활을 정상적으로 할 수 없는 1학년에게 학교에 대해 알려주는 것을 목표로 했습니다. PPT 발표팀, 영상 제작팀, 포스터 제작팀으로 나뉘어 각자 학교에 대해 알려주었습니다. 제가 속한 팀은 PPT를 만들어 각 반에서 발표를 진행했는데, 꽤나 떨려 다른 애들보다도 시간을 2배는 많이 썼습니다. 다 한 뒤엔 왠지 모를 뿌듯함이 밀려와 '대의원 하길 역시 잘했다'라는 생각을 했습니다.

도서관에서 1박 2일!

제가 4학년 때 학교 내에서 했던 활동 중 가장 기억에 남는 활동은 바로 독서 캠프입니다. 독서 캠프는 말 그대로 한 책을 주제로 학교 내에서 캠핑하며 다양한 활동을 했습니다. 독

서 캠프의 주제 책은 토르와 로키가 나오는 〈북유럽 신화〉였습니다.

독서 캠프에서 가장 먼저 했던 활동은 텐트 치기였습니다. 잠자리에 필요한 텐트를 가장 먼저 친 것이었습니다. 두 번째로 했던 활동은 연극입니다. 강당에서 북유럽 신화를 주제로 실크 스카프와 종이, 골판지 등등을 재료로 소품을 손수 만들어 진행해 더 의미가 깊었습니다. 세 번째로 했던 활동은 영화 보기인데, 강당에서 팝콘을 먹으며 영화를 보니 진짜 영화관 느낌이 났습니다. 네 번째 활동은 바로 캠프파이어! 우리들은 강당에서 운동장으로 내려왔습니다. 기타를 치시며 노래를 부르던 선생님 모습이 기억에 남습니다. 마지막 활동은 잠자기. 전 5층 도서실로 올라가 잠자기 직전까지 책을 본 후 잤습니다. 학교에서 그것도 도서관에서 자다니, 정말 믿기 어려웠지만, 왠지 떨리기도 했던 독서 캠프였습니다.

〈캠프 파이어〉

〈독서 캠프〉

〈도서관에서 1박2일〉

학교 밖으로 걸음을 내딛다

학교밖 탐험은 도림만의 색다른 현장 체험 학습이라고 할 수 있습니다. 학교밖 탐험은 우리 학교 학생이라면 누구나 경험하는 프로젝트입니다. 학년에 따라 다르지만, 인천의 대표적인 유적지를 탐험하는 것으로 **학생들이 직접** 일정과 시간, 장소 등을 정해 떠나는 특이한 점이 있습니다. 도우미로는 학부모님들과 선생님들이 해주시는 **그림자 선생님**이 있습니다. 그림자 선생님은 말 그대로 그림자처럼 따라다니며 안전을 책임지시는 선생님분들인데, 그림자 선생님은 옆에서 위험한 상황에 대해서 계시는 것이기에 학생들은 자율적으로 일정을 짜고 조율해야 합니다.

저는 3학년 때 전학을 와서 1, 2학년 때는 학교밖 탐험에 참여하지 못했습니다. 3학년 때에는 인천의 중심지인 중앙도서관과 모래네 시장으로 갔습니다. 우선 인천중앙도서관에 가서 책을 몇 권씩 읽은 후, 모래네 시장으로 출발했습니다. 저희는 그날 저녁 반찬거리를 사오는 임무가 있어서 각자의 반찬거리를 샀습니다. 저는 엄마와 제가 좋아하는 어묵을 샀습니다. 어묵을 사고 점심은 분식집에 가서 해결했습니다. 버스와 교통편을 살피고, 시간과 인원에 맞춰 일정을 조율하며 생겼던 피로가 어묵 국물에 사라지는 그 기분을 저는 아직도 잊지 못합니다.

4학년 때는 4학년 전체가 강화도로 갔습니다. 우리팀은 강화역사 박물관과 자연사 박물관에 갔습니다. 학교에서 버스를 대여해 강화 버스 터미널까지 편하게 도착할 수 있었습니다. 이후에 시내버스를 타며 강화 역사박물관에 도착해 강화도의 역사와 유물과 유적에 대해 배우고 밥을 먹었습니다. 역시 뭐니뭐니 해도 학교밖 탐험의 묘미는 밖에서 사 먹는 밥과 싸 온 간식을 먹는 것입니다. 그 후 강화도에 남아있는 실제 고인돌을 보았습니다. 그러나 아쉽게도 공사 중이어서 그 형태만 보았습니다. 지금 생각해봐도 그게 제일 아쉬웠습니다.

5학년 때는 역사를 주제로 했기 때문에 우리팀은 국립중앙 박물관을 선택했습니다. 지하철과 버스, 기타 운행편을 수업용 태블릿으로 검색하고 간식과 일정, 식사까지 하나하나 준비하느라 몸은 녹초처럼 힘들었습니다. 하지만, 내 눈으로 직접 국립중앙 박물관에서 예술품을 보고 준비한 간식과 밥을 먹으면 마음은 하늘 위 구름처럼 두둥실 떠올랐습니다. 특히 국립중앙 박물관에서 사 먹었던 설렁탕 한 그릇의 여운이 그대로 남아있습니다. 이후 기념품을 사고 집으로 돌아가던 찰나, 아뿔싸! 친구가 우산을 두고 온 것입니다. 이전에도 물품을 잃어버려 당황했었는데, 지금 생각하면 웃음이 납니다.

6학년 때 저는 꽤 먼 지방이나 서울 번화가 즈음에 갈 수 있다고 생각했습니다. 하지만 본격적으로 2월에 코로나19가 확산하기 시작하자 학교의 문은 굳게 닫히고, 전 집에서 원격수업을 하게 되었습니다. 저는 친구들과 역사의 한 장면이었던 4.19 현장, 5.18 현장, 촛불 집회 현장에 가 보고 싶었습니다. 왜냐하면 우리나라 근대 민주주의의 시발점이었기 때문입니다.

우리학교에서의 다양한 경험들이 저에게 추억이 되고, 밑거름이 되었습니다. 모든 순간들이 최고의 시간이었던 것 같습니다.

〈3학년 모래내시장〉

〈4학년 강화역사 박물관〉

〈5학년 국립중앙 박물관〉

달팽이를 그린다

홍문주
학부모

달팽이를 그린다. 도림초 운동장 구석에. 점점 크게 점점 작게 커다란 막대기로 깊이깊이 홈을 파면서 엉덩이를 하늘로 머리는 땅으로.... 한참을 그려도 아직 끝나지 않은 달팽이 놀이판을 그리고 팔다리가 아프다. 운동작 한구석에 그려만 두었는데 아이들이 수시로 뛰어논다.

뱅글뱅글 어지럽게 뛰면서 스스로 놀이하는 아이들을 보니 팔다리 정도 아픈 건 괜찮아진다. 놀이란 자발적이며 목적이 없어야한다는데 달팽이 놀이판을 그려두었더니 생기는 효과인 듯하다. 이렇게 놀이가 뭔지도 모르고 아이들이 현재 놀이가 부족함을 인식하고 놀이

〈 달팽이 놀이 〉

를 시작하게 되었다.

2017년 학부모 동아리 '놀이동무'를 만들었다. "내 아이들만 놀아서는 재미없지"에서 시작한 놀이가 교육청을 통한 놀이 교육(놀이교육 학부모지원단)이 발단이 되어서 학교에서도 많은 학부모님과 아이들이 놀이를 즐겼으면 하는 마음에서 자발적으로 놀이동무가 만들어졌다.

그전까지 학교 학부모 활동이라곤 책 읽어주는 어머니 '책사랑' 활동 말고는 하지 않았던 터라 학부모 활동의 절차나 기존 부모님과의 소통이 생각보다 쉽지 않았다. 아이들과 2017년 의욕에 차서 놀이도 많이 배우고, 또 아이들에게 방과 후 일주일에 3번 2시간씩 놀이를 자유롭게 할 수 있는 시간도 만들었다. 우리는 아이들에게 가르쳐주면서 또 많이 배웠다. 놀이를 배우면서 강의하시는 선생님이 자신은 선생님이지만 아이들에게 늘 배운다는 말씀을 하셨었는데 그 말이 진짜였다. 아이들에게 많이 배우고 우리 놀이동무도 성장하였다. 2018년도 학교 학급에 들어가서 창의적체험활동을 지원하고, 고학년 놀이 체육부에서 놀이를 바탕으로 신나게 놀이하는 동아리를 운영하면서 또 배우고 또 아이들이 얼마나 놀이가 부족한지를 잘 알 수 있는 시간들이었다. 학부모님들 또한 어릴 때 놀았단 기억들을 떠올리면서 좀 더 건강한 학교생활을 인정하는 태도로 다가서게 되는 계기도 되었다. 다른 학교와 달리 열린 마음과 적극적인 태도로 학

〈고누놀이〉

부모님 활동을 바라봐 주시고 지지해주시는 학교도 감사드린다. 2019년부터 학교 예산지원은 타 학부모 동아리들이 쓸 수 있도록 우리는 다른 공모사업에 눈을 돌리고 마을을 지원하는 구청의 지원사업비로 동아리 활동을 하게 되었다. 구청지원사업을 운영하고 직접 사용하고 또 계획이나 사용 후 처리방법 등의 신경쓰는 부분이 많아지긴 했지만 직접 운영할 수 있는 범위가 넓어져서 학부모 자녀와 함께하는 '토요일 나가 놀자'도 진행하게 되었다. 놀이할 때 마다 당연히 우리 집 아이들도 참석하는데 막내가 정말 감사하게도 "엄마가 왜 놀이동무 하는지 알겠어…" "다른 친구들이랑 엄마 아빠도 재미난 거 배우게 해주셔서 고마워 "하는 소리에 힘들었던 시간들도 감사함으로 바뀌었다. 2020년 놀이동무는 학교에 가지 못했지만, 소수 인원이 모여서 집에서 가족끼리 할 수 있는 놀이를 배우고 또 아이들에게 어떻게 놀이를 전해줄지 고민하고 있다.

놀이를 하면서 '놀이동무'는 한 단계 한 단계 성장하고 있다. 우리뿐만 아니라 놀이를 통해 아이들과 학부모님들 모두 함께 성장한다고 믿는다. 놀이동무 뿐만 아니라 학부모 활동에 여러 도움을 주시는 도림초 선생님과 학교에 감사하며 함께 성장할 수 있는 학부모님과 우리 아이들이 있어 행복하고 감사하다.

존중

이런 걸 아이들이 어떻게 해?

이런 걸 아이들이 어떻게 해?

강민진
교　사

3월. 교사에게는 매년 겪지만 매번 떨리고 긴장되는 첫 만남의 순간이 기다리고 있다. 이는 학생도 마찬가지일 것이다. 함께 하게 된 교사와 학생들이 조금씩 마음을 열어가며 일년살이를 시작한다. 학급세우기, 마음열기 등을 통해 우리 반의 기초를 다지고 튼튼한 집을 조금씩 지어 간다. 그러한 목적으로 대개 학기 초에 빠뜨리지 않고 우선적으로 하는 것이 우리 반 규칙 만들기이다.

다양한 개성과 특성을 가진 친구들이 함께 어울려 잘 지내기 위해 필요한 것은 무엇일까? 라는 고민으로 우리 학급에 필요한 규칙을 하나하나 만들어 간다. 3월 첫 주에 제일 먼저 계획했던 것이 학급 규칙 만들기였다. 아이들도 으레 해 온대로 함께 지켜야 할 것들을 익숙하게 생각해 내고 금새 학급 규칙이 만들어 진다. 중요한 것은 그 이후다. 실제로 아이들이 우리들의 약속을 잘 지키며 생활하는가? 자신들이 정한 규칙을 행동으로 실천하는가?

우리 학교에서 가장 중요하게 생각하는 것 중 하나는 학생들이 주체적으로 자신의 일을 결정하고 실행하는 경험을 통해 삶의 주인으로 바르게 서는 것이다. 교사인 나도 이곳에서의 생활이 한 해 한해 쌓여 가면서 그것에 대한 고민이 더욱 깊어지고 있었다. 동학년 협의회와 다모임에서 지속적으로 이루어진 선생님들과의 대화를 통해 삶의 곳곳에서 우리 아이들의 삶을 그러한 관점으로 더욱 깊이 살피게 된 것 같다.

이렇게 깊어진 생각과 함께 시작한 올해 3월은 이전과 다른 방법으로 아이들을 만나야겠다고 마음먹었다. 학생들이 스스로 규칙의 필요성을 느끼고 찾을 수 있는 방법은 무엇일까에 대해 생각하고 활동을 계획했다. 그냥 교사가 제시하는 것이 아니라 학생들이 주도적으로 자신의 삶의 공간에 필요한 것들을 탐색하고 그 안에서 필요한 것들을 자신들이 만들어 내는 것이다. 외부에서 요구했기 때문에 하는 것이 아니라 자신들이 필요하다고 느껴서 직접 생각하고 정한다면 그것은 전혀 다른 의미를 가질 것이 분명했다. 그것이 바로 자발성과 주체성의 힘이다.

스스로의 힘으로 공간을 가꾸는 아이들

예년과 다르게 3월 시업식을 하고 새 학년이 되었지만 학급 규칙 만들기를 하지 않았다. 자기 소개하기, 친구 알아보기 등 서로를 탐색하는 활동과 교과 수업 등 일상은 꾸준히 이어졌다. 처음에는 서로를 살피고 조심조심하던 학생들이 조금씩 가까워지자 갈등과 문제가 발생하기 시작했다. 뿐만 아니라 소소한 불편함도 생기기 시작했다. 함께 논의할 수 있는 부분을 발견하기 위해 아이들의 생활을 유심히 지켜보았다. 아이들의 삶에서 배움거리를 찾기 위해 때로는 교사의 기다림과 버팀이 필요하기도 하다. 갈등을 차단하는 것만이 최선은 아니다. 오히려 갈등으로부터 아이들은 배우고 성장한다. 교사는 그 지점을 마치 사진을 찍듯 발견하고 학급의 모든 아이들이 해결 과정에 참여하도록 격려할 수 있어야 한다.

"선생님, 급식실 갈 때 OO가 새치기해요."

"오늘 며칠이에요? 날짜가 안 바뀌어요."

"복도에서 OO가 뛰다가 저랑 부딪쳤어요."

〈학급규칙 만들기〉

〈 학급규칙 만들기 〉

"○○가 자꾸 저를 놀려서 하지 말라고 했는데도 계속 놀려요."

학기를 시작하고 며칠 지나지 않아 위와 같은 일련의 불만 가득한 소리가 며칠 간격으로 아이들로부터 나오기 시작했다. 생활 속에서 아이들의 배움의 중요한 지점이 발견된 것이다.

"이런 문제가 왜 생기는 걸까? 이런 문제를 해결하기 위해서 너희는 어떤 걸 하고 싶니? 할 수 있을까?"
라는 질문을 했다. 역시 아이들은 길을 알고 있었다.

"규칙이 필요한 것 같아요. 1인 1역할도 있어야 할 거 같아요. 시간표랑 날짜가 안 바뀌니까 너무 불편해요."

그 이후의 과정은 사실 기존에 하던 방식과 크게 다르지 않았다. 학급 회의를 열고 지켜야 할 일, 지킬 수 있는 일들을 찾아간다. 하지만 아이들의 마음가짐은 분명 달랐다. 외부에서 주어진 것, 교사가 시켜서 한 것이 아니라 본인들이 불편해서, 필요를 느껴서 만든 것이기 때문이다. '나의 것'은 소중하기 때문이다. 시행착오와 불편함을 겪더라도 자신들이 만든 것에 느끼는 책임은 교사가 제시한 것과는 달랐다. 나는 학생들에게 '선생님은 너희에게 옳은 것을 주는 사람이 아니라 너희가 옳은 것과 원하는 것을 생각해 내고 찾아가는데 필요한 도움을 주는 사람'이라는 인식을 심어 주고 싶었다. 결국 방향을 찾아가는 것은 아이들이었고 그것이 삶을 살아가는 진짜 힘이라고 믿었다. 그런 믿음과 존중의 첫 단추를 잘 채운 경험이었다.

'선생님, 이거 해도 돼요?' 가 익숙했던 아이들이 점점 주도적으로 자신의 행동을 선택하기 시작했다. 그것은 생활태도 뿐 아니라 공부하는 태도에도 영향을 미쳤다.

내 생각과 행동의 주인으로 서는 아이들

우리 학년에서는 문화예술교육의 일환으로 온책 읽기와 뮤지컬을 연계하여 공연 발표 활동을 하였다. 프로젝트를 마친 후, 10명이 넘는 아이들이 하교 후 학교에 남아 공연 연습을 하기 시작했다. 수업 중에 배운 것을 토대로 자신들이 이야기를 만들고 소품을 준비하고 연기 연습을 하는 것이었다. 교사에게 요청한 것은 자신들이 준비한 것을 연습하고 발표할 수 있는 공간과 시간을 제공해 줄 수 있는가 하는 것이었다.

많은 사람들이(어른들이 더욱) 시도해 보기도 전에 한계를 정하고 포기한다. 하지만 아이들은 일단 도전하고 거기서 예상되는 문제점들을 하나하나 해결하기 위해 친구들과 협력했다. 어른들이 해야 하는 것은 아이들이 꿈꾸는 것들을 시도할 수 있는 바탕을 마련해 주는 것이었다. 안 되는 이유를 찾는 것이 아니라 할 수 있는 가능성을 발견하고 격려해 줄 때 아이들은 어른들이 상상했던 것 이상으로 많은 것들을 생각해내고 해낸다.

4학년 2학기 교육과정에는 편견과 차별에 대한 내용에 나온다. 아이들도 편견과 차별이 나쁘다는 것은 모두 알고 있다. 하지만 일상생활 속에서 편견을 가지지 않고 차별하지 않는 행동을 실천하는 것은 사실 쉽지 않다. 우리는 보통 자신이 다수에 속하는 평범한 사람이라고 생각하기 때문이다. 우리가 하는 행동이 차별과 편견인지 모르고 있을 수 있다는 문제의식을 가지고 생활 속에서 아이들이 편견과 차별을 경험할 수 있는 수업을 계획했다. 교과서 지식으로 아는 것이 아니라 경험을 통해 진짜로 마음에 새길 수 있길 바라는 생각으로 수업을 고안해 보았다.

"선생님이 어제 공부를 하다 논문에서 봤는데, 키가 큰 사람이 키 작은 사람보다 더 똑똑하다는 최신 연구 결과가 나왔대요. 똑똑하다는 건 좋은 거지요? 그래서 오늘부터는 키 큰 순서대로 급식을 받도록 할 거에요."

1교시 수업 시간에 이렇게 선포했다. 그러고는 무심하게 수업을 시작하는 행동을 취했다. 아이들은 어떤 반응을 보였을까? 지금도 그 때의 장면이 잊혀지지 않는다. 몇몇 아이들의 흔들리는 눈빛이 떠오른다. 평소에는 시끌벅적 수다로 가득했던 반이 찬물을 끼얹은 듯 고요해졌다. 아이들은 서로 눈빛을 주고받았지만 선뜻 말을 꺼내는 사람은 없었다. 수학책을 꺼내라고 했지만 아이들은 움직이지 않았다. 애초의 수업 계획은 '키가 큰 사람이 우월하다'라는 편견으로 하루를 보내고 이 경험으로 느낀 것을 나누는 것이었다. 하지만 그 계획은 실패했다. 모두가 망설이던 어느 순간, 누군가 손을 들어 그 말의 불합리함을 발표했기 때문이다. 한 명이 용기를 내자 발표하려는 아이들이 넘쳐났다.

"선생님이 보신 연구가 구체적으로 어떤 건지 알려주세요. 키가 큰 사람이 더 똑똑하다는 건 편견인 것 같아요. 사람의 모습은 다 다른데 어떻게 키로 그런 걸 결정하죠? 사람의 키로 뭔가를 결정하는 건 진짜 차별이에요."

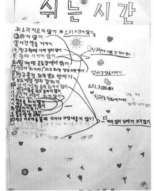
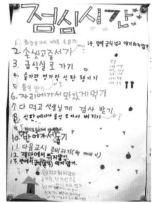

〈 함께 만든 학급규칙 〉

이 수업에서 내가 발견한 것은 아이들이 가진 '힘'이었다. 무비판적으로 수용하지 않고 다른 사람의 말을, 어른이기도 하고 선생님이기도 한 사람의, 옳고 그른지 판단하고 자신의 생각을 지키는 힘을 가지고 있었다. 물론 그렇게 이야기 할 수 있는 오랫동안 쌓아온 학급의 분위기가 영향을 끼쳤을 가능성도 있다. 중요한 것은 아이들이 자라면서 당당하게 자신의 목소리를 내어 본 경험 자체다. 미숙한 존재로서 어른들이 주는 것을 받기만 하는 것이 아니라 동등한 인격체로서 서로 배움을 주고받는 존재로 성장하는 경험을 해보았는가가 앞으로의 아이들의 삶에 어떤 영향을 미칠까?

이제 중요한 것은 교사들의 시선과 마음가짐이다. '이런 걸 아이들이 어떻게 해?' 라고 생각하면 아이들은 그것 이상을 절대 해내지 못한다. 반대로 '할 수 있을거야' 라고 믿으면 항상 그것을 뛰어 넘는다. 교사가 어디를 바라보느냐가 아이들의 도달점을 결정할지도 모른다. 그리고 그것은 교사로서의 삶 또한 성장시킨다.

존중하고 배려하는 교사문화

김지연
교　사

존중과 배려의 시작

존중과 배려. 학기 초 우리 반에서 지켜야 할 약속을 정하다 보면 단골로 등장하는 단어다. 여느 선생님들이 그러하듯 나와 만나는 1년 동안 우리 반 아이들이 서로 잘 지냈으면 하는 마음이다. 약속을 정하다 보면 아이들 스스로 존중하고 배려해야 한다고 의견을 낸다. 곰곰이 생각해 보니 교사인 내가 아이들에게 갖는 바람이 커서 강조하게 되는 경우도 많았다. 과연 아이들에게 당당히 말할 만큼 나는 주위 사람들을 존중과 배려하고 있는가? 혁신학교에서 지내는 시간이 길어질수록 앎과 삶이 일치되기를 꿈꾸었고 나에게 존중과 배려는 고민의 키워드가 되어 돌아왔다. 나의 삶을 되돌아보고 동료 교사들과 나누는 과정을 거치면서 존중과 배려는 어느덧 나의 생활에서 나타나기 시작했다. 혁신학교 근무를 기준으로 동료 교사에 대한 생각도 많이 달라졌다. 단순히 1년을 보내는 관계가 아니다. 동료들과 어떻게 나누어야 하는지 존중하고 배려한다는 것이 어떤 것인지 어렴풋이 알게 되었다. 4년 동안 혁신학교에서 만난 선생님들과의 경험은 교사로서 성장하는 데에 많은 도움이 되었다. 매일 만나는 동 학년 선생님은 함께 싸우는 아군 같고 의지가 되었다.

한해 살이를 함께한 동학년들

이전 학교에서 시도해 보지 못했던 다양한 교육적 활동을 해 보고 싶어 혁신학교에 지원했다. 더 나이 들면 도전하기 힘들겠다 싶어 용기를 냈다. 기대와 의욕이 컸던 2015년! 첫해에 만난 동 학년 교사들은 각자의 고유한 스타일이 있었다. 상담, 문화예술, 관계, 수업 연구 등 자신만의 학급 운영 주제들이 있고 중견 교사로 나름 잘 꾸려 오신 분들이었다. 내가 해 봤더니 좋았다고 여겨지는 것들을 나누면서 함께 따라 해 보았다. 오봉산 산책에서 해야 할 생태놀이를 배우고 처음으로 문집이라는 것을 내보았다. 경쟁이 아닌 협력이 이루어지도록 놀이를 구성해서 진행하기도 했다. 활동을 제안한 선생님들은 잘 안내해 주었고 작은 도전이지만 성취감도 느껴졌다. 새로운 시도를 한 만큼 아이들과 학부모의 반응도 좋았고 그런 모습에 뿌듯하고 보람을 느꼈다. 준비하는 과정이 힘들었지만 새로운 경험에 신이 났다. 우리만의 주제를 선정해서 묶거나 구성하는 시도를 못 했다는 점은 아쉬움으로 남는다. 그러나 각반의 고유한 색깔이 주는 아름다움과 새로운 시작을 묵묵히 함께했다는 감사와 기쁨은 큰 수확이었다.

2016년에는 5학년 부장을 맡으면서 동 학년을 꾸리게 됐다. 당시 5학년 교육과정 내용이 경제, 역사, 환경 등 하고 싶은 주제였다. 아이들이 어렵게 느껴지는 주제를 아이들의 삶과 연결해 이해를 돕고 싶었다. 3월에 '만남'이라는 주제로 수업을 했을 때였다. 준비 시간이 부족해 주제별로 큰 활동들만 계획하고 세부 계획은 그때그때 의논해서 진행했다. 함께 활동을 정해도 각반에서 각자의 스타일에 따라 달리 펼쳐졌다. 생각 그물로 아이들과 아이디어를 모으는 수업에서 교사가 선을 그어 예를 들자 예상과 다른 그림이 나오기도 했다. 시장경제 원리와 문제점은 교실에서 진행하는 '마을 경제 모의 활동'과 연결해 수업을 계획했다. 마을 경제활동 준비를 위해서 관련 책을 꼼꼼히 읽고 자료를 모았다. 막상 운영하려고 보니 아이들 입장에서 질문이 많이 나올 것 같았다. 법을 안 지켰을 때 내는 벌금이 억울하다고 느껴 항의할 것 같고 돈을 다 써버리고 나서 에라 모르겠다는 심정으로 안 하겠다고 나올 법도 했다. 그때 함께 한 분이 "전체적으로 금액을 조정하면 되겠네요" 라며 툭 던져 해결되기도 했다. 내일 수업을 위해 만났지만 자연스럽게 수업 시간에 있었던 반응을 나누고 궁금한 점에 대해 서로 묻고 나누었다. 교사의 행동에 따라 달라지는 아이들의 반응도 발견하고 좀 더 꼼꼼히 준비하게 되었다. 수업의 전문성은 디테일에서 나온다는 말이 있다. 동 학년 협의를 통한 작은 발견들 덕분에 수업 준비에 도움이 되었다. 추후에 마을 경제활동 관련 수업은 교감단 연수 내용에도 포함되어 참관도 이어졌다. 이것저것 궁금한 것을 묻는 분도 계셨는데 왠지 뿌듯하고 좋았다. 남에게 수업을 보여 줘야 하는 부담감은 줄고 함께 했다는 성취감은 무척 컸다.

책 읽기의 시작

혁신학교 3년 차에는 2학년을 대상으로 온 책 읽기를 진행한 것이 떠오른다. 전년도에 제대로 못한 아쉬움이 컸다. 학습 속도가 빠른 친구들은 흥미를 잃은 면이 있었고 학습 속도가 더딘 친구들은 자신도 수업에 참여해 기쁨이 컸다고 했다. 단점을 보완해 제대로 해보고 싶었다. 함께 하는 수업이 지루한 것이 아닌 또 다른 재미와 의미를 느끼게 해 주고 싶었다. 이런 마음을 동 학년과 나눌 수 있고 도전해 본다는 것은 교사로서 행운이다. 동 학년 선생님들도 흔쾌히 수락해 책 선정 기준, 책의 종류 등을 고려한 뒤 '엄마 사용법'을 선택했다. 사실 결정 전 후보에 오른 책이 있었는데 둘 다 나름 괜찮은 책이라 결정하기 어려웠다.

결정을 못 하고 있을 때 동 학년 샘이 초등학교에 다니는 아들에게 읽혀 보니 더 재미있는 책이라며 "이게 좋겠어요. 책은 재미있어야 해요" 라는 것이다. 항상 다른 사람 의견을 조용히 듣고 지지해 주던 분이었는데 열정이 느껴져 참 고마웠다. 처음 책을 받고 나니 어떻게 진행해야 할지 막막했다. "우리 그냥 아무 생각 없이 돌아가면서 읽어 봅시다" 부장님의 제안과 함께 윤독을 했다. 읽다 보니 이런저런 생각들이 떠올랐다. 우리부터 어릴 때 느꼈던 엄마에 대한 생각들을 나눠 보자는 제안도 나왔다. 각자 엄마에 대한 좋은 점, 불편하거나 궁금했던 점을 이야기했다. 우리의 이야기 하다 보니 아이들은 엄마에 대해 어떤 감정이나 물음이 있을까와 연결되었다. 매 차시 활동과 핵심 질문을 찾고 중요한 부분은 다양한 표현 활동으로 연결시켰다. 마무리로 작가와의 만남까지 마련했다. 아이들은 책을 쓴 의도, 내용 중에 궁금한 점을 질문하고 저자 사인과 함께 사진도 찍어 기념했다. 아이들의 편지를 엮은 책을 받고 작가도 감동하여 손편지도 남겨 주는 등 감동이 이어갔다. 온 책 읽기를 진행하는 동안 아이들의 생생한 표현과 반응을 보면서 책을 읽고 나누는 것이 얼마나 중요한지 알게 되었다. 무엇보다 처음 시도하는 것도 동 학년 선생님과 함께 하니 가능하다는 것이 의미 있게 다가왔다. 책을 읽고 나누는 모임은 지금도 진행 중이다.

혁신학교에서 보낸 마지막 해에는 발도르프 교육을 적용하며 1학년과 함께 했다. 초등학교 저학년은 발도르프 교육 방법이 발달상 적합하다는 판단에 전년도부터 시도했었다. 교과서대로 진행하는 것이 아니라 매 순간이 도전이었다. 기본적으로 PPT 화면이나 동영상 없이 80분 블록 수업으로 온전히 교사가 활동을 이끌어야 한다. 한글을 이야기를 들려주고 그림, 노래, 몸으로 배우는 것이라 매일 수업 후에 모여 의논을 해야 했다. 못 부르는 노래도 부르고 흐려지는 기억력을 붙잡으며 시와 이야기도 함께 외웠다. 동 학년 선생님을 따라 칠판 제시용 그림을 그리고 도움도 받았다. 공책을 제작해서 사용하고 새로운 준비물을 구비하다 보니 이 또한 어려움이었다. 어려움 속에서도 다양한 활동으로 진행하면서 선생님들 각자 가지고 있는 재주를 만나는 것도 신기했다. 서로 도움을 주고받을 수 있어 좋았다.

마음 따뜻한 우리들

우리 학교는 동 학년끼리만 친한 것은 아니다. 보통 회식을 하는 경우 1차만 하고 눈치를 보며 도망가기 일쑤다. 회식에 빠질 정당한 사유를 찾기 바쁜데 우리 학교 2차 회식 자리는 매일 북적거린다. 개인적으로 2차에 남기 싫어하실 것 같다고 생각했던 분들이 함께 남아 시간을 보내기도 했다. 한두 해 지나면서 "희한해. 왜 집에 안 가?" 교사들끼리 농담도 주고받았다. 사람마다 차이가 있겠지만 우리는 어색한 듯 보여도 어느새 일상적 대화가 가능하다. 우리 학교 선생님 하면 '따뜻하다'는 단어가 떠오르고 왠지 실수해도 이해해 줄 것 같은 편안함이 든다. 무척 친한 사이는 아니지만 끈끈하고 특별한 그 무언가가 느껴지는 사이이다.

2017년 2학년과 6학년이 프로젝트 학습을 진행할 때였다. 2학년에 나오는 다문화 관련 수업과 6학년의 세계 문화 수업을 협업하여 진행할 때였다. 발달상 차이가 많은 두 학년을 어떤 방식으로 어디에 초점을 맞춰야 하나 고민이 되었다. 그때 6학년에서 2학년 동생들에게 세계 여러 나라의 문화를 설명하고 체험을 도와주고 싶다고 했다. 저학년이 더 지도하기 힘들다며 6학년이 부스 운영을 하겠다고 했다. 각종 행사에 단골로 참여하고 1학년과 의형제 행사까지 지속적으로 진행하고 있는 터라 참 많이 미안하고 고마웠다. 작지만 2학년에서 필요한 재료를 준비하는 데 도움을 주기로 하고 진행했다. 6학년 반을 돌면서 대륙별로 몇 개 나라의 문화를 체험해 보는 활동을 했다. 2학년 친구들은 다문화 업체 통한 체험보다 훨씬 흥미로워했고 설명을 들을 땐 진지했다. 연말을 바라볼 때라 많이 지쳤는데 6학년 선생님들 배려에 훈훈하게 마무리 할 수 있었다.

또 복지 관련 업무를 진행할 때 받은 동료 교사의 도움은 잊을 수 없다. 실내 체험이 많아 학교 밖 체험 프로그램을 구성했다. 탐조 프로그램 계획을 세우고 복지 대상 아이들과 일반 아이들을 비율에 따라 선정한 후 진행했다. 막상 세우고 보니 여건상 혼자 20명의 아이들을 그것도 시내버스를 타고 체험하러 간다는 것이 걱정이 되었다. 얼굴이나 이름도 낯선 아이들을 데리고 갔다가 혹시 안전사고가 생기면 어떡하나 안 겁이 났다. 게다가 참가를 희망한 5학년 친구 한 명이 발을 다쳐 운전하는 사람이 없으면 참가가 어려운 상황이었다. 사전 수업에서 열의를 보이고 참여 의지가 높아 꼭 데리고 가고 싶은 마음이 컸는데 방법이 없어 포기할 때였다. 우리 학교 5학년 선생님 한 분이 당신 아들이 뽑기에 뽑혔다며 궁금해서 동행하겠다며 연락을 주셨다. 오랜만에 아이들 보내고 자유로운 토요일을 보내도 되는데 기꺼이 함께 가주셨다. 발을 다친 아이를 태우고 가주시고 간식과 물도 챙겨주시고 중간에 화장실에 가고 싶은 친구들을 데리고 먼 화장실까지 갔다 오셨다. 우리 학년 일이 아니면 관심 가지기 어려운데 돌이켜 몇 번을 생각해도 참 감사한 일이다.

동 학년 및 우리 학교 선생님들과 함께 교육과정은 운영하며 나누는 속에서 자연스럽게 존중과 배려가 꽃피웠다. 소수의 의견에 귀를 기울여주고 기꺼이 함께 해주는 모습들을 많이 보았다. 내가 존중받고 배려받을 때마다 나도 좀 더 배려하고 존중해야겠다는 마음이 생겼다. 의견 차로 얼굴이 붉히며 선을 긋기보다 상대방을 믿고 기다리기 시작했다. 이기적인 생각에 사로잡힐 때는 좀 더 인간적인 그리고 공동체를 지향하는 행동인가를 생각하게 되었다. 그러한 고민 들은 다른 학교에 온 지금도 계속되고 있다. 덕분에 성숙한 교사, 성숙한 인간이 되어 가고 있다.

어디까지 아이들에게 맡길 수 있을까?

호명성
교　사

그냥 내버려 두세요

"그냥 내버려 두세요." 아이들과 함께 생활하며 앞이 보이지 않을 때마다 떠올리는 말이다. 2018년 우리학교로 전근 온 지 얼마 되지 않을 무렵 학생자치라는 낯선 업무를 받아 들고 고민에 빠져 있었다. 우리학교의 학생자치는 특이하게 대의원으로 불리고 있었다. 보통 전교 어린이 회장단을 선출하고 학급별로 반장들을 선출해서 꾸려지는 학생자치회와 다르게 하고 싶은 아이들이 참여한다고 했다. 이전 학교에서 학급 담임을 하며 반장 선거를 했던 경험이 고작이라 무얼 어떻게 해야 하는지 전혀 알지 못했다. 평소 다른 사람에게 묻는 걸 어려워하지 않는 성격이었던지라 곧바로 작년에 학생자치를 맡았던 선생님을 찾아갔다. 대뜸 대의원 운영을 어떻게 해야 하나고 물었다. 한참을 물끄러미 바라보시던 선생님은 웃으시며 그 말을 하셨다. "그냥 내버려 두세요." 순간 당황했다. 내 질문의 의도를 정확히 이해하신 걸까?

「3월에는 대의원 선발 공고를 하고 선발을 진행하세요. 선발 방법은 제가 따로 업무 폴더에 올려놓을게요. 보통 회의는 2주에 한 번 하고 회의 결과를 게시판에 붙이면 됩니다. 회의 양식도 업무 폴더에 올려 놓을게요. 예산은 150만원인데 작년에 사용한 예산 내역을 제가 보내 드릴게요.」

보통 이런 식이야 되지 않을까? 내심 기대하고 있었는데 그 뒤로 다른 이야기들을 듣지 못했다. 앞뒤 다 자르고 그냥 내버려 두라고? 뭘 내버려 두라는 말이지? 업무에 대해 이해하려고 찾아갔다가 오히려 멘붕에 빠지고 말았던 나는 아무런 준비 없이 학생자치 업무를 시작하게 되었다.

대의원 회의는 2주에 한 번 했다. 대의원들은 2주 동안 생활하며 불편했던 점이나, 건의

할 것들을 그때마다 카톡에 올렸다. 함께 의논해서 해결해야 할 것들도 올라왔다. 회의가 시작되면 카톡에 올린 사람이 간단한 설명을 한다. 설명을 듣고 함께 의논할지 말지를 결정하는데 전체 인원의 과반이 찬성하면 안건으로 올라온다. 회의가 시작되자 마구마구 떠들기 시작했다. 안건이 하나 나오면 서로 말을 하지 못해 안달을 냈다. 언젠가 신발 주머니를 가져오지 않아 교실에서 운동화를 신는 아이들 문제가 안건으로 올라온 적이 있었다.(우리 학교는 신발 주머니에 실내화를 가지고 등교해 현관에서 실내화로 갈아신고 교실로 들어온다.)

"운동화를 신고 교실로 들어오는 아이들이 많아지고 있습니다. 운동장에서 묻은 흙을 제대로 털지도 않고 교실에 들어와 바닥에 모래가 잔뜩 묻는 경우가 있습니다. 청소하기도 귀찮고 먼지를 먹게 되어 건강에도 좋지 않습니다. 이 문제를 안건으로 올리고 싶습니다."

대의원 운영

이 문제를 어떻게 해결할지 의논했으면 좋겠다는 아이의 의견에 대부분의 대의원들도 찬성하였다. 올라온 안건을 가지고 다시 회의한다. "이 문제를 어떻게 해결하면 좋을지 의견 있으신 분은 발표해 주십시오." "저는 대의원들이 돌아가며 현관문을 지키면 좋겠습니다. 운동화를 신고 현관문을 들어오는 학생들의 이름을 적어 담임 선생님께 말씀드리면 문제가 해결 될 것 같습니다." "에이, 그건 아니지~" "왜, 찔리나 보지?" "맞어, 나 저 형 어제 운동화 신고 복도에 나온거 봤어" "내가 언제 그랬다고 그래?" 옆에서 듣고 있으면 머리가 어질어질 해 질 때가 있다. 근엄한 목소리로 "조용!"을 외쳐야 할까? 고민 속에 막 외치려고 할 때 쯤 "회의 주제에는 어긋나는 말을 하지 맙시다." 이렇게 바른길로 인도해 주는 대의원이 나온다. "다른 의견 없습니까?" 간신히 원래의 회의 주제로 돌아왔다. "홍보활동을 하면 어떨까요? 교실에서는 운동화를 신지 말자는 문구가 들어간 포스터를 복도에 붙이면 좋겠습니다." "오~ 영상을 만들자~!" "그거 좋은데" "그럼 연기는 누가해?" "다른 애들 섭외하면 되지~" "우리 반 윤지가 연기 잘하는데, 지난번 국어 시간에 역할극 했는데 진짜 잘했어!" "네, 다음 의견 말씀해 주세요." "운동화를 신고 교실에 들어오면 일주일 동안 운동장에 나가지 못하게 하는 규칙을 만들면 어떨까요?" "에이, 그럼 애들이 싫어하지." "싫으면 실내화를 가지고 다니면 될 거 아냐?" "현관문을 들어올 때 실내화가 없으면 그냥 신발 벗고 들어오게 하면 어떨까요?" "복도 바닥이 얼마나 차가운데~시멘트 바닥이라 미끄럽기도 하다구요!" "귀찮아서 신발 주머니를 가지고 오지 않는 아이들도 있지만 소수라고 생각합니다. 깜빡 잊고 가져오지 않는 아이들이 대부분입니다. 저는 신발 주머니를 가져오지 않는 아이들에게 실내화를 대여해 주었으면 좋겠습니다." 순간 주위가 고요해졌다. 회의를 하다 보면 그럴 때가 있다. 결국 이 의견이 채택되었고 학교 예산을 사용하여 실내화를 구입하였다. 실내화 알아보기부터 장부를 만들어 관리하는 일까지 모두 아이들이 맡기로 하였다. 교사가 마지막까지 침묵을 유지하면 좋은 점이 딱 하나 있다. "너희가 하자고 했으니까 니네가 책임져!"
생기발랄함이 어쩌면 버릇없게 보이기도 했다. 2019년 가을 교직원 회의가 기억이 난다. 우리 학교는
안건 회의를 진행한다. 어느 교사건 안건을 올릴 수 있다. 그날은 한 부장 선생님이 복도에서 아이들이 뛰
는 문제를 안건으로 올렸다. "복도에서 아이들이 심하게 뜁니다. 교육적으로도 문제가 있고 자칫하다가는
크게 다칠 수도 있습니다. 이 문제 해결을 위해 함께 의견을 모았으면 좋겠습니다." 이 말이 끝나자마자 여
기저기서 성토가 쏟아진다. "복도에서 뛰는 아이를 보고 훈계를 한 적이 있습니다. 그런데 제 말을 귓등으
로도 안 듣더라구요. 제 말이 끝나자마자 막 뛰어가는 거에요. 무척 황당했습니다." "뛰는 아이가 있기에
멀리서 큰 소리로 부른 적이 있어요. 제 말을 무시하고 내달리더라구요." "한두 명의 교사가 노력한다고 해
결될 문제가 아닙니다. 일정한 기간을 정해놓고 모든 교사가 복도에 나와 통행질서교육을 해야 합니다."
반대의 의견도 있었다. "복도에서 뛰지 않는 건 학기 초에 아이들이 정한 규칙입니다." "아이들이 규칙을
정한 만큼 문제 해결도 아이들을 믿고 맡겨야 한다고 생각합니다." 회의는 결론이 나지 않은 채 끝이 났다.
내가 학생회 담당 교사인지라 이 문제를 대의원 회의에서 안건으로 다루어 보겠다고 이야기했다.

자발적 회의 운영 결과

대의원들도 이 문제를 심각하게 생각하고 있었다. 안
건을 건의하자마자 이런저런 해결책들이 쏟아져 나왔
다. 돌아가며 복도를 감시하자부터 캠페인을 벌이자
는 의견도 있었다. 학생들이 대의원들의 말을 듣지 않
을 거란 우려도 있었다. 담임 선생님께 이름을 적어 드
리자고도 했다. 복도 곳곳에 의자를 설치하자는 의견
도 있었다. 복도 가운데 한두 개씩 의자를 놓으면 쉬는
시간에 학생들이 의자에 앉을 것이고 의자로 막혀있는
복도는 뛸 수 없는 환경이 될 거란 의견이었다. 여러 의
견 중 포스터 부착과, 복도통행 교육, 복도 꾸미기가 채

〈복도캠페인〉

택이 되었다. 15명의 대의원은 본인이 하고 싶은 대로 삼삼오오 찢어졌고 2주간 진행되었다. 복도 곳곳에
포스터가 붙었다. 복도에서 뛰면 위험하다는 문구가 들어간 살벌한 포스터들이었다. 아침 방송 시간에는
안전교육이 이루어졌다. 일주일 정도를 돌아가며 복도에서 뛰지 말아야 함을 강조했다. 복도 꾸미기에는
아이들의 아이디어가 빛났다. 절연테이프를 사용해 복도 전체를 뛰기 멋쩍은 환경으로 만들어 버렸다.
그 뒤로 아이들이 뛰지 않게 되었을까? 처음 문제를 제기한 선생님의 눈높이를 맞추지는 못했지만 효과

는 있었다고 생각한다. 그렇지만 학생들이 자발적으로 문제 해결을 위해 노력했다는 데에 큰 의미를 두고 싶다.

어디까지 아이들에게 맡길 수 있을까? 교사생활 시작부터 지금까지 줄곧 답을 찾고 있는 질문이다. 학생 자치는 말 그대로 학생 스스로 결정해서 실천하는 활동이다. 초중등교육법 17조에서 법으로 보장되고 있기도 하다. 학생자치활동이 단순히 학교 회장, 학급회장을 뽑고 이들을 중심으로 하는 일련의 활동이라고 생각하지는 않는다. 자치라는 말 속에는 독립된 인격체로 존중해야 한다는 당위성이 들어가 있다. 학교는 학생들을 독립된 인격체로 존중해 주고 있는가? 여전히 많은 학교가 학생을 지도받아야 하는 대상, 교육과정을 이수해야 하는 대상, 학교생활을 관리해야 하는 대상으로 인식하고 있다. 학생들을 위한 교육활동이라는 이름으로 포장하여 목적을 달성하고자 학생들을 이용하는 학교의 사례는 어렵지 않게 찾을 수 있다. 나이가 어리다, 미성숙하다는 이유로 학생들은 존중받지 못하고 있다. 과연 미성숙하다는 것이 나이로만 구분될 수 있는 것인지 생각해 볼 필요가 있다. 어른 중에도 성숙하지 못한 이가 많이 있고 학생들의 모습에서도 성숙한 태도는 얼마든지 발견할 수 있기 때문이다. 또한 성숙이라는 완전한 상태를 이루는 것이 과연 가능한 것인지 아니면 끊임없이 이루어 가는 과정으로 성숙을 바라봐야 하는지도 생각해 보아야 한다.

어디까지 아이들에게 맡길 수 있을까

아이들에게 맡기는 문제를 교육의 효율성 측면에서도 생각해 보자. 교육의 목적은 무엇인가? 학생들이 학교라는 공간 속에서 배움을 이루어 나가는 것, 이것이 교육의 목적 아닐까? 학생이 무언가를 배우기 원한다면 그 목표에 도달하기까지의 길을 인도하고 도와주는 것이 바로 교사. 우리는 학생에게 배려하는 자세를 갖게 하기 위해 수업 시간에 "배려"에 대한 정의를 가르쳐 주고 관련한 사례의 영상을 보며 머리로 익히게 한다. 또 팔을 다쳐 식판을 들 수 없는 아이의 곁에서 식판을 대신 들어주는 실천을 할 수 있게끔 상황을 마련해 준다. 약속 시간을 잘 지킨 아이를 칭찬하며 행동을 강화하도록 유도한다. 마찬가지로 학생이 자신의 일을 주체적으로 결정하는 인격체가 되기를 바란다면 성숙에 대한 정의만 주장할 것이 아니라 성숙해지는 방법을 직접 체험하도록 환경을 만들어 줘야하는 것이다. 교사가 학생들을 믿어주고 존중해 줄 때 아이들은 성장한다. 자신들이 낸 의견을 학교에서 중요하게 생각하고 정책으로 채택하여 시행할 때 학생들은 변한다. 교사들도 비슷한 경험을 가지고 있을 것이다. 강압적이고 인격을 무시하는 관리자들 아래에서는 어떤 노력도 하고 싶지 않다. 단지 그들이 시키는 일의 테두리 안에서 최소한의 것들을 해 나간다. 하지만 자율성이 보장되고 존중받는 집단에 속한 교사들은 누가 시키지 않더라도 자신이 할 수 있는 최선의 노력을 하기 마련이다. 학생들은 존중받을 때 성장하기 마련이다. 어디까지 아이들에게 맡길 수 있을까? 나는 분명하게 처음부터 끝까지라고 말하고 싶다.

도림답다는 것은...

김주현
교　사

갈 길 읽은 톱니바퀴

교육의 주체를 그리면 학생, 학부모, 교사 3주체의 톱니바퀴가 맞물려 있는 그림이 소개되곤 한다. 그러나 언제부터인가 톱니에 불신의 가시가 돋기 시작했고 무엇인가를 시도할수록 서로를 생채기 낸다는 것을 알게 되면서 톱니바퀴는 움직이고자 하는 본질을 잊어갔다. 그 가시는 아마도 완벽하고 싶었던 우리들의 욕망을 다듬지 않았기 때문은 아니었을까?

우리 학교도 서로의 마음에 생채기를 냈던 위기의 시절이 있었다. 학생은 변화를 바라는 교사와 갈등했다. 때론 관계 철회로, 화를 못 이긴 욕설로, 조절되지 못한 주먹 휘두름으로 표현했다. 교사는 시도할수록 관계가 악화되는 상황에서 교사로서의 역할이 어디까지인지 고민했다. 우울했고, 자괴감에 빠졌으며, 절망으로 굳어가는 자신을 책망했다. 학부모는 몸부림쳤다. 자녀와 교사에 대해 분노했고, 자녀를 감싸 안고 외부의 적을 차단한 채 두터운 성 안으로 파고들어 전투태세를 갖추었다. '무엇이 학생을 위한 것이냐'에 대한 생각이 달랐고 상대에게 원하는 욕구도 달랐다. 욕구를 해결할 수 있는 방법 또한 대화를 거듭할수록 차이를 확인하면서 서로에 대한 희망을 포기하기 시작했다. 그리고 각자 자신의 성에서 옳고 그름이라는 기준으로 사안을 들여다보기 시작했다. '~답다'에 비추어 완벽하지 못했던 과거의 언행이 없었는지 돌아보며 불완전함으로 인간적이었던 면까지 쇳물을 부어 차가운 갑옷을 만들었다. 감정을 배제하고 합리적인 이성으로 대처하고자 애썼다. 그러나 정작 우리가 쓴 것은 합리적이 된 이성이 아니라 굳어버린 온기로 만든 방패였다. 온기 없는 관계는 서로에 대해 완벽, 이상적인 행동을 요구한다. 불완전한 만남의 순간을 찾아내어 서로를 찌르는 무기로 재어놓았다. 일촉즉발 되돌릴 수 없는 방아쇠를 막아선 건 전

쟁으로 치르게 될 대가, 즉 교사로서 존재 자체가 피폐해 질 것을 두려워했기 때문이다. 차라리 포기할까? 교사로서의 소명을 내려놓고 직업인으로 살아갈까? 그러나 우리 학교를 만들어왔던 생명력은 굳어가는 공동체의 위기를 알아차렸다. 그리고 생존을 위해 무엇을 해야 할지 깨달았다.

교사 공동체, 아픔을 깨닫다

교사들은 다모임을 열었다. 혼자 고립된 채 자책으로 생채기를 내고 있는 교사에게 함께 하겠다는 메시지를 보냈다. 교사 개인이 홀로 치르도록 외면하지 않았으며 서클을 만들어 이야기를 나누었다. 그러나 해결을 위해 머리를 쓸수록 고통은 커져갔다. 학생에게 이런 방법은 써 보았는지, 저런 대처는 해 보았는지, 어째서 그랬는지, 구체적인 상황이 무엇인지 등 전후좌우 상황을 알기 위해 지적 능력을 동원했다. 하지만 그럴수록 질문을 받는 교사는 자신의 행위를 동교 교사들에게까지 설명하고 설득해야하는 상황이 고통스러웠다.

"우리들의 조언, 충고, 해결책 제시, 사실 확인과 같은 말들이 오히려 우리 관계를 단절시키고 듣는 이에게 더 고립감을 주는 것은 아닐까요? 지금 우리는 이 사안이 우리들 개개인에게 교사로서 어떠한 마음을 불러일으키고 있는지요? 우리는 그 마음을 나누어야 합니다."

해결하고자 했던 머리에서 공감 자리인 가슴으로 내려와 소통을 시도했다. 과거에 경험했던 교권 침해 문제, 그런 문제로 고립되었던 경험, 두려움, 분노, 자괴감.. 각자의 역사에 한 존재가 흔들렸던 경험이 소환되었다. 묻어두고 외면했던 교사 상처가 하나씩 꺼내어질 때마다 우리는 공명하는 가슴으로 함께 눈물을 흘렸다. 다들 아팠고 다쳤고 두려웠던 경험을 내어 치유의 샘물을 만들었다. 불완전한 교사이기에 겪을 수밖에 없는 상처라 수용할 수 있었고, 나만 겪은 문제가 아니기에 수치심을 잠재웠다. 그리고 함께 공감하며 쏟아냈기에 비워진 공간을 만들었다. 안으로 차분한 이성이 흘러들었다. 비로소 우리는 가슴의 온기를 살려 공동체를 살릴 수 있는 구체적인 논의를 해 나갈 수 있었다.

끝까지 교사로 성찰하다

공동체는 대안을 마련하며 원칙을 세웠다. 3주체가 동등하게 존중받고 성장의 방향으로 나아갈 수 있는 방법, 공동체의 톱니바퀴가 다시 돌아갈 수 있는 방법이 무엇인지 고민했다. 우리는 공청회를 선택했다. 학부모, 교사가 자신의 목소리를 낼 수 있어야 했다. 개인적인 문제가 아닌 공동체의 문제로 이 사안을 상정하였다. 또한 교육 가능한 방향으로 나아가는 결과여야 했다. 다양한 학생들이 다니는 교실에서 모두의 학습권이 보장될 수 있도록 학생이 지켜야 할 가이드라인에 대해 논의했다. 교사가 안전하게 교육할 수 있는 권리가 보장되는 규약이며 학부모 동의를 받은 안전한 대책이어야 했다. 학생의 성장을 위한 교육적 지원에 학생 및 학부모의 상담 또는 전문가의 협의체에 대해서도 논의가 되었다. 그러나 이러한 규약을 만드는 과정에서 우리는 또 한 번 어려움에 봉착했다. 이번 사안의 해결을 포함해 어느 한 쪽으로도 치우치지 않는 완벽한 조항을 만들 수 없었다는 것이다. 너무 세세하면 교사의 재량권이 없어지고 너무 듬성하면 이번 사안처럼 개입의 구체적 방법이 모호해졌다. 교육과 훈육, 침해와 존중, 단호함과 포용, 협력과 강제, 회복과 포기 등 가치의 경계선엔 모두를 만족시키는 객관적 지점이란 없었다. 논의의 과정은 길고 어려웠다. 답 없어 보이는 되돌이표 논의였다. 하지만 이 점이 우리가 이미 해결 과정에 있었다는 반증이었다. 해결은 규약의 완성이 아니라 소통의 과정 그 자체였기 때문이다. 또한 명시화 된 규약과 규칙이 교사를 지키는 것이 아니라 서로에 대한 신뢰를 보여주는 만남이 우리를 회복시켜 주고 있었다. 우리가 바라는 신뢰는 타임아웃 5분짜리인지 10분짜리인지 판별 가능한 매뉴얼에 있던 것이 아니었다. 교사로서 상황을 판단하고 선택했을 때, 그 교육적 행동이 최고는 아닐지언정 최선의 선택을 위한 진정성 있는 노력이었음을 믿어주는 것이었다.

아픈만큼 진해진 사람내음

공청회가 열렸다. 교사 입장에서 발제를 했다. 학부모도 학부모 입장에서 발언했다. 교육청 관련 장학사도 참여했다. 그 날의 발표문에는 완성된 생활 규약이 실리지 않았다. 우리 학교는 다시 타의적 힘이나 규율이 아닌 주체의 자발성을 믿고 가보기로 했다. 협의된 학생 생활 규약, 선도 규약 등을 통과시키는 공청회는 아니었다. 그러나 우리 학교가 아직 '교육 가능'한 공동체임을 확인했다. 교사 공동체는 상처 받은 교사와 함께했고 진한 동료애 안에서 교사의 소명을 지켰다. 학생들을 지도할 수 있는 교육 조치를 고민하면서 다양한 아이들의 상황과 기질 그리고 학교의 역할도 논의했다. 분노로 보복하지 않고 상처로 무너지지 않았으며 학생을 통제하고자 규정을 세우지도 않았다. 그렇게 '그럼에도 불구하고 교사이고자 했다'는 것이 치유와 자긍심을 주었다. 한편 공청회에서 학부모가 바라보는 교사, 학교, 교육 활동에 대한 다양한 시선과 바람도 경청했다. 교사의 노력에 진심어린 격려도 받았다.

큰 시련을 치르고 돌아보니 우리가 온기를 느낀 순간은 잘함에서 온 것이 아니었다. 완벽한 대처에서 온 것도 아니었다. 모두가 불완전함으로 '그럴 수 밖에 없는' 상황을 이해하고 수용하고자 애쓰는 진정성에서 나왔다. 그래서 도림다웠다. 상흔은 남았으나 고통은 배움을 주었고, '학생답다', '학부모답다', '교사답다'를 완벽함이 아닌 되어감에서 찾아야 함을 새겼다. 학교를 떠나고서 그 시절의 우리 학교를 돌아보면 먹먹한 그리움으로 애틋하다. 함께 했던 동료들은 타교에서 살포시 전해오는 도림 소식에 '역시 도림답다'는 말을 자주 한다. 그 도림답다는 네 글자에 배어나는 복숭아 향기는 불완전함을 함께 견디고 되어가고자 하는 '사람 내음'이지 싶다.

황홀한 고백,
물만난 선생님 행복한 교감

이석구
교 감

1. 행복배움학교 교감의 일상

첫 번째 행복 〈아침 시간〉

보통 나의 출근 시간은 7시 40분 정도이다. 와서 업무를 보는 것이 아니라, 커피 세팅, 화분 관리, 그리고 오봉산 산책이다. 산을 다녀 본 사람이라면 산이 주는 기쁨을 다 알 것이다. 더운 날에는 시원함을, 추운 날에는 따스함을, 그리고 우울한 날에는 상쾌함을 선사해 준다. 난 거의 매일 아침을 이런 선물을 받고 시작한다. 이것이 도림이 주는 첫 번째 행복이다.

가끔 산에 가지 못하는 날에는 아침 음악과 함께 한잔의 커피를 마신다. 교장 선생님의 통 큰 배려로 구입한 커피 머신, 선생님들이 기부하신 다양한 종류의 원두커피를 직접 내려 마시는 시간은 맛있는 아침 행복의 시간이다.

이렇게 행복한 아침을 맞이하는 교감이 또 있을까?

두 번째 행복 〈아침맞이〉

산책에서 돌아오면 또 하나의 행복이 나를 기다린다. 바로 교문에서의 아침맞이 시간이다. 교장 선생님과 번갈아 가면서 아침맞이를 하는데 보통 8시 30분에 시작하여 9시 정도까지 이루어진다. 학교에 오는 사람들(아이들, 선생님) 중에 학교 오는 것이 행복한 사람이 얼마나 될까? 교장 선생님도 오기 싫은 곳이 학교라는데 아이들은 오죽할까?

보통 아침에 등교하는 아이들은 그다지 행복한 표정이 아니다. 나는 그 아이들에게 더 밝은 모습으로 인사하려고 노력한다. 오랜 시간 동안 밝은 표정으로 사람을 맞이하는 게 쉬운 일은 아니다. 그렇지만 아침맞이를 하면서 아이들을 보는 동안 오히려 행복하다. 선생님들은 아이들에게 기운을 받는다고 하지 않았던가... **나는 여전히 선생님이기에 아이들에게 좋은 기운을 받는 것 같다.**

함께 하는 행복 〈하루 일과〉

나는 사실 계속 교사를 할까, 아니면 승진을 할까? 로 오랜 시간 동안 고민 했으며 지금도 마찬가지로 고민을 하는 중이다. 교감이 되고자 했던 가장 큰 이유는 나이 많은 남자 교사를 그다지 좋아하지 않는 아이들과, 4년 마다 학교를 옮길 때의 갈등 때문이었다. 한편으로는 선생님으로 남고 싶은 마음을 간직하고 있다. 여전히 아이들을 좋아하기 때문이다.

교감의 역할 중 가장 중요한 것은 선생님들이 아이들을 잘 가르칠 수 있도록 해드리는 것이다. 수업 진행을 힘들게 하는 아이들, 학급으로 오는 민원 전화를 대신 해결해주고, 선생님들이 오로지 아이들과 함께하고 집중할 수 있게 만들어 주는 것이다.

2019년 첫 발령을 받은 후 힘들어하는 아이들과 학부모 상담을 많이 했다. 수업 진행이 힘들 정도로 방해하는 아이들은 무언가 아픔이 있는 아이들이다. 난 말 없이 그 아이들은 교무실로 불러서 이야기 들어주고, 달달한 초콜릿을 나누어 먹은 후 교실로 올려보내곤 했다. 그렇게 관리했던 아이들이 꽤 많이 있었으며, 지금도 그 아이들과 친하게 지낸다.

다른 일상들은 일반 학교의 교감들 일상과 크게 다를 바 없다. 오히려 더 평범할 수 있는 하루를 보내는 날들도 많다. 우리 학교 선생님들이 열심히 아이들을 가르치기에 따로 내가 신경 써서 할 일이 적다. 나 또한 필요한 경우 언제든 보결 수업을 들어간다. **선생님들과 함께 하는 또 다른 행복이다. 아마도 이런 일상의 행복을 가진 교감들은 많지 않을 것이다.**

2. 내가 꿈꾸던 학교, 그리고 도림

하나 〈나는 어떤 학교를 꿈꾸어 왔는가?〉

첫 발령 때를 기억한다. 대규모 신설 학교로 하루에도 100여명 이상의 아이들이 전학을 오던 곳이었다. 신규 발령 동기만 15명 정도 되었으며, 50대 이상의 대선배님들이 많이 계시던 학교였다. 아무것도 모르면서 할아버지 또래의 선생님들, 권위로 가득 찬 관리자들과 함께 근무하면서, 나름의 갈등도 많았던 시간이었다. 학교에 대해서는 별생각 없는 시간이었고, 동기들과 함께했던 순간들이 가장 기억에 남는 시간이었다.

여러 학교를 옮겨 다니고, 고향인 강화도에서 10년을 지내고 6학급의 소규모 학교에서 근무하면서 내가 꿈꾸는 학교에 대한 그림을 그려보곤 했다. 먼저 생각한 것은 **'아이들이 행복한 학교'**이다. 평범하기 말이긴 하지만 결코 쉽지 않은 학교이다.

강화도의 S 초등학교 6학년 담임으로 근무할 때 우리 반 아이들은 13명이었다(남6, 여7). 하루를 온전히 아이들과 지낼 수 있는 시간이었으며, 따로 교육과정을 재구성하지 않고도 통합 교육이 가능하였다. 당연히 **모든 아이들이 수업에 참여하고, 나름의 역할을 하는 수업, 자연과 함께 하는 수업, 행복한 수업**을 진행할 수 있었다. 이제 성인이 된 그때의 우리 반 아이들이 지금도 연락을 한다. 가장 행복한 시간이었고, 지금도 그립다고 말이다.

둘 〈내가 꿈꾸던 학교를 도림에서 만나다〉

그때로부터 벌써 15년이 흐른 지금, 바로 이곳 '도림'에서 그 모습을 본다.

오봉산과 함께 하는 자연이 있고, 천진난만하고 행복한 아이들이 있으며, 사랑과 열정이 넘치는 선생님들이 계신 학교, 바로 '아이들이 행복한 학교'다. 아니 '선생님들이 행복한 학교'일지도 모른다.

등교 개학 첫 주, 선생님들과 설레이는 마음으로 아이들을 맞이하고 있었다. 3학년 아이 한 명이 교문을 들어오면서 상기된 표정과 울먹이는 목소리로 했던 말이 생각난다.

"내가 얼마나 학교를 오고 싶었는지 아세요?"

이 한마디에 거기에 있던 우리 모두는 아이에게 미안함과 함께 고마움이 교차하였다. 아이의 작은 말 한마디에 모든 것이 숨겨져 있기 때문이었다. 아이들이 없는 학교가 어디 학교인가? 역시 학교는 아이들이 있어야 살아 숨쉬는 곳이며, 그 아이들을 기다리고 좋아해 주는 선생님들이 있어야 진정 행복한 학교다. '도림'이 바로 그런 학교다. 내가 꿈꾸던 학교다.

그리고 난, '내가 꿈꾸던 학교, 도림'에서 근무하는 교감이다.

3. 도림에서의 교감, 그리고 선생님들······

황홀한 고백

교감들은 혁신학교에서 근무하는 것을 그다지 좋아하지 않는다. 나 또한 그랬다. 도림으로의 발령을 확인하던 2019년의 2월 중순의 어느 날, 심한 실망과 함께 슬픔이 나를 감쌌다. 그리고 과음으로 하루를 보냈다.

사실 도림초등학교가 인천 제일의 혁신학교라는 것은 이미 알고 있었고, 힘든 학교라는 인식을 강하게 가지고 있었고, 그렇지만 한편으로는 학교의 색깔과 나의 색깔이 맞을 수도 있다는 생각은 가지고 있었다.

과음으로 하루를 보내며, 도림으로 발령을 낸 사람들?에게 심한 욕?을 했다. 그리고 깔끔하게 미운 그 마음을 접었다. 나의 몸과 마음은 이미 도림으로 향하고 있었다. 다행스럽게도 함께 발령받으신 교장 선생님이 잘 아는 분이셨고, '함께 할 수 있겠다'라는 생각으로 큰 위안이 되었고, 머리 속에서는 벌써 도림에서의 생활을 그리고 있었다.

그 좋은 시절에 관리자 못함?

요즘 관리자들이 하는 말이 있다.

'그 좋은 시절에 관리자 못하고, 이 좋은 시절에 평교사 못한다'.

어떻게 들릴지 모르지만 딱 맞는 말이다. 사실 요즘 학교에서 관리자들이 갖는 메리트는 거의 없다. 오히려 선생님들 눈치 보고, 분위기 맞추려 하는 분들도 더 많다. 물론 선생님들이 들으면 말도 안되는 소리라 할지 모르지만 아무튼 내 생각은 그렇다.

그래서 난 관리자에 대한 개념 자체를 바꾸었다.

'교감이라는 자리는 승진이 아니라 교사에서 교감으로의 업무의 이동'이다.

그랬더니 마음이 훨씬 편하다. 원래 부장 때부터 하던 일들보다 좀 더하고, 선생님들 편하게 해주면 된다고 생각한다. 그것이 요즘 세상이 원하는 관리자의 모습일지도 모른다. 세상이 변하니, 관리자의 생각도 변해야 하는 것이 세상 이치이다.

도림에서 물 만난 선생님들

보통 학교 구성원의 모습을 살펴보면, 주축이 되는 사람들, 반대의 생각을 가진 사람들, 학교 일에 별 관심 없는 사람들로 나누어진다. 어쩌면 지금 도림에 근무하시는 분들 중에는, 그동안 근무했던 학교에서 두 번째의 생각을 가진 분들이 많았을지도 모른다. 그런데 도림에서는 오히려 모든 구성원이 주축 세력이다. 물론 업무량의 차이는 있지만, 모두가 학교의 주축이다. 아마도 혁신학교이기에 가능한 일이다. 다모임을 통해서 모두가 모여 오랜 시간 의논하며, 가치를 공유하고, 함께 하기에 가능한 것이다.

언젠가 부장협의 때는 교감으로서 전달할 말이 있었다. 그런데 도저히 내가 이야기할 찬스를 잡을 수가 없었다. 그러다가 기회가 생겨 말을 하는데, 어떤 부장님이 '교감 선생님 잠깐만이요'라고 하며 내 말을 자르고 본인의 이야기를 하셨다. 어쩔 수 없이 그분의 이야기를 다 듣고, 내 말을 전달했던 기억이 난다. '행복한 짤림'이다. 교감의 말을 과감히 끊고 자기의 이야기를 할 수 있는 학교, 얼마나 좋은 학교인가?

물론 도림초에 꼭 혁신적인 생각을 가지고 오지 않은 분도 계시다. 어쩌면 당연한 것이다. 어찌 학교 구성원 모두가 똑같을 수 있는가? 교육에 대한 관점도 다르고, 느낌도 다른 분들이 다양하게 존재하는 것이 훨씬 건강한 학교의 모습이다. 잘나가는 혁신학교는 '찬성과 반대'가 공존하는 학교이다. 참 좋은 학교이다.

혁신학교의 중요 가치-'아니오'라고 말할 수 있는 구성원

바로 그런 가치가 도림을 만들어가는 것이다. 회의 때 그저 전달만 하는 학교, 관리자들만 이야기하는 학교, 또는 소수 몇몇이 본인들의 이야기만 하는 학교... 도림은 우선 치열하게 토론한다. 그리고 본인의 의견과 맞지 않으면 저녁 늦게까지도 끊임없이 이야기를 나눈다. 솔직하게 나는 이 문화를 좋아하지는 않는다. 나는 가장 합리적인 방법을 미리 준비해서 그것대로 이루어지는 것을 가장 선호하는 스타일이다. 지금도 이 생각에는 여전히 변함이 없다. 때로는 토의보다도 가장 좋은 방법대로 나가는 것이 더 효율적이라는 생각, 그렇게 하고 싶다.

그런데 '도림'에서 그 생각은 많이 변했다. 같은 일을 추진해도 일방의 결정에 의한 것이 아니라, 많은 시간을 함께 나누고 의논해서 한 결정이 훨씬 가치 있다는 소중한 것을 배웠다. 그것이 혁신학교의 중요 가치라는 것.

나를 제외한 다른 사람들 모두가 비슷한 생각을 가지고 있다고 느낄 때, 감히 아니라고 말할 수 있는 용기를 가지고 있는가? 쉽지 않은 일이다. 이럴 때 나는 그저 침묵하는 스타일이다. 혁신 1번지인 우리 도림에서는 감히 나서서 '아니오'라는 말을 자신 있게 할 수 있었으면 더 좋겠다.

4. 교감으로 살아온 날들과 살아갈 날들

훌륭한 교감, 편한 교감, 멋진 교감, 멀티 교감, 엄마 같은 교감

요즘 학교에서 선생님들에게 인기 있는 관리자는 어떤 스타일일까?

답은 아주 쉽다. 아마도 누구나 다 알고 있을 것이다.

바로 선생님을 최대한으로 편하게 해주는 관리자이다.

뭐, 그렇다면 얼마나 쉬운 일인가? 선생님도 편하고 관리자도 별생각 없이 일하면 되니까 말이다. 그런데 과연 그럴까? 생각 있는 사람이라면 집에 가서 잠이 안 올 것 같다. 학교의 존재 이유는 아이들이다. 아이들을 위한 교육이 제대로 이루어지지 않는 학교가 어디 학교인가?

엄청난 능력을 가진 선생님들, 경력이 오래되신 선생님들, 그리고 요즘 신세대 선생님들을 보면 정말 무한한 능력을 지니고 계신다는 것을 새삼 깨닫는다. 무에서 유를 창조하고, 필요한 것은 무엇이든 만들어내는 능력이 있다. 한마디로 존경스럽다. 그런 무한 능력자 선생님들을 그냥 하는 일 없이 둔다는 것은 어찌 보면 죄를 짓는 것이다. 이 능력자들 스스로 아이들을 위한 무언가를 할 수 있도록 하는 것, 그것이 바

로 훌륭한 관리자가 아닐까? 물론 교장 선생님과 교감 간의 끊임없는 협조가 필요한 일이긴 하다.

난 엄마 같은 교감을 선호한다. 아시겠지만 세상 가장 편한 존재가 누구이겠는가?

나에게 가장 힘이 되어 주는 존재, 나의 문제를 다 해결해 줄 수 있는 존재, 힘이 들 때 언제든 찾아가서 넋두리를 늘어놓아도 문제가 생기지 않고 내 편이 되어 줄 수 있는 존재.

어쩌면 능력과 재능, 인격을 다 가진 교감이 바로 엄마 같은 교감일지도 모른다. 아직은 엄마 같은 교감이라는 타이틀에 부족한 부분이 많다. 그런 교감이 되기 위해서 끊임없이 노력하는 중이다.

이제 교사로 돌아갈 수는 없지만 난 여전히 선생님!

난 지금도 아이들과의 생활을 꿈꾸는 선생님이다. 이젠 교사라는 타이틀에서 교감이라는 타이틀로 이동했지만, 여전히 선생님이다. 그래서 학교에서는 아이들과 함께 하려는 노력을 많이 한다. 그것이 담임선생님들에게 부담이 될지도 모르기에 조심하면서 말이다. 교직을 그만두는 날까지는 여전히 선생님으로 남아서 늘 아이들 곁에서 함께 할 것이다.

요즘 행복배움학교에서 아쉬운 점 한가지는 근무하시는 교감 선생님들이 청간 이동 등을 통하여 되도록 빨리 일반 학교로 가려는 경향이 많다는 것이다. 그분들이 단지 일이 많기 때문일까? 난 절대 아니라고 본다. 앞에서도 언급했지만 혁신학교라고 교감의 일이 엄청 많은 것도 아니고, 좀 많더라도 충분히 할 수 있는 범위이다. 문제는 선생님들과의 소통, 배려 등이 서로 부족하기 때문이 아닐까 생각된다. 물론 그동안 교직 생활을 하면서 서로의 생각의 차이, 입장의 차이가 있을 것이다. 이제는 서로가 그것들을 이해하면서 생활해야 하지 않을까 생각한다. 서로 소통하고 배려하며 함께 가야 할 길이기 때문이다.

한편으로는 관리자도 행복한 행복학교였으면 하는 바람도 가져 본다.

5. 감히, 이런 혁신학교를 꿈꿔 본다.

배부른(?) 선생님, 착각(?)하며 살아가는 교감

선생님이 배고프면 아이들을 잡아먹는다?

선생님들이라면 이 말에 극한 공감을 하실 것이다. 우리 선생님들은 교실에서 아이들에게 최선의 교사가 될 수 있다. 다만 잡무와 학부모 민원, 생활지도가 어려운 아이들을 만났을 때, 힘들어하고 온전히 아이들에게 집중하기 힘들어진다. 바로 배고픈 선생님이다. 인간은 배가 고프면 짜증을 내기 마련이다. 마찬가지로 선생님이 배고프면 아이들에게 잘할 수가 없다. 그리고 화를 많이 낼 수밖에 없다. 교감은 선생님들이 배고프지 않도록 해줘야 한다고 생각한다. 앞장서서 민원 해결, 교실에서 힘든 아이들 돌봐 주기 등, 선생님들이 힘들어하는 일을 대신 해주면 얼마나 좋을까?

'그럼 우리 교감들은 힘들어서 어떻게 살아가나?' 라고 반문을 하실 것이다. 거기다가 선생님들은 어차피 관리자를 싫어하는데, 내가 뭐하러 그런 일을 하지? 라는 반문...

맞다. 요즘 관리자를 좋아하는 선생님은 없다. 그럴 바에는 차라리 **긍적정인 착각**을 하면서 살면 어떨까?

'내가 엄마 같은 선생님처럼 학부모 민원도 대신 해결해주고, 아이들 상담도 잘해주니, 선생님들은 나를 싫어하지 않을 거야. 아니 좋아하겠지?'

도림은 어떤 것을 상상해도 그 이상이다!

도림에서 1년 반을 근무하면서 요즘 드는 생각이다. 정말 우리 도림의 선생님들, 그리고 아이들, 도움을 주시는 학부모님들은 상상 이상의 멋진 사람들이다.

얼마 전, '미래형 혁신학교' 관련 회의를 다녀왔다. 미래형 혁신학교는 질적인 발전을 도모하는 '혁신학교의 혁신학교'라 할 수 있는데, 바로 우리 학교가 적임자라는 생각이 들었다. 물론 지금도 힘든데 그것까지 가지고 와서 더 힘들면 어떡해? 라는 생각도 들지만, 인천에서 그것을 할 수 있는 학교는 도림밖에 없다' 라는 강한 확신을 가지고 있다.

내 말에 의심이 생기는 분들은 꼭 도림에 와보기를 권한다. 도림의 학교 모습을 보면

'어떤 것을 상상해도 그 이상이며, 어떤 그 어떤 선생님도 최고일 것이다'

라는 생각을 바로 하게 될 터이니, 오로지 아이들 교육에 최선을 다하고 싶은 선생님이라면 꼭 도림으로 오시길 권한다.

교육은 잊혀진 후에 마음에 남는 것이다

이 말은 나의 교직 생활에서 모토가 되는 말이다. 교육의 결과를 어찌 단시간 내에 말할 수 있을까? 적어도 10년 이상은 흘러야 교육의 결과값이 나올 수 있을 것이다. 그래서 '지금 우리가 하는 교육이 최선이다' 라는 것은 위험한 생각이다. 아이들의 인생에서 내가 가르치는 것은 1%의 영향도 미치지 못할 것이다. 하물며 학교의 관리자의 역할은 더 작을 것이다.

그래도 나는 아주 작더라도 그 역할을 하는 교감이고 싶다. 그리고 1%의 영향력을 미치는 선생님들에게 엄마 같은 역할을 하는 교감으로 남고 싶다.

함께

이 사람들, 함께 하고 싶은데!

모두가 기다린 그날
따뜻한 등교 맞이

박소영
교 사

2020년도 1학년 부장이 되었다. 발도르프교육을 공교육에 맞게 재구성하여 준비하는 만만치 않은 1학년이다. 내가 하겠다는 용기가 어디서 나왔을까? 아무것도 준비되지 않아 1월 중순쯤부터 마음이 조급하고 긴장되었다. 학교생활을 처음 시작하는 1학년 학생들과 부모님의 마음이 이럴까 싶다.

3년 전 다른 학교에 있을 때 교사 20년 경력에도 불구하고 1학년을 처음 맡았다. 그때 청소와 급식을 도우미 없이 매일 하면서 나는 역시 고학년이 잘 맞는다고 생각했다. 그런데 3년 후에 1학년 총괄이라니……. 학년 부장 아래서 늘 우리 반만 성실히 이끌면 된다고 생각했던 내가 여기로 온 이후 달라진 것이다. 우리 학교에 발령 난 순간부터 보고 느꼈던 모든 것들이 나를 일깨우고 변화를 꿈꾸게 했다. 그래서 올해 1학년 도전도 두렵지 않았다. 여긴 혼자 일하는 학교가 아니니까. 이렇게 변화와 기대를 안고 마무리와 새 학년 시작에 많은 생각을 가질 때 즈음 코로나 19가 내게로, 아니 우리에게로 다가왔다.

이로 인해 1학년과 6학년이 서로 맺어 활동하는 의형제 활동도 시작할 수 없었다. 최소한의 접촉으로 행사를 해야 했다. 3월 교실입학식을 준비하면서 1학년 동생들을 위해서 6학년들이 흰 면장갑을 끼고 교실 앞에서 교문까지 하교 안내를 해 주기로 했었다. 그런데 그것조차 할 수 없는 상황이 되어 버렸다. 교실에 원으로 동그랗게 놓아둔 책상들도 앞을 보고 띄엄띄엄 배치해야만 했다. 언제쯤 코로나 19가 잠잠해져 우리에게 다시 일상을 되찾게 할지 아무도 예측할 수 없었다.

새로운 만남과 적응에 바쁘게 지내야 할 3월엔 아이들 없이 회의만 계속되었고 4월엔 온라인으로 입학식을 하게 되었다. 1학년 친구들과 직접 만나 눈 맞춤하고 싶었는데 코로나 19는 가라앉지 않았다. 1학년의 든든한 지원군인 학부모님께도 1학년의 교육과정 재구성

〈입학을 축하해요〉

과 학습방법들을 안내해야 하는데 온라인 메시지로는 한계가 있었다. 처음 시작하는 학교생활이라 더욱 교실 수업이 이루어져야 하건만 방법은 온라인뿐이었다. 아이들을 위해 준비하려던 따뜻한 입학식은 물거품이 되었다.

'어떻게 하면 좋을까?'

1학년 선생님들과 여러 이야기 끝에 따뜻한 느낌은 전달하자 해서 입학 축하 메시지와 노래를 영상으로 만들어 보내기로 했다. "사랑하는 내 동무야 내 마음은 꽃 같아~" 동 학년 선생님과 호흡을 맞추며 노래 실력보다는 정성 된 마음을 담았다.

'아이들이 동영상을 잘 보고 들었을까?'

반응은 꾸러미 배부하는 날에 나타났다. 부모님께서 담임 선생님 얼굴을 한번 보라고 아이들을 마스크 씌워 데리고 오셨다. "와! 우리 반 선생님이다"하고 말하며 반가워 해주는 아이도 있었다. 어떤 아이는 몇 반 선생님인지도 맞추어 주었다. 그날 아이들이 매일 만난 것처럼 웃으며 인사해주어 행복했다. 또 온라인 영상을 찍으면서 너무 쑥쓰러웠는데 이렇게 알아주니 뿌듯했다. 그 전까지는 EBS 방송에 나오는 교사가 담임 선생님인줄 알고 있었단다.

그렇게 온라인으로 교육과정 수업이 계속 이루어졌다.

그러던 중 매일 등교는 어렵지만 아이들을 만나 수업할 수 있는 방법과 날이 정해졌다.

아이들을 처음 교실에서 만난다는 마음에 이번이 진짜 입학식이라는 생각이 들었다. 예전 같으면 당연한

일인 것을 오랜만에 조용한 학교가 분주해졌다. 기분 좋은 움직임이다.

5월 27일 1학년 첫 등교 그날을 위해
우리는 이랬다.

첫 등교 수업 일주일 전

기획위원회 회의가 열렸다. 아이들이 처음 오는 날이지만 안전을 위해 교문에서 부모와 헤어지고 아이들만 들어오기로 결정이 났다. 한 달 전 보내준 학교소개 영상과 교실 소개 영상만 보고 실제로 처음 오는 1학년 친구들이 교실을 잘 찾아올 수 있을까? 또 교문에서 부모와 헤어져 낯선 곳으로 잘 들어올 수 있을까? 여러 가지 걱정이 되었다. 그 생각도 잠시 3~6학년 선생님들과 교무실 선생님들께서 아침에 발열 체크와 더불어 아침맞이 해 주시고 교실까지 안내해 주시기로 했다.
마음의 무거움이 반쯤 사라진 느낌이었다.
아! 감사합니다.

첫 등교 수업 닷새 전

교무실에선 아이들을 위해 아치 풍선을 우리 학교 정문 앞에 세워 주시기로 하셨다. 학교 교문으로 그냥 들어가는 건 삭막하니 알록달록 풍선을 준비하자고 하셨다. 3월에 입학식 때 하려던 것인데 이날이 아이들에게는 입학식과 같은 날이라고 말이다.
'우리 친구들 풍선을 보면 긴장되고 딱딱한 마음이 조금은 풀어지겠지.'
아! 또, 감사합니다.

첫 등교 수업 이틀 전

기획위원회 톡 방에 사진 하나가 올라왔다. 불빛이 반짝반짝하는 머리띠를 구입하셨다는 글과 함께 말이다. 우리 친구들 맞이할 때 행복하게, 미소짓게 하려고 아이들 눈높이에서 마치 놀이공원 온 것처럼 머리띠를 하고 환영하시겠다고 하셨다. 상상만으로도 웃음이 났다. 또 방송 담당 선생님께서는 등교 시간에 맞춰 음악을 틀어 주신다고 하셨다. 그때부터였던 것 같다. 내 마음이 들뜨고 설렌 것이. 아마 함께 준비하는 모든 교사의 마음이었으리라.
아! 감사합니다.

첫 등교 수업 하루 전

난 무엇을 준비해야 할까?

1학년 우리 교사 셋은 아이들과의 첫 만남을 위해 아름다운 무지개 실크 천을 준비했다. 그 위에 무지개 실과 작은 인형 그리고 은은한 향초. 또 엄마 배 주머니 속에 쏙 들어가 있는 아기 캥거루와 엄마 캥거루 인형도 준비해 두었다. 뒤쪽 게시판에 손글씨로 쓴 아이들의 이름이 노란 나비 위에 앉아 딱딱한 교실을 한층 더 부드럽게 해 주었다. 꽃병에 계절 꽃인 과꽃과 냉이초를 꽂아 계절 탁자 위에 두고 작은 칠판 그림에 무지개 테두리를 만들어 과꽃을 그려두었다.

그리고 아이들에게 들려줄 아기 캥거루 루 이야기를 보고 또 보았다. 책을 보지 않고 교사가 외워서 교사의 방식대로 들려주는 이야기 교육이 더 효과적이고 좋다고 했기 때문이다. '내일 잘할 수 있을까?'

〈계절 탁자〉

드디어 1학년 첫 등교 수업

아침에 향초에 불을 붙였다. 향긋한 향기가 교실 가득해졌다. 2층 저 복도 끝에서 작은 꼬마 친구들이 머리에 반짝이 불빛을 단 선생님들과 함께 나란히 교실로 걸어왔다. 아 그 모습이 너무 감사하고 아름다워 보였다. 아이들은 긴장했지만 밝은 모습으로 담임 선생님의 안내에 따라 실내화를 벗고 교실로 들어왔다. 교실에서 거리 두기는 했지만 아름다운 색깔 이야기를 통해 만남은 시작되었다. 또 아이들은 캥거루 이야기에서 엄마 뱃속에서 나오지 못하는 아기 캥거루 루에게 감정이입이 되어 안타까워했다. 그리고 마침내 아기 캥거루와 엄마 캥거루를 이어주는 끈을 가위로 잘라 주었다. 이제는 엄마 배 주머니에서 나와서 세상 밖 친구들과 어울리라고 말이다. 아직도 아이들이 아기 캥거루 루에게 용기를 주며 세상 밖으로 나오라고 했던 그 눈빛이 기억난다. 그날은 그것으로 충분했다.

이렇게 해서 우리의 작은 입학식이 끝이 났다.

아이들이 등교하는 짧은 순간을 위해서 우리 모두가 이렇게 준비했다는 것이 놀랍고 신기했다. 그날 하루는 우리 학교 전 교사가 하나 된 느낌이었다. 준비하면서 외롭지 않았고 일처럼 느껴지지도 않았다. 혼자가 아니기 때문이었다. 이렇게 시작하는 아이들은 어땠을까? 날이 지나 우리 반 친구에게 들었던 이야기다. "선생님 저는 학교가 무서운 곳이라고 생각했는데 학교 들어올 때 제가 좋아하는 노래가 나와서 하나도 안 무서웠어요. 마음이 편하고 행복한 느낌이 들었어요." 몇 년 전 다른 학교에 있을 때 3월이면 꼭 1학년 친구들 한 두 명은 교문 앞에서 학교 들어가기 싫어서 울고 있는 친구들이 있었는데 아이들의 첫 만남을 위해 애쓴 보람이 있었다.

등교 수업 한 그날 저녁 나도 긴장했는지 몸이 고단하고 무거워졌다. 일찍 누워 휴대전화를 보다가 다시 한번 놀랐다. 방송 담당 선생님께서 우리 학교 전체 톡 방에 등교 모습을 편집하여 영상으로 올려 주신 것이다. 교실에 있던 나는 교문에서 아이들의 모습을 보지 못했고 집에 계신 학부모님들도 아이들의 등교 모습을 보지 못하셨을 텐데 소중한 장면을 보게 되어 감동이었다. 그 영상 속에는 너나 할 것 없이 아이들

〈어서와 얘들아〉

을 맞이하는 마음에 설레여하는 교사들의 모습과 웃으며 밝게 등교하는 아이들의 모습이 있었다. 정문에서 현관까지 붉은 레드카펫이며 보건 선생님, 교장 선생님까지도 머리에 반짝이 머리띠! 하하하 지금 생각해도 웃음이 절로 난다.

1학년 만의 행사라고 생각했던 나의 부담감이 선생님들의 격려와 도움으로 함께하는 즐거움과 감동으로 바뀌는 순간이었다. 이렇게 함께하는 우리 학교의 문화는 나에게 도전의 용기를 주었고 더 나아가 아이들에게도 도전하라고 가르칠 것이다. 아기 캥거루 루처럼.

아마도 나는 2020년의 코로나 19로 힘들었던 한 해를 떠올리면서 우리 학교의 아름다운 첫 등교 수업인 작은 입학식을 잊지 못할 것이다.

아! 오늘도 감사합니다.

따뜻한 동행
학부모 교육이 아닌 학부모 동행

설희순
교　사

'누가 나와 같이 함께 울어~ 줄 사람 있나요♬ 누가 나와 같이 함께 따뜻한 동행이 될까~ 아 ♪ ♬'

1991년, 제가 초임 발령을 받았을 때 만해도 회식 때 노래방을 가면 가끔 이 노래를 부르곤 했습니다. 그때는 함께 웃어 주고 울어 줄 인생의 반려자를 꿈꾸며 불렀을지도 모르지요. 그런데 교직 생활 30년이 다 되어가는 요즘, 또다시 이 노래가 흥얼거려집니다. 이번엔 누구와의 동행을 꿈꾸는 것일까요?

'혼자'보다 '함께'

좋은 선생님이 되고 싶었습니다. 아이들이 학교에 오면 즐겁게 배우고, 자기 얘기를 스스럼없이 하고, 자신과 타인을 소중히 여기기는 학교를 꿈꿨습니다. 어떻게 하면 아이들의 마음을 잘 이해할 수 있을까 고민도 했고, 잘 가르치고자 다양한 연수를 찾아다니기도 했습니다. 그러나 현실은 교사로서 가르치는 일에 집중하기보다 업무 처리와 형식적인 문서 만들기로 많은 시간이 채워졌습니다. 관료적인 학교문화는 교사의 자발성을 통한 새로운 사고보다 순응을 미덕으로 규정만을 강조했습니다. 특히, 아이들의 삶과 동떨어진 교육과정은 배우는 아이들도, 가르치는 교사도 활력을 잃게 했습니다.

문득, 언젠가 본 글귀가 생각납니다. '세상에서 가장 아름다운 것은 모두 제 자리를 찾아가는 것'. 우리 학교에 근무하면서 저는 교사로 제 자리를 찾았다는 생각이 들었습니다. 교사 본연의 가르치는 일에 집중할 수 있게 된 것입니다. 그것은 뛰어난 어떤 한 사람의 힘으로 만들어진 것이 아니라 서로 서로의 의지가 모여 만들어졌습니다. 동학년 선생님들과 아이 한명 한명에 대해 이야기 나누고, 교육과정을 재구성하는 일은 고되지만 행복했습니다.

〈 학부모 동행- 마음열기 〉

'함께' 지혜를 모으는 과정은 혼자 가는 것보다 더디긴 했지만 풍성한 결실을 맺게 해 주었습니다. 그야말로 교사인 것이 자랑스럽고 감사한 시간이었습니다.

그러나 순탄치만은 않았습니다. "한자(漢字) 공부는 왜 안 하냐, 왜 교과서 그대로 안 가르치냐, 체험학습은 왜 그리 많이 하냐……"소수이지만 학부모들의 문제제기가 학기말 교육과정 평가 때마다 심심찮게 나왔습니다. 사기가 꺾이기도 했지만, 한편으론 왜 똑같은 문제제기가 반복될까하는 고민도 되었습니다. 개선책으로 여러 이야기가 나왔지만 그중 행복배움학교 철학에 대해 학부모와 더 많이 공유하는 시간을 갖자는데 고개가 끄덕여졌습니다. 그리고 학교의 철학이 학년 교육과정에 어떻게 녹아들었으며 어떤 목표를 갖고 1년을 가르칠지 꾸준히 학부모와 소통하자는 의견도 나왔습니다.

학부모와 **'함께'**라는 글자가 더 선명해졌습니다. 학교에서 추구하는 교육을 가정에서 발맞춰 준다면 아이는 행복한 배움을 이어갈 수 있겠지요. 그러기 위해선 학부모와 긴 안목으로 만날 필요가 있었습니다. 신입 학부모 때부터 학교의 철학을 이해하는 자리를 갖고, 함께 교육 도서나 심리학 서적을 읽습니다. 자녀를 이해하는 시간이자 학부모 자신을 찾아가는 모임이 필요한 것이지요. 행복배움학교에서 그런 과정은 아이뿐 아니라 학부모도 성장의 기쁨을 맛보는 자리가 될 것입니다. 그러한 모임이 학교 전체 차원에서 준비되면 좋겠지만 일단은 필요성을 느낀 학년이 첫 발을 내딛습니다.

'학부모 교육' 아닌 '학부모 동행'

2018년, 1학년을 맡았습니다. 그간 대안교육의 자리에 있었던 발도르프교육을 1학년 교육과정에 적용해 보기로 했습니다. 학부모의 교육과정에 대한 이해와 협조가 더욱 필요했습니다. 예전부터 마음먹은 학부모 모임을 시작해 보기로 했습니다. 3월 중순 교육과정 간담회 때 4월부터 할 학년 학부모 모임을 안내했습니다. 모임에서는 교육과정에 대한 이해와 학교가 추구하는 방향 및 여러 가지 교육에 관한 이야기를 나누자고 했습니다.

1학년은 아이도 신입생이지만 학부모도 신입생입니다. 1학년 학생이 새로운 교육과정으로 배워나가듯, 부모도 '학(學)부모'로서 하나하나 배워 나가는 출발점입니다. 물론, 학부모가 꼭 의도적인 프로그램을 통해서만 배워나간다는 뜻은 아닙니다. 자연스럽게 주변 사람들과 소통하면서도 배우고 깨닫는 거지요. 그래서 학부모 모임을 굳이 '학부모 교육'이라고는 부르지 않았습니다. 그 명칭에 대해선 개인적인 느낌일지 모르지만, 왠지 학부모를 교육시켜야 할 대상으로 주체적이기 보다 수동적으로 느껴지게 했거든요. 교사·학부모가 함께 서로의 이야기에 귀를 기울이고, 자신들의 진솔한 이야기를 나누는 가운데 한 걸음씩 나아가는 것이라 생각했어요. 그래서 함께 가는 여정에 서로 힘이 되고 서로 도와주는 관계이고자 '학부모 동행'이라고 이름 붙였습니다.

학부모 동행 모임은 월 1회 마지막 수요일에 두 번 했습니다. 오후 3시와 저녁 6시30분 모임인데, 오후 3시 모임에는 저녁에 시간 내기 어려운 분들이, 저녁 6시30분 모임에는 직장 다니시는 분들이 나오셨습니다. 처음 함께 한 내용은 초보 학부모로서 자녀를 어떻게 키워야 하는지 고민을 나누는 자리였습니다. 한 두 번의 특강보다는 학부모로서 '내공'을 키우자는데 모두 공감을 했습니다. 책을 한 권 읽고 삶에서 우러나오는 고민과 질문을 나누기도

〈저녁 학부모 동행 모임〉

했습니다. 물론 책을 못 읽었어도 열린 마음으로 와서 서로의 이야기에 귀를 기울이기도 했습니다. 진솔한 이야기를 털어놓는 것만으로도 좋은 배움이 되었다는 분도 계셨습니다.

모임에서는 1학년 교육과정에 대한 이해를 위해 월별 주제학습에 대한 이야기를 나누었습니다. 또한, 매월 아이들이 배우는 시와 노래를 함께 따라 부르기도 했습니다. 처음엔 낯설고 어색했지만 시와 노래를 하는 가운데 평화로워지고 아이들 마음을 이해하게도 되었답니다. 2학기에는 발도르프교육에서 중요하게 생각하는 내용을 함께 나눴지요. 그 중 하나가 '감각발달 교육'이었어요. 시기별로 교육 이슈도 함께 나눴는데 그 무렵, 우리 학교는 '공모교장'에 대해 의논하던 시기라 '우리

〈마음 연결하기〉

가 바라는 교장선생님은 이렇다'는 주제로 이야기를 나눠보기도 했습니다.

한편으로, 학부모 동행 모임은 '학부모'로서 나를 찾아가는 시간이기도 했습니다. 1학기에는 권재원 선생님의 책《안녕하십니까? 학교입니다》를 읽고 나누면서 학부모로서 자신을 마주했습니다. 수도 없이 많이 쓰는 '학부모'에 대해 진지하게 생각해 보는 시간이었지요. 책 내용 중 학부모는 '배우는 부모'라는 말이 나오면서 모두 공감했습니다. 학교에 이거 해 달라 저거 해 달라 요구만 하는 '교육 수요자'가 아니라 함께 만들어가는 주체라는 말에 책임감도 느꼈습니다.

그리고 매번 모일 때 마다 '나를 돌아보는 시간'을 가졌습니다. 학부모님들이 아이 키우랴 가정일이나 직장일 하랴 정작 자신을 돌아볼 시간이 없다가 이 모임에서라도 본연의 자신으로 돌아와 내면의 이야기를 나누니 기뻐했습니다. 모두 소녀가 된 듯 했습니다. 특히 6시30분 모임에 나오는 분들은 직장 일을 끝내고 피곤함에도 불구하고 1년 동안 거의 빠지지 않고 참석하셨어요. 간단한 샌드위치로 못 채운 허기를 서로의 이해와 소통으로 충만하게 채웠습니다. 학년 말 마지막 모임에서 각자 한 마디씩 소감을 나눴습니다. 몇 분의 말씀은 제가 나아가야 할 방향을 비춰주는 듯해서 잊혀 지지 않습니다.

함께 가요

교무실에 갔더니 교감선생님이 "올해 1학년은 민원 전화가 한통도 없었어요."라고 말씀하십니다. 교사·학부모 동행 모임이 정기적인 소통 창구 역할을 한 덕분이 아닌가 싶었습니다. 학부모는 교사가 어떤 방향으로 아이를 배움으로 이끌 것인지 이해하고 나니 오해가 덜 했던 것 같습니다. 우리 학교는 2018년 교사·학부모 동행 모임 이후 다음 해부터 학년마다 다양한 방법으로 학부모를 만나고 있답니다. 어떤 학년은 교사와 학부모가 책모임을 하며 서로를 이해하고 아이들을 이해합니다. 고학년 학부모는 6년간의 학부모 경험을 살려 좀 더 주도적으로 모임에 참여하여 학교의 여러 행사에 대해 의견을 나누기도 합니다. 교사는 교사대로, 학생은 학생대로, 학부모는 학부모대로 스스로 꾸려 나가는 모습이 참 아름답습니다.

바람이 있다면 학부모가 자신들의 생각과 감정을 나눌 자리가 사회 곳곳에 있었으면 하는 것입니다. 여력이 된다면 학교에서 체계적이고 장기적인 학부모 동행 프로그램이 고민되면 더 좋고요. 우리는 '함께' 갈 사람들이니까요. 이제 저는 함께 울어 주고, 따뜻한 동행이 될 학부모를 떠올리며 그들을 만나러 가렵니다.

> **"우리에게 '학부모 동행 모임'은 어떤 의미였을까요?"**
>
> - 저에게는 힐링의 시간이었습니다.
> - 다른 사람들의 살아가는 모습, 생각을 나누며 나를 넘어서 생각해 보는 시간이었습니다.
> - 부모가 행복해야, 부모가 바로 서야 아이가 행복하게 살아갈 수 있음을 깨닫는 시간이었습니다.
> - 학부모란, 배우는 학부모라는 것을 안 것이 큰 수확입니다.
> - 학부모는 교육수요자가 아니라, 가정교육의 전문가로서, 학교 교육의 전문가인 선생님과 함께 아이의 성장을 위해 함께 협력해야 함을 알았습니다.
> - 교사, 학부모를 가리지 않고 함께 교육을 고민하는 동지로, 한 인간으로 가까워지는 시간이었습니다.

이 사람들, 함께 하고 싶은데!
매일 만나는 동학년 다모임

임은혜
교　사

학년의 교육과정을 함께 만들어나가는 중요한 시간, 바로 동학년 협의 시간이다. 학생들이 풍성한 교육을 경험할 수 있도록 교사들은 교육과정을 연구하고 또 함께 모여 협의를 한다. 이런 시간과 공간을 함께 하며 에너지를 나누어 주고 받는 것이 바로 우리의 동학년 협의이다.

하지만 누군가는 열정이 부족할 수도 있고 체력이 부족할 수도 있다. 아이디어가 부족한 사람도 있고, 함께하는 이가 부담스러울 수도 있다. 누군가는 충전의 시간이 필요하기도

〈동호인 모임〉

하며 개인 연구 시간이 필요하기도 하다. 어떤 경우에는 그냥 단순히 조용함이 필요할 때도 있다. 동학년 협의는 훌륭한 교육과정을 구성하려는 집단 열정과 개별적으로 조용히 탐구해보고자 하는 개인 열정 사이의 균형을 맞추어 가며 이루어져야 하기에 섬세한 계획이 필요한 것 같다.

이러한 갈등스런 상황에도 불구하고 충실한 협의와 부담스럽지 않은 참여의 조화를 이룬 것이 바로 내가 겪은 우리학교 동학년 다모임이 아닐까 생각한다. 우리학교 동학년 다모임 주요 주제는 학년의 교육과정을 어떻게 충실히 운영할 것인가이다. 하지만 매일 반복되는 긴 시간을 항상 의무적이고 무거운 주제로만 채울 수는 없다. 혁신적인 생각과 생산적인 결과만을 바라는 단순 회의라면 오랜 시간 편하게 함께하기 어려울 것이다. 어려운 시간과 압박이 지속되는 동학년 모임에서는 새롭고 창의적인 제안이 나오기도 어렵고 자발적으로 참여하기도 어려워진다.

우리학교 동학년 다모임은 학년교육과정도 의논하지만 학년의 구성원이며 함께 업무를 해나갈 동료 교사

〈대공원 나들이〉

에게 먼저 관심과 애정을 보인다. 이렇게 매일 만나는 공간과 시간이 먼저 인간적인 정을 나누는 공간이 되고 나면 서로를 훨씬 더 신뢰하게 되고 또 더욱 격려하게 된다. 이런 동학년 분위기는 물론 짧은 시간에 바로 형성될 순 없다. 어느 정도 시간이 필요하겠지만 서로에 대한 진심과 관심은 이러한 시간을 단축시킬 수 있다. 이러한 신뢰와 격려 속에서 동학년 다모임은 훨씬 더 유연하고 창의적인 시간이 될 수 있다.

이름도 동학년 협의보다 동학년 다모임이 더 좋다. 우리는 다모임에서 동학년 협의보다 훨씬 더 많은 것을 할 수 있다. 동학년 다모임 이라는 곳은 함께 훌륭한 교육과정을 만들어가는 공동의 목표를 달성하는 곳이다. 동시에 매일 얼굴을 보며 같은 업무를 하고 있고 공통점을 갖고 있는 사람끼리 풍성한 인간관계도 지속할 수 있는 곳이다. 매일 만나는 동학년 다모임에 가고 싶어지고 또 꽤 오랜 시간 같이 있어도 좋다면 이제 공동목표인 훌륭한 교육과정 운영에 가까워 진 것이라 할 수 있겠다.

나는 이제 동학년 모임을 하러 가는 것이 전보다 훨씬 즐겁다. 단순히 동학년 협의를 가는 것이 아니고 공동의 목표를 가진 동료 교사를 만나러 가기 때문이다. 나와 같은 고민을 하고 있는 든든한 지원군을 만나서 교육 고민을 함께 나눌 수 있는 이 시간이 고마워진다.

나눔의 길에 걷다
교사가 즐거워야 학교가 즐겁다

허정림
교　사

교사가 즐거워야 학교가 즐겁다

우리 학교는 행복배움학교다. 행복배움학교에서 '행복한 교직 생활이란 무엇일까?' 질문을 던져본다. 교사가 행복한 교직 생활을 위해 무엇이 전제되어야 할까? 교사의 철학, 열정, 애정, 헌신… 많은 어휘가 떠오른다. 학교 밖 시선들은 교사에게 많은 것을 요구하고 그 요구가 교사 개개인의 평가 잣대로 작용해 찬사와 비난을 받는 것이 현실이다. 내게 행복배움학교는 교사 개인의 평가를 '함께'라는 가치로 만드는 것이 아닐까 생각한다.

교직은 교사가 개인의 역량으로 학급을 운영하고 학교에서의 역할을 수행한다. 개인의 역량 강화는 강제적일 수도 없고 강압적일 수도 없다. 교사 개인이 자발성으로만 발전되고 성장한다고 생각한다. 그렇다면 그 자발성은 어떻게 조성될 수 있을까? 학교에서는 나만 잘한다고 해서 이루어질 수 없다. 무엇보다도 학교의 풍토와 선후배 교사의 조화, 협력이 중요하다.

초등학교 선생님들 대부분이 좋은 마음과 열정을 가지고 있지만 학교에 따라서 그런 마음과 열정이 실현될 수도 있고 조화를 이루지 못하여 비난받기도 한다. 나에게 우리 학교 선생님은 행복배움에 대한 이해와 공감을 한다는 것만으로도 신뢰가 된다. 우리 학교는 '교사가 즐거워야 학교가 즐겁다!'라는 공감아래 교사의 자율성과 민주성을 중요하게 생각하는 학교다. 그것이 행복배움학교의 자부심이기도 하다.

4년 차 마지막 해에 나는 어찌하다 보니 친목회장으로 추천되었다. 권위적이지 않은 교장, 교감 선생님과 선생님들의 열정과 믿음 때문에 어렵다는 생각보다는 학교를 위해 보탬이 되고자 싶었다. 나는 여러 공동체를 운영한 경험으로 공동체의 힘은 친목이라고 생각했다. 선생님들 간의 신뢰 관계는 자신의 교실에서 매몰되는 것이 아니라 서로를 발전시키고 성장시키는 원동력이다. 그 안에서 자발성이, 그 관계 형성 과정에서 민주성이 발현된다고 생각했다. 선생님들은 자신의 일에는 추진력을 보이고 아이들에게는 무한한 책임감을 보이지만 혼자 학급을 운영하고 학년 중심으로 협의하는 학교시스템에서 학년을 초월한 학교 전체 구성원에 대한 적극적인 마음은 부족하다. 학교에서는 항상 학년 중심으로 협의하고 연구하는 것이 보편적이다. 같은 학년이 아니면 선생님들을 알기 쉽지 않고 업무가 겹치지 않으며 기회조차 없는 경우가 많다. 그래서 친목회장이 되었을 때 많은 친목 활동 행사를 통해서 교사가 즐거운 학교를 만드는 데 도움이 되고 싶었다.

시간의 나눔

친목회칙을 함께 만들고 행사 의견을 수렴하면서 여러 가지 행사를 기획하고 실현해보았다. 첫째, '시간'의 나눔이다. 비단 교사뿐이 아니라 사람 관계에서 함께하는 시간을 가지는 것은 가장 중요한 일이다. 나

〈 인천대공원 미션 수행 〉

〈 에버랜드에서의 1박 2일 〉

의 시간을 상대방과 함께 나누는 것은 바로 관계의 시작이다. 그래서 다양한 친목 행사로 함께 하는 시간을 많이 만들려 노력했다. 잦은 회식, 교사체육행사, 1박 2일 연수, 자연체험 연수, 기타 경조사 챙기기 등…. 나는 친목회장을 수락하면서 1박 2일 연수를 제안했다. 그래서 3월 친목회장이 되면서 처음으로 한 일이 1박 2일 연수 장소 섭외였다. 장소는 에버랜드로 영업담당자에게 어렵게 시간을 맞춰 예약했다. 어렵게 장소가 섭외된 만큼 선생님들께는 의견을 물을 시간도 없어 '일단은 예약하고 보자'라는 마음으로 저질렀다. 선생님들은 대부분 1박 2일 연수를 싫어한다. 하지만 우리 학교 선생님은 달랐다. 연수에 90% 이상 참여해주셨고 즐거워했다. 1박 2일 연수는 자신의 시간을 24시간 이상 할애해야 하는 힘든 일인데도 이렇게 적극적으로 참여하는 것을 보고 조금 놀라웠다. 선생님들은 여름방학을 앞두고 지친 몸이지만 가벼운 마음으로 놀이기구를 좋아하는 선생님은 함께 놀이기구를 탔고, 산책을 좋아하는 선생님은 함께 산책을 했다. 더운 날씨라 숙소에서 담소를 나누는 선생님도 있었다. 저녁 시간에는 세미나실에 모여서 많은 이야기를 나누고 맛있는 음식을 시켜 먹었다. 학교에서는 볼 수 없었던 선생님의 다양한 모습을 보면서 모두가 즐거웠다. 밤새 잠을 거르고 함께하는 선생님도 계셨다. 아마도 행복공동체를 위한 마음이 모두 같았다고 생각한다.

사소함의 나눔

둘째, '사소함'의 나눔이다. 친목 행사를 통해서 아주 작은 사소함을 나누고 서로에게 관심을 가졌다. 행사를 할 때 학년끼리 앉아 소통하는 것이 아니라 다른 학년 선생님들과 식사하고 소통하는 것이 우리 학교 선생님들의 대다수의 마음이었다. 내가 먼저 다가가 말을 건네고 사소한 근황을 물어주는 것이 얼마나 중요한 일인지 서로 공감했다. 또 친목 행사 중 생일축하 행사가 그 사례다. 48명의 선생님 생일을 챙기는 것은 그리 쉬운 일은 아니었다. 달력에는 선생님들의 생일이 기록되었고 생일이 되면 문화상품권과 약간의 간식으로 주변 선생님들과 생일축하를 했다. 그리고 선생님들에게 축하 문자를 띄웠다. 바쁜 학교생활에서 그 사람을 생각하고 축하 문자를 한다는 것은 번거롭고 귀찮은 일이었으나 동시에 흥미로운 일이기도 했다. 선생님들은 서로의 생일을 알고 축하해주며 기뻐했다. 늘 답장으로 인사하시는 선생님도 계셨고 함께 축하해주시는 선생님도 계셨다. 그래서일까 선생님들이 더 가깝게 느껴지고 친근감과 신뢰가 쌓여갔다.

마음의 나눔

셋째, '마음'의 나눔이다. 시간을 함께하고 사소함에 관심을 가지면서 함께 마음을 나눌 수 있었다. 학년 초 바쁜 시기를 지나 5월 방과 후 시간을 활용하여 교사체육행사를 실시했다. 친교 활동은 좀 번거롭고 유치하지만 마음을 열기 위한 중요한 시간이다. 게임 중간에 푸짐한 상품도 주고 마지막에 행운권도 추첨했다. 행사가 끝난 후에는 맛있는 간식도 나누어 먹었다. 간혹 반듯한 선생님이 무너지며 웃음을 주었다. 이렇게 서로 마음을 나누면서 선생님들 서로를 존경하고 부족함을 이야기할 수 있었다. 상대방이 어려운 일을 이야기하면 공감하고 어떻게 어려움을 극복해야 할지 이야기했고, 그 사람이 부족했다면 부족함을 채워주었다. 우리 학교는 협의하고 토론하며 의견을 제시하는 것이 어렵지 않다. 아마도 그것은 마음을 나누고 있다는 믿음 때문이라고 생각한다.

생각의 나눔

넷째, '생각'의 나눔이다. 시간을 통해서 사소함을 물어주고 서로의 마음을 나누면서 교사의 생각 또한 나눌 수 있었다. 교직은 경쟁하는 조직이 아니다. 그런 만큼 나의 마음을 열고 생각을 함께 나누는 것이 중요하지만 쉬운 일이 아니다. 하지만 우리 학교 선생님들은 서로에 대한 신뢰와 믿음으로 자신의 생각을 나누는 공동체를 만들어 가고 있다. 소통에 적극적인 우리 선생님들이 자랑스럽다.

우리 학교의 행복배움은 교사에게 시작되어 학생, 학부모와 함께 만들어 간다. 학생들에게 함께 사는 사회, 더불어 사는 세상을 만들자고 말을 한다. 하지만 말로만 하는 교사가 아니라 실천하는 교사가 되기 위해 노력한다. 그래서 우리 학교를 떠나도 다른 학교에서 행복배움을 실천하는 교사가 되기에 충분하다고 생각된다.

3부

배움이
자라다

마음

자연과 예술 감성으로 자라는 마음

학교 공간이 주는 따뜻함

이해정
교 사

우리 학교에는 유난히 도림과 인연이 깊은 분들이 많이 있다. 도림으로 다시 전입해 오는 교사가 나 포함 세 명이다. 차 선생님, 신 선생님이다. 그분들은 왜 도림을 다시 찾는 것일까? 도림에 오는 게 세번째라는 차 선생님께선 도림이 참 따뜻하다고 말씀하셨다. 신 선생님께서는 도림에 처음 왔을 때 특수학급을 증설해 애정이 있다고 하셨다. 나는 도림이 행복배움학교라서 오게 됐다.

부자간이 도림에 인연을 가진 선생님도 계신다. 김선생님께서는 도림분교장이셨던 아버님이 사택에서 염소를 기르고 염소젖을 끓여 주셨던 기억을 가지고 계셨다. 또 다른 선생님께서는 오봉산의 매력 때문에 오게 됐다고도 하셨다. 도림을 떠난 선생님들은 오봉산이 그립다는 말씀을 자주 하신다. 무엇이 그들을 다시 도림으로 불러들이고 있는 걸까? 나는 그중 하나가 학교 공간이 주는 따뜻함이 아닐까 하는 생각을 한다.

우리 학교 교실 창문은 계절별 오봉산을 바라보는 특별한 액자다. 특히, 봄부터 여름으로 넘어가는 사이, 여름에서 가을 사이 산자락의 색깔 변화는 자연의 신비를 넘어 힐링 그 자체를 담고 있다. 덕분에 많은 학교가 아파트 도심 한가운데이거나 상가 건물들에 에워싸여 있는 것에 반해 도림은 한적하고 여유가 있다.

오봉산은 교사뿐만이 아니라 아이들에게도 큰 보물이다. 학교 정문에서 바로 산의 입구가 연결되다 보니 교육과정 안에서 자연스럽게 오봉산을 자주 이용하게 된다. 월요 산책, 의형제 산행, 동아리 등 다양한 형식으로 오봉산에서 자연과 긴밀하게 교감한다. 이렇듯 오봉산이 아이들을 외적으로 감싸준다면 학교 안의 환경은 어떨까?

학교 안 자연 친화적 공간

- 텃밭, 동물농장, 연못, 살구나무 등

학교 안에도 다양한 자연 친화적 공간들이 있다. 텃밭은 해마다 조금씩 다르지만 3개 학년이 1, 2학기로 나누어 농사를 짓는다. 저학년은 감자, 토마토, 상추 등을 심어 가꾸고, 고학년은 수확한 작물로 학년 교육과정과 연계해 배추전 만들기, 김치 담그기 등의 다양한 프로젝트 수업을 진행한다. 직접 텃밭에 참여하지 않는 다른 학년들도 계절별로 텃밭의 다양한 모습을 관찰할 수 있어 도림의 모든 아이들에게 살아있는 교육이라 할 수 있다. 풍성한 텃밭을 가능하게 한 것은 주무관님의 헌신도 크다. 계절별 야생화뿐만 아니라 가을 하얀 목화솜이 꽃을 피우고 흰 솜이 보글보글 올라올 때 즈음에 그 씨앗을 받아 다시 봄에 심어주시는 정성은 너무나 감사하다. 가끔은 아이들의 일거리마저 해놓으실 때가 있어 잡초 제거 등은 당부를 드릴 때도 있었다. 풍성한 텃밭의 주인인 학생들의 변화 또한 아름답다. 아침 시간과 중간놀이 시간 삼삼오오 물을 주러 가는 아이들, 오줌 비료를 위해 자신의 오줌을 들고 와서 머뭇거리는 모습, 서로의 배추 크기를 비교하며 으스대는 모습 등이 자연과 함께 성장한다는 말이 딱 맞는 모습이었다.

〈텃밭 배추 심기〉 〈토끼장〉 〈생태연못〉

동물농장은 아이들이 가장 사랑하는 곳 중 하나이다. 작년 1학년 하굣길을 늘 동물농장의 토끼와 인사로 마무리했던 기억이 난다. 유치원이나 돌봄 친구들의 늦은 하굣길에도 토끼장은 늘 북적거리는 것을 보면 아이들에게 마음의 안식처가 되어주는 모양이다. 이사로 인해 정들었던 학교에서 도림으로 전학을 와야 하는 아들을 유인했던 곳도 바로 동물농장이었다. 2월 집에 있는 채소를 들고 학교 구경을 가자며 꼬셔 토끼장에 있는 토끼에게 당근과 양배추를 먹이며 시간을 보냈다. 아들의 마음을 돌리는 데에는 삼 일밖에 걸리지 않았다. 지금은 그 토끼가 새끼를 낳아서 어미만큼 자랐다.

학교 정문으로 들어오면 바로 만나는 연못이 있다. 그리 크지는 않지만 물을 푸는 펌프며 연꽃, 부들, 물고기 등 다양하고 아기자기한 생명체들이 자리를 잡고 있고 계절별 수생식물들까지 더해져 심심할 틈을 주지 않는 이곳은 아이들에겐 생태 교육장의 역할도 하고 있다. 아이들만큼이나 연못을 좋아하는 분은 교장 선생님이다. 어느 날 연못가에 두리번거리는 모습에 다가가 말을 걸었더니 물고기를 찾는 중이라고 하셨다. 20센치는 족히 넘는 주황색 물고기 한 마리의 안부를 매일 확인하고 계신다고 했다. 오늘도 안녕한지, 도둑고양이가 물어가진 않았는지 매일 안부를 확인한다고 하셨다. 우리 교장 선생님은 학교의 물고기도 지키시는구나 싶었다.

작년 1학년 아이들과 학교 앞 버찌로 얼굴에 그림 그리기, 버찌 따 먹기 등의 계절별 자연환경을 이용한 다양한 자연물 놀이를 했다. 그 후 아이들은 열매에 관심을 가지기 시작했다. 때마침 그해 살구나무는 풍작이었다. 나는 무르익은 살구를 발견하고 교장 선생님께 1학년이 먹겠노라 허락을 받았다. 그날 3반과 5반 아이들은 살구나무를 몽땅 털었다. 어떤 선생님은 살구나무에 올라가 나무를 흔들었고 그 반 아이들은 모두 땅에서 떨어진 살구를 주우며 난생처음으로 살구의 단맛을 맛보았다. 나도 살구를 처음 먹어봤다. 이 재미난 사건은 1학년 선생님들 사이에서 두고두고 회자 되었다. 1인 1개의 살구로는 부족했는지 중간 놀이 시간에도 1학년 학생들이 살구나무 흔들기에 매진하여 당혹스러웠다. 학교의 살구는 농약 한번 주지 않아 못난 모양도 많았다. 아이들은 그날의 살구를 오래 기억했다. 올해도 나무에서 통통한 살구가 떨

〈살구 맛보기〉

어질 것을 기대하지 않았을까? 나도 자꾸 살구나무 아래에 가게 되는 건 그 달콤한 살구 향을 잊지 못해서일까?

운동장 텃밭 옆에 바람개비 언덕으로 불리는 동산이 있다. 처음부터 흙 동산을 만들 생각은 아니었다고 한다. 텃밭을 만들면서 나온 흙을 옆에 쌓아 놓다 보니 생긴 것인데, 이 흙산을 저학년 학생들이 좋아해서 그대로 두었다고 한다. 그런데 이 흙 동산을 보고 지나가던 사람이 학교에 왜 무덤이 있냐고 민원을 제기하는 일이 있었다. 그래서 그 위에 잔디를 씌우고 거기에 숙직 기사님의 바람개비를

〈바람개비 언덕〉

더하자 아름다운 바람개비 언덕이 되었다. 야트막한 이 언덕은 한때 올라가지 못하도록 띠를 둘러놓을 때도 있었으나 지금은 학생들에게 놀이동산으로서 역할을 해주고 있다.

오봉산이 아이들을 품어주듯이 학교의 이곳저곳이 아이들을 따뜻하게 품고 있다. 학교가 좀 더 포근한 안식처가 되어주고 싶다.

아이들의 눈높이를 고려한 공간
- 사방치기 그림판, 1층 피아노, 2층 수족관, 4층 거울 무대

학교 운동장 진입로와 산책로에 전래놀이 사방치기 그림판이 여러 군데 있다. 교문에 들어서서 신발을 갈아 신는 곳, 중앙현관 뒤편, 유치원 앞 등 제법 여러 군데 아이들이 놀 만한 곳에 위치 해있다. 1학년 하곳길에는 먼저 신발을 갈아 신은 아이들이 누가 먼저랄 것도 없이 하나둘씩 사방치기를 하는 모습을 자주 발견하게 된다. 그리고 이 그림판은 해마다 교장 선생님의 손에 의해 페인트가 새로 입혀졌다. 밀짚모자를 쓰시고 주무관님과 함께 페인트칠을 하시는 모습은 네게 진한 감동으로 남아 있다.

1층 중앙에 뚜껑이 열린 피아노가 있다. 속이 훤히 보이는 이 피아노는 악기보다는 아이들로 하여금 궁금증을 유발시키는 호기심 도구다. 피아노의 뚜껑을 과감히 걷어내면 먼지도 쌓이고 고장 날 것이 뻔한데도

〈 학급장기 자랑 〉

그 모습으로 중앙현관에 떡하니 자리하고 있다. 덕분에 그곳은 아침 등굣길에 피아노를 치는 아이, 중간놀이 시간에 자리를 차지한 아이, 그리고 돌봄 아이들이 하굣길에 꼭 들르는 참새 방앗간이다. 학교를 처음 온 사서 선생님은 이 모습을 보고 신선한 충격에 빠졌다고 했다. 학교 현관과 교장실, 행정실이 있는 1층 로비에 하루 내내 학생들의 시끄러운 피아노 소리가 울리는데도 아무도 제지하는 사람이 없

는 데다가 또 이 피아노 소리를 아무렇지 않게 듣고 있는 1층 행정실 직원들의 태도가 놀라웠다고 한다.

피아노에 대한 일화는 또 있다. 작년 1학년 친구들과 함께하는 학급 장기자랑에 피아노를 신청한 아이들이 있었다. 마지막에 모두 1층 로비로 가 신청한 아이들이 한 명씩 나와서 피아노 연주를 했다. 12월이라 추웠을 텐데도 조용히 앉아 친구들의 연주를 듣는 1학년 친구들의 모습은 정말 아름다웠다. 그 후 1학년 친구들은 그 앞을 지날 때마다 피아노를 따뜻한 눈빛으로 지켜보았다. 피아노를 연주했던 친구들은 중간 놀이시간에도 피아노를 자주 연주했다. 그들에게 아주 뿌듯했던 기억으로 오래도록 남았던 모양이다.

2층의 급식실 앞 수족관은 급식 대기 줄을 설 때 지루함을 달래주는 동시에 1학년 친구들의 등하굣길 필수 코스이다. 3월에 부모님과 헤어지기 힘든 1학년 친구들을 유혹하는 장소로 이 수족관을 자주 이용했었다. 2층 특수교육지원센터를 방문하는 꼬마 친구들도 이 공간을 아주 좋아한다. 상담하는 부모님을 기다리거나, 유모차에 탄 동생들에게 대기 시간을 유쾌하게 만들어주는 그런 곳이다.

2층 수족관이 저학년의 애정 공간이라면, 고학년에게는 4층 거울 무대가 있다. 4층 교실을 사용하는 4, 5학년 여학생들이 가장 사랑하는 공간으로 수업이 먼저 끝난 친구가 다른 반 친구를 기다리는 장소, 자율동아리 댄스부가 붙박이로 사용하는 동아리실이기도 하다. 가을 〈도담도담한마당 큰잔치〉 때 버스킹 공연이 이루어지기도 했다. 강당에도 중앙 무대가 있었지만 많은 친구들이 거울 무대에서 친구들의 공연을 즐겼다.

행복배움학교라서 가능한 공간
- 우산과 실내화 대여 공간, 복도통행 안내문, 도담도담교실, 나무 의자

도림학교는 일반 학교의 전교 회장제도 대신 대의원 제도가 있다. 4~6학년 재학생 중에 희망하는 학생이면 면접을 거쳐 대의원이 될 수 있는데 대의원들이 2주일에 한 번 회의를 통해 다양한 안건들과 행사를 기획한다. 그 회의에서 학생들이 제안한 공간이 우산과 실내화 대여공간이다. 비록 우산이 잘 돌아오지는 않으나 다른 우산이 그 자리를 지켜주고 있다.

일반 학교 복도에 '우측통행'과 '뛰지 마세요'의 경고를 담은 안내판을 흔히 보았을 것이다. 도림의 안내판은 뭔가 조금 다르다. 부정어, 금지어가 아닌 긍정어로 된 문구 〈천천히 느리게 걷자〉이다. 행복배움학교에서 '아이들을 어떻게 설득할까'를 고민한 흔적임을 알 수 있다.

좁은 교무실이 컴퓨터실로 이전하면서 교무실 자리를 새로운 공간으로 어떻게 꾸밀지 다양한 고민 들이 있었다. 학교에서는 대의원들에게 그 고민을 넘겼다. 대의원들은 학생들의 자치 공간으로 다양한 아이디어를 냈다. 어떻게 구성할지, 어떤 이름을 지을지 함께 의견을 나누며 낮은 탁자와 소파를 넣고 칠판도 걸었다. 그렇게 태어난 곳이 바로 〈도담도담실〉이다. 이 〈도담도담실〉은 아이들이 스스로 만든 규칙대로 예약제로 운영되고 있다.

6학년 교실 앞 나무의자는 작년 졸업생들의 목공 수업 작품이다. 실과 시간을 이용해 오랫동안 손이 많이 간 작품으로 학교에 기증한 것이다. 의자마다 만든 이의 이름이 하나하나 적혀 있는데 이 정성 가득한 작품은 고스란히 6학년 복도를 장식하며 후배들의 쉼터로 이용되고 있다.

〈나무 의자 만들기〉

〈복도 통행 안내문〉

선생님들에게 따뜻함을 주는 공간

- 3층 교무실 카페, 책 읽는 교무실

도림의 교무실 식구들은 기존의 넓은 교무실을 돌봄 교실로 내주고 협의실 수준의 작은 공간에서 근무했다. 5명이 근무하기에는 공간이 너무 협소했기 때문에 교무실 이전은 도림의 오랜 숙원사업이었다. 이루어지지 않을 것 같던 그 사업은 작년 컴퓨터실을 정리하면서 가능해졌다. 컴퓨터실 2개 중 한 곳을 교무실로 이전하고, 좁은 교무실은 학생들을 위한 학생 자치실로 정비되었다. 교무실 이전하는 날 학교 전체에 떡을 나누는 흐뭇한 이벤트도 있었다. 그리고 학년 말 교육과정 평가 시간에 교사들을 위한 커피머신을 구입해달라는 요구가 있었다. 가능하지 않을 것 같은 그 안건도 올해 새 교무실에 마련된 공간과 함께 수용되어 아늑한 교무실 카페가 되었다. 커피를 좋아하는 선생님들은 매일 아침 출근길, 점심식사 후에 방문하신다고 한다. 볼 일이 있어서 교무실에 들렀다가도 꼭 커피를 마시고 가니 교무실이 도림 사랑방으로의 구실을 해주고 있다.

또 교무실 카페는 교사용 책을 다양하게 구비 하고 있어 누구나 책을 쉽게 대여해 갈 수 있도록 해두었다. 도서관에 교사용 도서가 구비 되어 있기는 하나 접근성이 좋은 교무실 칠판에 이름만 적고 가는 간편한 구조와 다양한 책의 종류는 교사들에게 소소한 즐거움을 준다. 좋은 책을 학교 공동체 구성원이 공유한다는 점도 긍정적인 도림 문화에 한몫을 하고 있다.

공동체 일원에게 따뜻함을 주는 공간
- 2층 학부모 사랑방, 4층 깔끔이 선생님 휴게실

우리 학교 학부모님들은 '학교로 출근한다' 할 정도로 학교에 매일 오신다. 일반 학교는 흔히 도서 도우미나 녹색 봉사를 생각하기 쉬운데 도림의 학부모님들은 그뿐만 아니라 동아리 활동도 활발하게 하신다. 그 배경에는 학교에서 마련한 학부모 사랑방이 중심에 있다. 교문에 가장 가까운 2층에 자리한 그곳은 단을 높이고 온돌이 들어와 옹기종기 앉아 담소를 나누기에 최적화되어 있는 곳이다. 그곳에서 학부모님들은 요일별 동아리 모임이나 회의를 하신다. 사서 선생님께서 도서 도우미 어머님들과 회의를 준비할 때의 일이다. "회의 장소를 어디로 할까요?" 묻는 말에 단연 사랑방을 외치셨다고 하니 학부모 사랑방이 학부모님들께 얼마나 사랑받는 곳인지 알 수 있다.

4층에 깔끔이 선생님 두 분이 사용하는 공간이 있다. 우리 학교에서는 학교 비정규직 분들을 배움터 지킴이 선생님, 급식 선생님, 과학실 선생님, 깔끔이 선생님으로 호칭을 통일하고 있다. 깔끔이 선생님은 학교 공간의 청결을 위해 힘써주시는 분이다.
깔끔이 선생님과의 추억은 학부모로서 간직하고 있는 것이 하나 있다. 재작년 4학년 학급에서 문집을 만들어 학부모님, 그리고 학교 안의 구성원들에게 배부하는 일이 있었다. 깔끔이 선생님께서 아이들의 문집을 읽고 감동을 받으셨다며 밝고 건강한 어린이로 자라라는 장문의 편지를 보내주셨다. 혼자 보기 아까웠는지 담임 선생님은 그 편지를 학급 누리집에 올려주셨다. 복도에서 지나가는 아이들의 이름을 불러주시고 아이들이 하교한 빈 교실에 들어와서 이 선생~ 하고 말씀을 걸어주시는 어르신. 깔끔이 선생님이 편히 쉬실 곳이 환하고 넉넉한 공간이라서 참 좋다.

비오톱 탐험대, 학교 생태교육

박정혜
교　사

학교도 나오지 못하고 집에 머무르는 시간이 많아졌다. 코로나19 때문이다. 그사이 계절은 세 번이나 바뀌었다. 쉽게 다니지 못하니 바뀌는 것을 충분히 느낄 기회도 마음의 여유도 쉽지 않다. 덕분이라고 해야 할까? 사람들 활동이 뜸해진 만큼 자연이 회복되었다는 소식들이 많아졌다. 공기가 깨끗해지고, 물이 맑아지니, 돌아오고 많아진 생명들이 생겼다. 멀리서 찾을 것도 없다. 교실에 앉아만 있어도 새소리가 많아진 것을 알겠다. 처음 듣는 새소리도 많다. 우리 아이들이 이런 자연의 변화를 알아채고 느낄 수 있으면 좋겠다. 생태적 감수성이 높아지면 좋겠다. 높아지면, 그만큼 자연을 소중히 하는 마음도 커질 것이다. 자연 뿐만 아니라, 생태적 감수성은 다른 사람과의 관계에도 긍정적인 영향을 줄 수 있다. 사람도 자연이니까.

우리 학교는 오봉산 아래에 위치해 있다. 오봉산은 봉우리가 다섯 개라 오봉산이라는데, 막상 오르면 잘 구분되지는 않는 것 같다. 상관없다. 생태적 감수성을 키우기에 좋은 환경이다. 그래서 아이들과 해마다 몇 번씩 오봉산에 오르곤 한다. 배우기 위해서도 가고, 놀고 쉬기 위해서도 간다. 산에 가면 학생들은 미처 몰랐다며 달라진 산의 변화에 놀라면서 탄성을 지를 때가 많다. 겨우 몇 발 떨어져 있을 뿐인데, 고개만 돌리면 늘 볼 수 있는 산인데도 말이다. 마음이 없으면 있어도 보이지 않고 보여도 보이지 않는 것이다. 교육이 필요한 이유라고 생각한다. 있다는 것을 알려주고, 눈여겨 볼 수 있는 기회를 주고 그래서 바로 알고 느낄 수 있도록 돕는 것. 이것이 우리가 생태교육에 힘쓰는 까닭이다.

하지만 올해는 오봉산에 갈 수 없다. 코로나 때문에 가는 것이 조심스럽기 때문이다. 괜찮다. 우리 학교에는 연못이 있다. 학교 밖이 아니라 아이들이 실망할까 싶었는데, 다행히 좋아했다. 할 수 없는 것들이 많다 보니 교실만 벗어나도 좋은가 보다. 게다가 코앞에 두고도 모르는 것이 많아, 배우고 느낄 것도 충분했다. 비오톱 탐험대! 습지 교육을 한 것이다.

비오톱(Biotop)은 야생생물이 서식하고 이동하는 데 도움이 되는 생물 서식공간이다. 그리스 말이고, 생명을 뜻하는 비오스(Bios)와 영역을 뜻하는 토포스(Topos)가 합쳐진 말이다. 우리 학교 연못도 비오톱이다. 그것도 다양하고 많은 생명들이 살고있는 비오톱!

우리 학교 연못에는 어떤 생물이 살고 있을까? 생태계가 잘 형성되어 다양한 생물들이 살고 있을까? 뜰채로 연못물을 아이들과 함께 떠보았다. 놀라웠다. 개구리밥부터, 뒷다리가 나오기 시작하는 올챙이, 실잠자리 유충, 잠자리 유충 그리고 삼각산골조개까지 많은 생물 종이 뜰채 위에 나타났다. 특히, 삼각산골조개는 학교 연못에서 보기 힘든 생물이다. 아마도 오봉산에서 왔거나 연못을 만들 때 딸려 들어간 모양이다. 그렇게 귀한 삼각산골조개와 뜰채에 떠오른 다른 생물들을 연못물과 함께 통에 담았다. 그리고 연못 옆 정자에 앉아 아이들과 관찰했다. 실잠자리 유충을 손등에 올려놓고 보는 아이들 눈빛이 생동감 넘친다. 배 부분이 3부분으로 길게 갈라진 실잠자리 유충은 일반 잠자리 유충과 생김새가 많이 다르다. 올챙이의 뒷다리도 보고 수생식물인 부들도 만져보았다. 교실 밖 비오톱 생태수업은 아이들을 들뜨고 신나게 만든다.

아이들이 정자에 앉거나 배를 깔고 누워 관찰한 생물들을 비오톱 탐험대 관찰일지에 적고 있을 때였다. 정자 옆 나무에서 매미가 세차게 울음을 터트렸다. 어떤 녀석이 이리도 크게 울까? 보일까 싶었는데, 운 좋게 나무에 달라붙어 있던 매미를 찾았다. 그리고 잡았다. 가까이 가도 움직이지 않아 어렵지 않았다. 잠자리채로 잡은 적은 있지만, 직접 손으로 잡은 것은 처음이다. 엄지와 집게손가락 사이에서 힘차게 배를 수축하고 이완하며 생기는 진동이 생각보다 강해서 놀랐다. 옆에서 지켜보는 아이들도 그런 모양이다. 직접 겪지 않으면 알 수도 느낄수도 없는 것이다.

3학년 비오톱 탐험대는 코로나로 인해 수업을 많이 하지는 못했지만 적은 수업시간으로도 아이들의 배움은 강렬했다. 학교에 연못이 없었다면 어려웠을 것이다. 이제 아이들은 연못을 그냥 지나치지 않는다. 아이들이 2년을 넘게 다니며 보았던 연못이지만, 이제 연못은 완전히 새롭다. 그래서 연못에 달라진 것이 있다면 알아차리고 나에게 알려주기 바쁘다. 왜 그런지 알고 싶어 궁금한 것도 많다. 그렇게, 생태적 감수성이 높아진 것이다. 뿐만 아니다. 누가 돌이라도 던질까 걱정도 한다. 혹시나 만났던 생물들이 다칠까봐. 자연의 변화에 민감해진 것뿐만 아니라, 존중하고 보호도 하게 된 것이다. 바로 생태적 감수성이, 생태교육이 중요한 까닭이다. 그래서 두 번, 세 번… 비오톱 탐험대가 계속되면 좋겠다. 코로나19가 빨리 안정되면 좋겠다.

〈우리 학교 연못〉

〈연못 속 생물 관찰〉

〈정자에서 관찰일지 기록〉

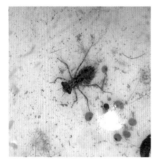

〈잠자리 유충〉

〈올챙이〉

〈매미〉

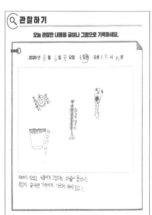

〈비오톱 탐험대 관찰일지〉

아이의 생명력이 살아나는 오봉산 산책

오수진
교 사

우리 학교 아이들은 오봉산과 친하다. 학교 교육과정에 오봉산과 관련된 활동이 포함되어 있기 때문이다. 1학년 아이들을 맡은 2년 동안 오봉산 산책을 주기적으로 하였고 자연 공간에서 보낸 아이들의 시간과 경험은 매우 교육적이다. 자연과 어울리는 아이들의 모습은 무척 자유로웠고 우리는 오봉산 산책길을 부분 구간으로 나누어 이름을 지어 걸었다. 그

〈 오봉산 산책길 〉

길을 아이들과 함께 걸으며 관찰하고 경험한 것을 들려주고자 한다.

학교길을 나서며

교실에서 아침시를 읊는다. 오봉산에 가는 날에는 목소리가 더 크다. 더운 여름날에는 모기약도 뿌려야 하고, 물통과 모자도 챙겨야 해서 교실을 나서는 아이들의 모습은 매우 분주하다. 잘 다녀오라는 지킴이 선생님의 배웅 인사를 받으며 교문을 나와 장미넝쿨 학교 담장과 이팝나무 가로수길을 양옆에 두고 아이들이 졸졸졸 따라온다. 가벼운 몸으로 폴짝폴짝 뛰는 듯 걷는 아이들은 어느새 주변 환경에 시선을 빼앗겨 어느새 무리에서 벗어나기도 한다.

몸과 마음을 깨우고

오봉산 초입은 진달래길이다. 아이들은 좁은 진달래길을 한 줄로 걸으면서도 땅바닥에 떨어진 다양한 자연물을 발견하고 도토리 열매나 이름 모를 씨앗을 줍는다. 모든 게 신기하고 소중한지 집에 가져가서 엄마에게 보여주고 싶어하기도 한다. 진달래길 다음에는 소나무길이 넓게 펼쳐진다. 넓은 장소는 아이들의 긴장을 풀고 마음과 몸을 열리게 하는지 긴 줄은 흐트러지고 자유로워진다. 힘들다고 외치기도 하는데 그럴 때면 호랑이걸음이라 하여 빠르게 첫 번째 언덕에 오르도록 유도한다. 그 순간을 잊고 슬슬 늘어지는 몸을 깨우기 위함이다. 언덕에 오르면 둥그렇게 서서 아침 시를 다시 읊고 노래를 부르기도 한다. 우리의 소리를 듣는지 까치, 직박구리도 시끄럽게 자기 소리를 낸다. 가끔 뻐꾸기나 보기 드문 새를 만나기도 한다.

앗! 고난의 길

계단길이 나온다. 이 길의 이름을 '고난의 길'이다. 오르기 전에 아이들은 숨을 고르고 다짐을 하듯 숨을 크게 쉬고 오른다. 계속 계단을 힘차게 밟고 올라가야 한다. 힘이 들기도 하지만 인내가 필요한 곳이다. 끝날 듯 끝나지 않은 계단길이 아이들에게는 힘든 고난의 길이다. 힘들다고 피할 수 없으니 맞서서 가야 한다. 지친 아이들은 내적 갈등이 생긴다. 도와주는 사람은 오직 옆의 친구들 뿐, 친구들은 '할 수 있어', '거의 다 왔어', '힘내' 하고 응원한다. '고난을 피하면 다음에는 하기 힘들어' 라고 어른스럽게 말하기도 하고, 친구의 손을 잡고 끌어

〈다왔다〉

당기고 물을 건네기도 하며 힘을 북돋아준다. 1봉에 거의 오르면 먼저 온 아이가 손을 잡고 당겨준다. 누군가를 돕고자 하는 아이들의 선한 마음이 참 아름답다.

1봉에 오르면 아이들은 얼굴이 빨갛게 달아오르고 숨이 차서 헉헉거린다. 힘이 소진된 아이들은 의자에 축 늘어져 있다. 벌컥벌컥 물을 마시며 숨을 몰아쉬고, 옆에서 물을 얻어 마시려고 애잔한 눈길을 보내는 아이도 있다. 주변의 경치를 보겠다고 울타리에 올라서서 먼 곳을 바라보기도 하고 정자 아래로 내려가 뛰어다니며 탐색하는 등 저마다 참 다르고 다양하다.

자신의 힘으로 혼자 걷는 침묵의 길

이제 내리막길이다. 땅바닥을 보지 않으면 나무뿌리나 돌부리에 걸릴 수 있다. 미끄러지면 박혀있는 돌덩어리에 무릎이 깨질 수 있다. 이 길은 침묵의 길. 여기부터는 온전히 자신의 팔과 다리, 손과 발에 힘을 주어 자신의 안전을 지키며 내려가야 한다. 무서워하는 친구는 부축하며 내려가겠다고 하지만 친구를 잡아주다가 함께 넘어지면 더 다칠 수 있다. 혼자서 감당하며 걷기에 말보다는 침묵이 필요하고 자기 자신에게 집중하는 것이 필요하다. 아이들은 밧줄을 잡거나 나무 몸뚱이를 잡고 치열하게 조심조심 내려온다. 몸 움직임이 유연하고 씩씩한 아이들 중에 안전하다고 느껴지면 어느새 냅다 달리다 넘어지기도 하지만 아프다고 울 수는 없다. 표정은 아파 보이는데 애써 감추며 아프지 않다고 한다. 오히려 괜찮다며 나를 안심시킨다.

명상의 길을 지나면 우리 세상이야

이제 약수터 방향으로 걷는다. 키 큰 나무들이 울창해서 그늘이 지고 바닥에 깔린 풍성한 나뭇잎으로 숲의 냄새가 난다. 지금까지 걸었던 길과는 분위기가 다른 숲길이다. 이 길의 끝에는 약수터와 나무 놀이터가 있어서 아이들이 매우 좋아하는 곳이다. 어서 달려가서 놀이터에서 놀고 싶은 마음에 급하게 달려가다 꽈당하는 길이다. 나무의 소리, 새소리를 들으며 마음을 가라앉히고 명상하며 걷자고 한다. 아이들은 나무 둥치에 생겨난 버섯, 나무 몸뚱이에 구멍이 생겨서 물이 차 있는 것을 만지며 여기저기를 흘끔거린다. 그러다 멀리 아이들의 노는 모습이 보이면 놀이터를 향해 빠르게 걷다가 달린다.

놀이터에 도착한 아이들은 밧줄을 잡고 높은 곳에 올라서서 선생님과 친구들을 부른다. 풀숲의 은밀한 곳을 궁금해하고 땅바닥에 떨어진 것들을 자세히 관찰한다. 막대기를 주워서 부딪히며 놀고 작은 생물을 만나면 꺄르르 웃는다. 힘이 빠진 아이들은 팔다리를 늘어뜨리고 숨을 고르고 있다. 약수터에 가서 물을 마시고 물통에 물도 담아온다. 이곳은 아이들의 힘이 발산되는 곳이다. 놀이 기구에 몰려 있으면 위험해 보이지만 아이들은 좁은 곳을 잘도 지나다니며 자기 자리를 찾아서 앉고 스스로를 지킨다. 순서를 기다리지 않고 이용하면 다투기도 하지만 필요한 배움의 과정이다.

오봉산의 의미

오봉산은 아이들의 몸과 마음을 조화롭게 해준다. 몸을 활발히 움직여야지 마음도 자라고 머리도 자란다. 몸의 움직임으로 아이들의 생명력은 작동되고 다양한 감각이 살아난다. 아이들의 놀이 공간과 놀이재료는 지극히 자연적이면서 모험심과 상상력을 자극할 수 있어야 한다. 안전이 보장된 위험한 상황을 경험하는 것도 좋다. 아이가 적절한 위험을 감수하고 도전을 했을 때 그 성취감과 기쁨이 매우 크다.

오봉산은 아이들의 몸과 마음을 치유해준다. 어른들이 자란 환경과 지금 아이들의 환경은 무척 다르다. 땅을 밟고 우거진 수풀을 만나고 밤낮 가리지 않고 지저귀는 새가 있는 자연적인 공간이 너무나 많이 사라졌다. 지금의 어른들은 그런 자연 공간에서 뛰어놀았기에 그때의 어른들에게 받은 상처와 손상된 감각들을 다시 살릴 수 있었을 것이다. 그러나 우리 아이들은 공원과 아파트 조경으로 자연을 만난다. 또는 산과 바다, 외곽으로 가야지만 자연을 만날 수 있다고 생각하지 않을까? 오봉산이 없는 우리 학교, 우리 마을의 모습을 상상해보자. 교실 창밖으로 보이는 것이 하늘을 가리는 높은 아파트거나 화려한 간판이 있는 상가건물이라면 아이의 마음과 생각은 어떤 빛깔로 채워질까.

어쩌면 오봉산은 우리 아이들과 학교와 마을을 돌보고 있는지도 모르겠다.

〈 숲속 놀이터 〉

삶 속에서 온몸으로 배우는
발도르프를 적용한 1학년 교육

이은숙
교 사

무엇을 어떻게 바라보아야 하는가?

20여년의 교육 경력에서 반 이상 1학년 아이들을 가르쳤다. 아이들에게 "너희는 이제 유치원생이 아니고 어엿한 초등학생이야" 라고 말하면서 책상에 가만히 앉아 있기를 암묵적으로 강조했고 지금에야 그것은 일종의 폭력이었음을 느꼈다. 1학년 아이들과 지내 온 10년의 세월 중 7년은 아이들을 바라보지 않고 교육과정이라는 것에 함몰되어 교과서만 바라본 세월이었다.

왜 아이들이 가만히 앉아 있지 않는지, 왜 글씨를 또박또박 쓰지 않는지, 왜 교과 내용을 따라오지 못하는지, 아이들을 위해 좀 더 재미있게 수업을 준비해도 왜 몰입하지 않는지, 과잉행동과 문제행동을 하는 몇몇 아이에 대해서도 교사의 문제가 아닌 '요즘 아이들은 점점 이상해, 가정에서 제대로 교육이 안 돼서 그래' 등 외부적 요인에 탓을 돌렸다.

그렇게 지쳐가며 1학년을 맡는 것이 부담이 되기 시작했고 '무엇이 문제일까?'라는 근본적인 물음을 던질 수밖에 없었다. 과연 나는 '아이들을 제대로 보려고 했던 적이 있는가?'라는 질문에 교육학적으로 '1학년은 구체적 조작기의 아이들이니까 교과서를 재구성해서 활동 위주의 수업을 하면 될 거야'라는 막연한 생각만 했고, 아이들을 무언가를 집어넣어 가르쳐야 하는 대상으로만 생각했다. 그러면서 1학년 아이들을 어떻게 바라보아야 하는지, 교육과정을 표현한 교과서를 어떻게 바라보아야 하는지, 더 나아가서 가장 중요한 것은 사람에 대한 이해를 제대로 해나가고 있는지 반성의 시간이 되었고 그러한 반성이 발도르프 교육을 만나는 지점을 만들어 주었다.

이런 고민을 갖고 있는 동안에 루돌프 슈타이너(1861~1925)에 의해 시작된 발도르프교육을 만났다. 우리 아이도 발도르프 어린이집을 보내며 발도르프 교육에 공감했었지만 공교육에서는 적용이 힘들다며 미뤄놓았는데, 돌고 돌아 교육의 근본적인 물음 앞에서 발도르프 교육을 공교육에 맞게 적용해 보고 싶다는 생각에 공부하기 시작했다. 발도르프교육에 의하면 인간 본연의 특성을 알고 그에 맞게 교육과정을 재구성하는 노력이야말로 진정한 인간 교육의 시작이라고 한다. 발달단계에 따른 교육을 통해 아이들의 발달과 성장에 도움이 되어야 한다는 점에 동의하며 아이들의 발달단계를 구체적으로 공부해야 함을 느꼈다.

1학년 아이들은 어떤 특성을 가지고 있는가?

슈타이너에 의하면 0~7세는 태어날 때 가지고 있는 신체를 발달시키는 시기, 8~14세는 감정이 두드러지게 발달하는 시기, 15~21세는 추상적 사고가 가능한 사고의 영역이 발달하는 시기라고 한다. 발달론에서 가장 중요한 것 가운데 하나가 나이별 특성이다. 그러므로 8~14세에 해당하는 초등학교 시기는 신체 발달을 중심으로 아이들에게 내재되어 있는 아름다움과 선함을 끌어내어 발달시켜 주는 교육이어야 한다.

1학년 아이들의 주요 특성

- 7세부터 이갈이가 시작되고 8세에 본격적으로 이갈이를 한다. 이갈이 상태는 몸과 마음을 어느 정도 만들어 가고 있다는 것이며 읽기, 쓰기, 셈하기를 할 수 있는 준비단계를 의미한다.
- 척추는 s자형을 유지하고 있어서 딱딱한 의자에 앉아서 공부하는 것이 힘들므로 자유롭게 앉고 누울 수 있는 맨발 교실이 유용하며 의자에 바른 자세로 앉지 않는다고 바른 자세를 강요하는 것은 1학년 아이들에게 고통이다.
- 1학년 아이들은 세상에 대한 경외감을 가지고 있는 시기이다. 자신들이 경험하는 모든 것들을 아름답게 느끼고 받아들이므로 영혼 없는 지식이나 개념을 주입하는 것이 아니라 수업을 예술로 생각하며 아름다움을 더 발달시킬 수 있도록 해야 한다. 이때 필요한 것은 배려와 기다림으로 아이들이 안정감 있게 배울 수 있도록 지원해야 한다.
- 1학년 아이들은 감정적으로 주변 세계와 하나라고 생각하여 자신의 주변과 자아를 연결하며 주변의 식물, 동물, 돌 등에 대해 알게 되고 이해하게 된다. 그러다 보니 아이들은 본능적으로 주위 사람들의 행동이나 말을 그대로 따라 하기(모방)를 좋아한다. 그러므로 담임교사의 행동이나 글씨, 그림 등이 중요하며 지시보다는 그대로 따라하는 교육 방법이 필요하다.
- 이 시기의 아이들은 자신의 생각과 감정을 의식하지 않고 직관적으로 말한다. 집에서 있었던 부모님들

의 이야기를 정직하게 곧이곧대로 이야기한다. 지적인 생각이나 개념을 표현하지 않기 때문에 지적인 설명보다 자세히 풀어서 이야기해 주어야 한다.

■ 1학년 아이들은 자신의 주변에서 일어나는 모든 것을 감각을 통해 받아들이기 때문에 행동에 의한 학습을 중심으로 여러 가지 감각 활동을 할 수 있는 기회를 제공해야 한다. 단순히 머리로만 배우는 것이 아니라 여러 가지 리듬 활동, 움직임 교육, 균형 놀이, 말놀이 등과 같이 온몸으로 배우고 익히는 내용으로 수업을 구성해 감각을 깨워줘야 한다.

■ 1학년 아이들은 감정이 발달하는 단계로 유아기의 아동처럼 환타지의 세계에 머물러 있다. 그러므로 상상력을 통해 세상을 인식하고 느끼고 배워 나가도록 해야 한다. 또한 그림적 사고를 하기때문에 풍부한 이야기와 아름다운 그림을 보여주며 개념을 익히도록 해야 한다.

■ 이 시기의 아이들은 소근육 발달이 진행 중이므로 이에 대한 교육활동이 필요하며 미세한 손 근육을 발달시키기 위해 수공예 활동을 통해 의지와 미적 감각을 키워줘야 한다.

《아이들이 살아있는 교육과정, 김용근, 물병자리》참고

무엇을 어떻게 가르쳐야 하는가?

1학년 교육과정은 가장 중요하고 우선시되는 '글자'와 '숫자'를 중심으로 교육과정이 편성되어 있다. 1학년 아이들의 발달 특성을 구체적으로 이해하게 되면서, 그 바탕 위에서 한글 교육과 수 교육이 어떻게 이루어져야 하는지 고민하게 되었다. 이때 가장 많이 들었던 생각이 '나는 한글을 어떻게 배웠지?' 하는 물음이었고 교대에서 한글을 어떻게 가르치라고 교육받지 못했다는 생각에 동학년 선생님들, 뜻을 같이 하는 주변 학교의 선생님들과 함께 모여 한글이 어떻게 만들어졌고, 1학년 아이들이 어떻게 배우는 것이 효과적인지를 공부하게 되었다. 그런 고민으로 여러 가지 자료를 찾으니 이미 발도르프 학교에서 아이들의 발달에 맞게 글자 교육과 수 교육이 이루어지고 있었고, 아이들의 발달에 맞는 감각 교육이 이루어지고 있었다. 하지만 발도르프 학교에서 이루어지는 교육이 아무리 좋아도 공교육의 학교 현실에 맞게 적용하기 위해 머리를 맞대고 고민할 수밖에 없었다. 개념 위주의 교과서를 버리고 아이들과 한글 책과 수이야기 책을 만들어가며 아이들의 삶 속에서 온몸으로 배울 수 있는 방법을 더 연구하고 적용하고자 노력하게 되었다. 대부분의 한글과 수 수업은 몸 깨우기-이야기 듣기-그림 그리기-다양한 감각 활동을 통해 몸으로 익히기-옛날이야기 듣기의 과정으로 이루어졌다.

글자 교육과 수 교육을 중심으로 우리 학교에서 이루어지고 있는 발도르프 교육을 적용한 1학년 교육과

정을 좀 더 구체적으로 소개하고자 한다.

선 그리며 놀자 (형태 그리기)

인간의 머리는 형태를 관찰하고 규칙을 찾고 방향을 찾는다. 하나의 형태를 보면서 어디서 방향이 바뀌고 어디서 구부러지는지 머릿속으로 판단하고 생각한다. 형태 안에서는 어떤 느낌이 있다. 직선은 긴장 수축하는 느낌을, 곡선은 이완의 느낌을 갖는다. 의지하기는 손과 발, 사지에서 일어난다. 움직임을 따라 손으로, 발로, 몸 전체로 움직인다. 움직임에는 의지가 필요하다. 아이들은 형태 그리기를 통해 생각하기, 느끼기, 의지하기의 세 가지 활동을 발전시켜 나갈 수 있다. 입학 초기 활동으로 형태 그리기 주제 활동을 한다. 형태 그리기는 단순히 선을 그리는 것을 가르치는 것이 아니라 글자나 숫자 교육으로 넘어가는 시작이기도 하며 아이들의 감각을 깨우는 중요한 활동이다. 온몸을 움직이며 하는 활동을 통하여 신체의 균형감과 운동 감각을 발달시키고 몸으로 충분히 느낀 후 형태 그리기 공책에 그리게 되는데 신체를 이용한 감각 활동이 선을 그리는 것에 도움을 준다.

〈달팽이선 따라 걷기〉 〈카프라로 달팽이선 만들기〉 〈칠판과 공책에 달팽이선 그리기〉

우리 말 한글 여행

글자는 추상으로 된 형태이기 때문에 우리 아이들에게 글자를 개념이 아닌 1학년의 나이에 맞게 가르칠 수 있는 방법은 무엇일까? 우리는 머리로만 한글을 배우는데 그치지 않고, 문자가 형성된 과정을 경험을 통해 배우면서 세상과 연결되고 세상에 대한 관심을 갖기를 바란다. 훈민정음 창제원리와 언어 발달과 문자 교육의 원리를 적용한 한글 교육을 하고자 한다. 한글은 소리글이다. 소리가 몸의 어딘가에 부딪혀 일정한 울림이 일어나는 과정을 느껴보고 그것이 눈에 보이는 문자로 쓰이는 과정을 수업 시간에 경험해보도록 한다. 형태로서 문자를 쓰기 전에 몸으로 표현해 보고, 글자 하나를 이야기와 그림으로 녹여내어 들려주고, 여러 가지 사물 속에서 발견해보는 활동을 통해 감각적으로 체험해볼 수 있도록 한다. 그 다음 그

〈이야기 듣고
교사의 글자 칠판 그림 보기〉　　〈몸으로 글자 익히기〉　　〈선생님 그림을 참고해
한글공책에 형상화하기〉

소리가 들어간 많은 낱말들을 찾아보고 서로 발표하는 과정을 통하여 어휘를 늘리고, 발표력도 기른다. 그림적 사고를 하는 1학년에게 이야기를 통해 상상을 하고 그림으로 낱자를 직감적으로 느낄 수 있어서 한글을 잘 하는 아이나 못 하는 아이나 모두 즐겁게 참여하는 모습을 볼 수 있었다.

온몸으로 배우는 수학

기계적인 방식의 암산과 문제 풀이 과정에 중점을 둔 수학 학습을 하다 보니 아이들은 단순히 양적인 방식으로만 수학을 접근하게 된다. 아이들이 수학을 좋아하기 위해서는 수학이 실제 생활과 밀접한, 수학 속에 세상에 대한 경이로움이 들어있음을 가지도록 하는 것이 필요하다. 아이들이 자연과 내 몸속에 숨어있는 수를 찾아가며 수 특성을 느끼게 하는 수업을 통해 수학 시간이 호기심과 상상이 가득한 흥미로운 시간임을 느껴야 수학은 재미있는 학문이라고 느낄 수 있다. 신체 리듬 활동을 통해 온몸으로 수를 알아가고 그림을 이용한 숫자 익히기와 관련된 옛날이야기를 들려줌으로 또 다른 상상력을 자극할 수 있다. 한 학기 동안 충분히 숫자 공부를 한 후, 덧셈과 뺄셈을 공부하도록 한다. 또한 구체적 조작물인 도토리,

〈교사의 수이야기와
그림을 통해 숫자 알기〉　　〈여러 도구를 이용해
수 감각 기르기〉　　〈수공책에 자신의
수 이야기를 표현하기〉

〈습식수채화〉

〈흙을 이용한 조형수업〉

〈손을 이용한 수공예 수업〉

메타세콰이어 열매, 마로니에 열매, 편백나무조각 등의 자연물을 이용해 수를 가르고 모으는 활동, 묶어 세기의 과정을 손으로 직접 만지며 경험하는 과정을 통해 단순히 수학이 계산하는 학문이 아닌 사고, 느낌, 의지의 과정이 총체적으로 연결된 것임을 자연스럽게 느낄 수 있다.

아름다움을 느끼는 예술 교육

1-2학년은 그리고 색칠하고 오리고 붙이는 활동이 많이 이루어진다. 미적 감각이 좋은 몇몇 아이들을 제외하고는 대부분의 아이들이 흰 도화지의 구석에 작게 뼈만 있는 사람으로 그림을 그리며 스트레스를 받는 것이 현실이다. 하얀 도화지 앞에서 점점 작아져만 가는 아이들이 아닌 색이 젖은 도화지로 자연스럽게 스며드는 것을 보며 그림 속에서 아름다움을 느낄 수 있는 습식 수채화를 경험할 수 있도록 한다. 또한 흙을 만지며 자연스럽게 손의 감각을 깨우며 형태가 없는 흙이 아름다운 조형으로 변해가는 모습을 보며 내면의 미적 감각을 불러일으키는 기회를 주고자 한다. 그리고 1학년이 여물어지는 가을쯤부터 수공예를 하면서 사고하기, 의지하기, 느끼기 감각을 키울 수 있도록 하며 아름다운 색의 조화를 통해 색감을 발달시키고 훈련시킬 수 있는 계기를 마련하고자 한다. 손을 많이 사용하는 경험과 다양한 색채를 느끼는 수업을 통해 정서적으로 편해질 뿐 아니라 수공예와 같은 길고 어려운 과정을 해내며 의지가 키워지는 것을 볼 수 있었다.

발도르프 교육을 공부하고 적용하며

발도르프 교육을 접하며 교사로서 삶의 전환점을 맞았다. 아이를 가르쳐야 하는 대상이 아닌 아이들이 가지고 태어나는 잠재력을 끌어내어 줄 수 있는 사람이 교사여야 한다는 믿음이 생기는 계기를 마련해 주었으며, 교사는 그럴 수 있는 존재라는 것을 느끼게 됨으로서 교사로서의 자부심을 느낄 수 있게 되었다. 특히 아이들을 더 자세히 들여다보고, 더 크게는 인간에 대한 공부가 바탕이 된 교육이 아닌 것은 거짓일 수 있다는 생각이 들며, 우리 교육의 문제점과 교육과정에 매몰되어 교과서에 매달리고 있는 교육 현실이 아이들의 진정한 발달을 도울 수 없음을 느끼게 되었다. 교사 그 자체가 그리고 협력하며 같이 공부하는 교사 모임의 여러 가지 내용들이 살아있는 교육과정임을 느끼는 중요한 계기가 되었다.

우리 반 아이들에게 학교에 처음 들어왔는데 학교를 생각하면 어떤 느낌이 드는지 물어본다. 아이들의 대답은 학교는 유치원과 다른 곳이어서 학교에 오기 전에는 두렵고 무서운 곳이라고 생각했는데, 선생님과 공부를 하는 것이 유치원 때보다 재미있고 학교에 오면 즐거운 활동을 많이 해서 매일 오고 싶다는 이야기를 했다.

우리 학교 1학년 아이들이 학교를 긍정적으로 생각할 수 있었던 이유는 맨발 교실의 편안함, 계절 탁자와 계절 그림을 통해 계절을 자연스럽게 느끼며 교실은 따뜻한 곳이라는 것을 느꼈기 때문이다. 학교라는 물리적 환경이 아이들을 위해 편안한 곳으로 바뀌어야 하지 않을까 하는 생각을 하며 공간의 중요성을 느끼기도 했다. 또한 딱딱한 의자에 앉아 하루를 시작하는 것이 아닌 아름다운 시와 노래를 매일 부르며 원을 만들어 서로를 마주 보고 몸을 깨우는 여러 가지 감각 활동을 통해 심리적 안정감을 느끼고 정서적으로도 풍요로워지는 것을 학부모님들의 반응과 아이들의 반응을 보며 느끼는 순간이 교사로서 제일 행복한 시간이었다.

발도르프 한글 학습과 수 교육을 하며 문자와 수를 놀이처럼 자연스럽게 배우면서 선행학습이 이루어진 아이들이나 그렇지 못한 아이들이 실력의 차이를 느끼지 않고 자신의 생각과 느낌을 이야기하는 모습에서 자신감이 향상되는 모습도 볼 수 있었고, 옛이야기와 여러 가지 다양한 이야기를 폭 빠져서 듣는 모습을 보며 듣기 능력이 발달하고 그것은 곧 다른 사람에 대한 배려와 정서적 안정감으로 이어져 편안한 분위기의 교실을 일 년 내내 유지할 수 있었다.

또한 자신의 삶과 주변의 자연에서 연관된 다양한 질문을 통해 '공부'라는 것이 나와 떨어진 별개의 것이 아니라 나를 표현하는 하나의 방법임을 느껴서인지 자신의 생각과 느낌 감정을 자연스럽게 표현하는 모습이 '살아있는 아이들'을 만날 수 있는 기쁨으로 다가왔다. 이런 아이들의 모습을 통해 교사로서 배우고 성장하는 계기가 되었다.

배움은 교사가 아이들에게 행해지는 일방적인 것이 아닌 교사로 아이들의 변화와 성장을 위해 끊임없이 생각하게 하므로 아이들로 인해 교사도 아이들과 더불어 배움이 일어나는 과정의 연속이었다. 즉, 배움은 학생과 교사가 서로를 마주 보며 배워나가고 발전하는 모습이라는 것을 느끼며 행복했다.

여기저기서 4차 혁명을 이야기하는 시대에 살고 있는 지금, 21세기 대안교육으로 유네스코에서 100여 년 전의 발도르프 교육을 선정한 이유를 생각해 보게 된다. 컴퓨터가 더 많은 지식을 알고 있는 요즘, 우리의 교육은 아직도 그 지식을 전수하는 것에 초점이 맞춰져 있지 않은지 반성하고, 초등학교 때만은 아이들의 발달을 고려해 지식 위주의 사고 중심의 교육보다는 감정, 느낌, 의지를 키울 수 있는 교육이 이루어져야 함을 발도르프 교육을 적용하며 교실 속에서 변화된 아이들의 모습을 보며 그 이유를 찾을 수 있었다. 발도르프 교육은 아이의 영혼과 정신, 육체가 조화롭게 성장하는 교육임을 실천을 통해 느꼈고 좀 더 깊은 공부로 교사 자신을 스스로 성찰할 수 있는 계기를 제공하는 교육임을 확신한다.

인천형 혁신학교 1호인 '도림초등학교'가 나아가야 할 방향도 발도르프 교육을 접하며 1학년 만이 아닌 전 학년이 아이들의 발달에 맞는 교육과정이 이루어지고 있는지 점검하고, 교과서를 이용해 교육과정만을 재구성하는 것이 아닌 아이들을 위해 진짜 필요한 교육과정이 무엇인지 큰 얼개를 가지고 점검해야 하는 시기가 아닌가 하는 고민을 던져 주었다.

'우선 교사가 먼저 깨어나야 한다. 그리고 다음에 그 교사가 아이들과 어린 인간들을 깨워야 한다'라는 슈타이너의 말처럼 교사는 항상 아이들을 향해 나 자신을 깨우는 과정 속에 나의 성장이 함께 이루어짐을 느낀다. 여러 교사들이 영감이 있는 발도르프 교육을 접했으면 하는 바람을 담아본다.

우리들의 목공 수업
벤치만들기

조하나
교 사

목공 수업(벤치만들기)을 떠올리면 나는 이상하게도 비 내리는 가을에 팔랑거리며 떨어지는 은행잎이 생각난다. 목공 수업을 할 때 밖에서는 은행잎이 바람에 날렸는지 어땠는지는 모르겠다. 그러나 마무리된 벤치의 색깔이 짙은 은행잎 색깔과 닮아 있어서 나는 지금도 "우리들의 벤치=은행잎"으로 남아있다.

항상 배움이 녹아 있는 교육 현장에서 나는 이 글에서도 배움이 일어난다고 쓰고 싶지는 않다. 그냥 재미있게, 다 같이 모여 뚝딱뚝딱 즐거운 기억을 또 하나 남겼다.

목공 수업 전 협의 내용

11월에 나무공방 선생님과 함께 목공 수업을 진행하기로 하고 사전 협의를 가졌다. 공방 선생님은 우리 학교 목공 동아리 선생님으로 교사들의 열정(만) 가득한 의지와 욕심 (예를 들어 아이들이 각자 나무를 직접 톱질을 해 보는 것은 어떨까? 벤치를 만들고 시간이 남으면 각자 소품을 하나씩 만들 수 있게 하자 등)을 깨닫게 해주셨고 아이들에게 실현 가능한 수준의 활동을 안내해 주셨다. 어학실에서 활용할 수 있는 1인용 의자를 만들기로 했던 우리의 계획은 아이들이 함께 앉아 수다를 떨 수 있고 친구나 형제자매를 기다릴 수 있는 벤치 만들기로 변경되었다.

아이들에게 벤치 만들기 활동에 대하여 안내를 하고 5인 1모둠으로 모둠당 1개의 벤치를 만들기로 했다. 반별로는 5개씩, 6학년에서 25개의 벤치를 만들기로 하고 실과 수업으로 3시간을 배정하였다.

드디어 목공 수업을 하는 날!

1층 행정실 옆 여유 공간에서 목공 수업을 하였다. 재단된 각목들이 놓인 탁자와 공구들, 못이 담긴 통이 공방 선생님과 함께 우리를 맞이했다. 아이들은 각자 안전 장갑을 끼고 선생님의 설명을 들었다. 탁자 위에 각목 놓고 치수 재는 법, 재단된 각목의 위치를 잡는 법, 각목끼리 연결하는 법, 전동 드릴을 비롯한 클램프와 공구 사용법 등 설명을 듣는 내내 아이들의 표정은 사뭇 진지했다.

설명이 끝나고 모둠별로 자리를 잡았다. 벤치의 다리를 먼저 맞추어 못질을 하고, 몸통(앉는 부분)을 연결하는데 한 명은 각을 맞추고 다른 두 명은 틀어지지 않게 다리 부분을 잡고 또 다른 친구는 못을 박으며 아이들이 웃고 떠들고 소리 지르다가 갑자기 와~ 이렇게 하면 되는 거네~! 라고 감탄하였다. 드릴 사용이 서투른 아이들은 '이거 왜 안 되지?' 이러다가도 옆 친구가 '야~ 야~ 내가 할게. 너 나와 봐.'하면 '아니야~ 내가 할 수 있어.'라며 끈기를 보였다. 목공 동아리 활동으로 공구 다루는 것이 조금 더 익숙한 아이들은 '내가 가르쳐줄게'라며 시범을 보인 뒤 드릴이 틀어지지 않게 뒤에서 잡아주었다.

〈의자만들기〉

나는 모둠을 둘러보며 작업 경과를 살펴보고 아이들 사진을 찍어 주다가 옆에 있던 아이가 잘 안 된다고 하기에 만만하게 여기며 '에잇~내가 한번 해 보마'하고 나섰다. 그러나 손목 전체에 울리는 진동과 드릴의 무게에 나 역시도 못 하나 반듯하게 박지 못했다. 옆에 야무진 친구가 내 드릴을 넘겨받아 깔끔하게 마무리했다. '못 하나 박는 것도 수월하지 않구나. 이렇게 똑바로 못이 들어가다니 대단하다' 내 못을 마무리한 친구의 어깨가 으쓱해졌다.
서늘한 날씨에도 몇몇 아이들의 얼굴
에 땀이 송송 맺혔다. 그래도 아이들
은 눈을 못에 고정한 채 마치 목공의
신이 재림한 듯한 손놀림으로 공구를
다루며 한 치의 틀어짐
도 없이 각목을 연결했
고, 온몸으로 전문가의
포스를 풍기며 벤치를
완성해나갔다. 솔직히
나는 그 아이들에게 반
하고 말았다. 목공의 재
미를 알아가는 그 아이
들이 멋지고 부러웠다.

물론 모든 아이들이 목
공 수업에 적극적이었던 것은 아니다.
하지만 대다수가 생소한 공구를 안전
하게 잘 다뤘고 노란색 염료로 벤치를
물들이며 함께 만든 친구들 이름과 자
기 이름을 나란히 써넣었다. 이 노란
벤치에는 아이들 손길이 안 닿은 곳이
없다. 만드는 동안의 즐거운 기억도
깔려있다.

〈 우리가 만드는 의자 〉

우리는 벤치를 복도에 두고 오고 가며 앉아서 쉬거나 수다를 떨 수 있는 용도로 잠깐 활용하고 학교에 기
증하기로 했다. 이후 벤치에 앉아서 쉬거나 수다를 떨거나 누군가를 기다리는 일은 후배들에게 맡기기로
하자. 중학생이 된 우리 6학년이 학교에 놀러 왔을 때 함께 만든 친구들이나 선생님은 없더라도 노랗게 물
든 벤치가 반겨주지 않을까?

놀이와 스포츠로 자라는 몸

다양한 놀이를 통해 재미를 더해가는 2학년 교육과정

조선희
교 사

나의 초등학교 시절을 돌아보면 방과 후 동네 당산나무 아래로 모여서 마을 아이들과 함께 다양한 놀이를 하면서 자랐다. 여름에는 느티나무 껍질을 벗겨서 침으로 다시 붙여놓고 그것을 찾는 놀이, 자치기, 사방치기, 총싸움 놀이, 달 밝은 밤에는 물이 없는 문행기에 앉아 노래자랑을 하고 잘하면 각자 가져온 고구마를 모아서 상품으로 주기도 하였다. 추운 겨울이 오면 핀치기, 고무줄놀이, 제기차기, 그리고 긴 겨울밤에는 친구 집에 모여서 고구마를 구워 먹으면서 돌아가며 옛날이야기를 하나씩 하며 놀곤 하였다.

그러나 현대에 와서는 우리가 느껴보지 못한 사회구조와 문화의 변화로 우리 아이들은 놀이와 점점 멀어져가고 있다. 그래서 학교에서는 놀이 교육이 필요하다. 동물의 왕국을 보면 어릴 때 잘 노는 새끼들이 훗날 사냥도 잘한다. 우리 아이들도 놀면서 건강하고 창의적이며 감성이 풍부한 더불어 사는 사람으로 성장할 수 있을 것이다. 우리 아이들이 2학년 과정을 행복하게 보내야 짧게는 3학년, 멀게는 성인이 되어서도 건강한 시민으로 행복한 삶을 살 수 있을 것이다. 그래서 2학년 교육과정에 계절에 맞는 다양한 놀이를 적용하였다. 그중에서 전래놀이와 책 놀이 그리고 생태 놀이에 대해 간단히 적어보겠다.

학부모와 교사의 교육공동체를 통한 전래놀이 교육

요즘 대부분 학교에서는 '아이들이 어떻게 하면 학교생활이 즐거워질까?'를 고민한다. 그래서 교육과정에 놀이라는 재미를 접목하게 되었다. 우리 학교에서도 혁신학교가 되면서 학부모들의 학교 활동이 점점 많아졌다. 그중 하나가 놀이 교육이다. 내가 자라던 그 시절의 좋았던 점을 우리 아이들에게도 체험하게 하고 싶어서 학부모놀이동아리부에 2학년 놀이 교육을 부탁하였다. 그랬더니 아주 즐거운 마음으로 허락을 해 주셔서 학부모 놀이 기부를 받기로 하였다.

학부모놀이동아리 기부를 처음 받기 시작한 것은 2017년도에 1학년은 중간 놀이를 통해 일주일에 3번 정도, 고학년 동아리활동 놀이부는 2주에 2시간을 꾸준히 받고 있었다. 어느 날 중간 놀이 시간에 운동장에서 즐겁게 학부모놀이동아리 기부에 참여하는 1학년 아이들을 보면서 '우리 2학년 아이들에게도 저런 즐거움을 줄 수 있었으면 좋겠다.'라는 생각이 들었다. 그래서 그해 9월부터 놀이가 낯선 고무줄놀이 6시간을 학부모놀이부에 부탁드렸다. 그랬더니 흔쾌히 하시겠다고 답을 주셨다. 그때부터 2학년도 학부모놀이부의 기부를 받기 시작하였다. 처음에는 학부모놀이부 선생님들의 수업 참여에 반발하는 학부모들이 아주 많았다. 그래서 학교 관리자분들도 학부모들이 놀이 수업에 참여하지 않았으면 하는 말씀도 간접적으로 하셨다. 하지만 아이들이 즐겨 참여하고 기다리는 놀이시간을 없애기에는 아쉬움이 아주 많이 남아 그만둘 수가 없었다.

2018년도와 2019년에는 동아리 활동 12시간을 다 학부모놀이동아리부와 교사가 함께하는 교육과정을 수립하여 학부모 기부 수업으로 재구성하였다. 해를 거듭날수록 학부모교사들의 수업 방법도 날로 발전하여 일반교사들 못지않은 실력을 갖추기 시작하였다. 놀이 시간을 좋아하는 아이들도 이 시간을 손꼽아 기다렸다. 이 활동은 시대의 흐름이 '교육은 학교에서 책임을 지는 것이

〈고무줄놀이〉

아니라 마을과 학교, 지방정부가 책임을 지고 서로 협력하며 실시해야 한다.'라는 기조로 마을교육공동체 활동이 활성화되고 있는 요즘 취지에도 아주 적절하다고 볼 수 있다.

책놀이를 통한 독서 교육 활성화

일반적으로 독서 교육은 책을 읽고 독후감이나 독후화를 쓰는 것으로 이해하고 있는 것이 대부분이라고 생각한다. 물론 독후감이나 독후화를 쓰는 것도 독서교육이다. 하지만 이와 같은 독서 교육은 쓰기를 싫어하는 요즘 아이들이 책읽기를 기피 하는 이유 중의 하나가 되었다. 그래서 2000년도 초반 학교도서관

사서교사들의 모임에서 어떻게 하면 아이들이 즐거운 독서를 할 수 있을까 고민한 결과 책 읽기에도 놀이처럼 재미를 덧붙이면 좋겠다는 생각을 하게 되었다. 그래서 책놀이라는 다양한 독서 관련 놀이가 나오게 되었다. 2017년 겨울방학 때 책놀이에 대한 연수를 받았다. 부족한 부분은 퇴근 후 부평으로 가서 책놀이 전문학습공동체 활동에서 배웠다. 뭔가를 배워야겠다는 선생님들의 열의와 함께하면서 많은 것을 얻을 수 있었다. 그래도 부족한 것은 배운 내용을 토대로 책을 사서 혼자 공부하면서 내용을 보완하여 2018학년도부터 책놀이를 2학년교육과정 수립에 적용하여 운영하였다.

2018년도에는 1년에 6권의 책을 선정하여 교육과정에 적용하였다. 한 학기에 3권씩 온책읽기를 하고 책빙고와 우물 안 키워드, 독서 말판 달리기, 테마틱, 마음이 통통, 찾았다, 감 잡았어 등 다양한 책놀이를 하였다. 처음에는 '2학년 아이들이 책놀이를 할 수 있을까?'라는 부정적인 생각이 들었다. 하지만 그것은 단지 교사의 편협 된 우려에 불과했다. 우리 아이들은 책놀이를 아주 좋아했다. 아이들이 좋아하는 놀이에는 '독서 말판 달리기와 마음이 통통, 찾았다' 놀이이다. 이 놀이는 심미적인 감성역량과 창의적인 사고역량, 지식정보처리역량을 키워주었다. 책놀이에 선정한 책으로는 〈이게 정말 나일까?〉, 〈엄마 사용법〉, 〈신호등 특공대〉, 〈강아지똥〉, 〈꺼벙이 억수〉, 〈멍청한 두덕 씨와 왕도둑〉이다.

하지만 1년에 6권의 책을 선정하여 온책읽기를 하다 보니 2학년교육과정을 운영하기가 아주 벅찼다. 그래서 그다음 해인 2019년에는 1학기 2권 2학기 2권으로 총 4권을 선정하여 2학년교육과정을 재구성하였다. 선정된 도서는 주제통합과 관련된 도서로 〈이게 정말 나일까?〉, 〈레기, 내 동생〉, 〈북극곰 코다〉, 〈화해하기 보고서〉를 선정하여 다양한 책놀이를 하였다. 이렇게 책놀이는 책과 친해지는 아이들로 성장하기를 바라는 교사의 바램을 충족시켜 주는 하나의 계기가 되었다. 그중에서 〈꺼벙이 억수〉 책을 읽고 말판놀이를 하고 난 소감을 간단히 서술하면 다음과 같다.

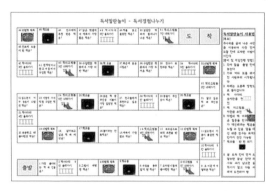

〈독서말판놀이〉

'2학년이라 '말판놀이'의 내용이 좀 어렵지 않을까?' 생각했는데 예상외로 게임을 잘 하였다. 지금까지 읽은 책을 상기시키며 하는 게임이라 책을 많이 읽지 않는 학생들은 문제를 접할 때 약간 망설이며 당황했다. 책 우물이 나와서 게임을 쉬게 되면 큰 소리로 아쉬움을 나타내는 아이들도 있었다.'

독서말판놀이를 하고 나서 소감 나누기 시간을 가졌다. 이때 나온 소감은 마법 책을 구하지 못해서 아쉬웠다는 이야기와 책 우물이 많아서 짜증이 났다는 이야기를 많이 하였다. 물론 친구들의 이야기를 듣고 다양한 책이 있다는 것을 알게 되었다는 아이도 있었다. 또 어떤 아이는 책 우물을 적게 하고 책 패스권이 있었으면 좋겠다는 의견도 있었다. 책 패스권은 그 문제를 모르면 패스하는 권한을 주는 것이라고 하였다. 놀이에 참여한 아이들 대부분은 이 게임을 하고 아주 만족하였다. 단 아이들이 친구의 이야기를 신중히 듣지 않고 자신의 게임을 이기기 위해 더 집중하여 말다툼이 생기는 모둠도 있었다. 따라서 게임을 할 때는 이기는 데에 목적을 두지 말고 친구들의 이야기를 잘 듣는 것이 더 중요하다는 것을 미리 강조할 필요가 있다.

사계절 생태 놀이를 통해 자연의 소중함을 알기

옛날에는 전래놀이나 민속놀이가 생태놀이의 하나였다. 그 이유는 자연에서 놀이감을 찾아서 놀았기 때문이다. 하지만 오늘날 우리 아이들에게는 자연에서 얻을 수 있는 놀잇감보다 시중에서 파는 장난감이 더 정겹고 호감이 가는 물건일 것이다. 자연 속에서 놀잇감을 찾아 생태놀이를 하면 즐거움이 두배가 된다는 것을 알려주기 위해 우리 학교의 자랑거리인 오봉산 자연생태를 이용하여 자연의 모습을 관찰하고 새소리, 매미 소리 등 다양한 자연의 소리도 들어보며 온몸으로 자연을 느끼면서 자연의 소중함을 깨닫게 할 수 있도록 사계절 생태 놀이를 교육과정에 녹여보았다. 주 1회 오봉산 산책을 하며 봄, 여름, 가을, 겨울의 계절일 변화를 몸소 체험해보고 계절의 변화에 따른 자연의 모습도 관찰하며 자연의 신비를 느낄 수 있는 놀이를 선정하여 교육과정을 재구성하였다.

봄에는 봄에 꽃눈과 잎눈에서 나오는 신비한 새싹의 모습을 관찰하고 봄에 나는 들나물과 봄꽃놀이를 하였다. 쑥과 진달래꽃으로 화전을 만들어서 사이좋게 나눠 먹고 몇 개는 집으로 가져가서 가족들과 나눠 먹었다. 집에서는 먹지 않을 화전을 아주 맛있게 먹고 가족에게 주려고 남겨둔 화전도 수업 시간에 몰래 꺼내서 먹는 아주 귀여운 아이들도 있었다. 또 개나리꽃으로 개나리 헬리콥터를 만들고 보라색 제비꽃을 비롯한 냉이꽃, 봄맞이꽃, 꽃마리, 꽃다지 등의 꽃을 관찰하여 간단하게 그림으로 표현해 보았다. 그리고 나비와 벌과 같은 곤충도 주변에서 찾아서 관찰하였다. 또 학교 운동장에 있는 텃밭에 감자와 상추, 고추, 방울토마토를 심어서 식물을 직접 재배하는 기쁨도 얻을 수 있었다.

여름에는 우리학교에 있는 연못 동식물을 관찰하고 그 이름과 모습을 알아보았다. 도시가 팽창함에 따라 주변에 연못 식물을 관찰할 수 있는 곳이 우리 주변에는 많지가 않다. 하지만 우리 학교에는 작은 연못이 있고 그곳에는 갈대, 부들, 물질경이, 수련, 연, 붕어, 우렁이, 다슬기 등 아주 많은 동식물이 살고 있다. 그리고 그 옆에는 우리 아이들이 가장 좋아하는 토끼장이 있다. 연못 옆에는 닭과 오골계가 사는 닭장도 있었는데 아쉽게 조류독감의 발생지가 될 수 있다고 해서 없어지고 야외공부를 할 수 있는 아름다운 정자가 들어섰다. 그리고 오봉산 여름 산책을 하면서 봄과 달라진 점을 관찰하고 자연물을 이용해서 자기 이름 쓰기, 돌멩이 높이 쌓기, 아카시아 잎으로 파마하기 등 다양한 활동을 통해 즐거움을 느낄 수 있었다. 또 봄에 심은 감자를 수확하여 바로 한 솥 쪄서 친구들과 나눠 먹는 그 맛은 '그 무엇과도 비교할 수 없는 꿀 맛이었다.'라고 이구동성으로 말하였다.

〈잎눈 관찰하기〉

가을에는 단풍잎으로 부엉이 만들기, 단풍잎 씨앗으로 헬리콥터 만들기, 가을 열매 관찰하기 등을 통해 수확의 기쁨을 느낄 수 있는 시간을 가졌다. 특히 가을에는 예쁜 단풍잎을 이용한 다양한 활동을 할 수 있다. 예쁜 단풍잎으로 옷과 장신구를 만들어 패션쇼도 하고 도토리로 팽이를 만들어 누가 오래 돌 수 있는지 내기도 하였다. 또 나뭇가지와 빈 밤껍질로 수저도 만들어 보았다. 아이들은 모든 것이 신기하고 재밌는 놀잇감이 자연에 있다는 것을 이런 활동을 통해 알게 되었고, 다음에 가정에서 가족과 함께 할 때 이런 놀이를 하겠다는 아이들도 있었다.

겨울에는 날씨가 추워서 11월말까지 오봉산 산책을 한다. 12월에는 눈이 오면 춥고 미끄럽기에 아이들 안전상 되도록 산책을 하지 않았다. 교실이나 운동장에서 가을과 달라진 모습을 관찰하고 서로 이야기를 나누는 정도로 하였다. 겨울 놀이로는 투호와 나무껍질 무늬 탁본 뜨기, 연날리기, 제기차기 등 민속놀이를 하였다. 이때 제기는 동전과 비닐로 직접 만들어 사용하였다.

이처럼 아이들은 놀이를 통해 성장한다. 아이들이 놀이를 좋아하는 이유는 아주 간단하다. 놀이가 곧 재미이고 아이들의 본능이기 때문이다. 예전에는 놀지 말고 공부를 하라는 말을 많이 듣고 자랐다. 놀이는 아이들의 신체발달과 언어발달의 촉진제와 같은 역할을 한다. 그 이유는 놀면서 즐거움과 기쁨을 느껴 신체발달이 이뤄지고 노는 과정에서 다양한 형태의 말을 주고받게 되어 언어의 발달이 이루어진다. 그뿐만 아니라 노는 과정에서 승패와 규칙을 지키며 서로 양보하고 배려하는 사회성을 키워주며 구체적인 경험을 통한 학습은 지적발달을 도와준다. 또 놀이는 창의성과 정서 순화에도 많은 도움을 준다. 그래서 교육과정 재구성에는 놀이 교육이 들어가면 얻을 수 있는 이득이 많다는 것을 알 수 있었다.

학습 쉼표, 신나는 중간놀이 시간

이해정
교　사

우리 학교의 시정표는 조금 특별하다. 2교시 이후 중간놀이가 그것인데 1, 2교시 블록수업 후 1~2학년은 30분, 3~6학년은 20분 중간놀이 시간을 가진다. 1학년 학생들이 가장 많이 하는 질문이 "중간놀이 언제 쉬어요?", "밥 언제 먹어요?" 이 두 가지인 것만 봐도 아이들이 중간놀이 시간을 얼마나 좋아하는지 알 수 있다. 또 최근 2020년 2월에도 중간놀이에 대한 아이들의 관심을 확인할 수 있었다. 코로나 19로 인해 직접적인 접촉을 줄이고자 수업 시간을 35분으로 단축하고 중간놀이 시간을 운영하지 않았다. 그 기간은 단 5일이었는데도 아이들의 속상함은 이만저만한 것이 아니었다. 세상을 다 잃은 것 같은 아이들의 한숨 소리가 지금도 생생하다.

운동장에 아이들만 나가서 논다고?

나는 우리 학교 발령 첫해 이 중간놀이 시간에 적응하지 못했다. 그래서 3월 한 달 동안 운동장을 서성거리면서 아이들을 살폈다. 아이들을 살폈다기보다는 아이들을 믿지 못해 감시하고 통제하려 했다. 그 배경에는 이전 학교에서의 경험이 크게 작용했다. 시내 한가운데 위치하고 재학생이 천 명이 넘는 학교지만 운동장은 좁았던 이 학교에는 쉬는 시간이나 점심시간에 운동장에 아이들을 내보내지 말라는 묵시적인 안내가 있었다. 운동장에 아이들이 나오는 것은 담임이 임장지도를 할 때만 가능하다는 것이다. 이런 구조에서 4년을 지내고 온 터라 우리 학교 첫해에 중간놀이 시간은 문화 충격이었다. 운동장 놀이기구에서 아이들이 떨어지면 어쩌나, 고학년들 축구공에 맞으면 어쩌나 등등 나의 불안지수는 높아져만 갔다. 그런 불안감을 확 잡아주는 사건이 있었다.

보건실에서 전화가 왔다. 1학년 우리 반 아이가 미끄럼틀에서 넘어져서 다쳤다는 것이다.

나는 올 것이 왔구나 싶어 헐레벌떡 달려갔다. 보건실에는 우는 아이를 달래주는 6학년 형님들이 있었다. 내용을 묻자 미끄럼틀에서 넘어져 울고 있는 아이가 의형제 반*이라서 자기들이 업고 보건실에 왔다는 것이다. 울음에 비해 상처는 크지 않았고, 아이도 금세 차분해졌다. 나는 이 일을 계기로 운동장 사용 교육을 한 번 더 강조하고, 이후로는 운동장에 아이들을 감시하러 나가지 않았다. 그리고 불안하지도 않았다. 그 해 함께 발령은 받아 온 보건 선생님께서도 생각보다 아이들이 덜 다친다며 신기해하셨다.

잘 놀아야 공부할 힘이 생긴다.

아이들에게 20~30분의 시간이 요긴하면 얼마나 요긴할까 싶은데, 아이들의 생각은 전혀 달랐다. 5, 6학년 남자아이들은 이 시간을 즐기기 위해 4, 5층에서 운동장으로 나오는 수고로움을 감수한다. 저학년들도 이 시간을 위해 1~2교시 80분의 블록 수업 공부를 잘 참아낸다. 잘 노는 힘이 다음 수업을 가능하게 한 에너지가 되는 것 같다.

1학년에게는 잘 노는 법도 가르쳐야 한다. 대부분의 아이들은 운동장으로 뛰어나간다. 그러나 교실에 남고자하는 아이들도 꼭 있다. 학급 문고를 서성거리는 아이들에게 운동장에 먼저 나갔다 올 것을 권하고, 나가서도 할 게 없다면 그때 돌아와도 좋다고 한다. 그렇게 신발주머니를 들고 나간 아이들은 되돌아오지 않는다. 아이들은 차차 운동장, 야외쉼터, 도서관, 놀이터, 토끼장, 연못, 수족관, 피아노 등 다양하게 자신의 놀 거리를 찾는다. 그리고 그 시간을 잘 즐기게 된다. 시간이 그 일을 가능케 한다. 놀이의 주인공이 되어 뛰어노는 건강한 도림의 아이로 자란다.

중간놀이 시간은 친구들 사이를 매끄럽게 이어주는 윤활유와도 같다. 매주 금요일 학급 다모임 시간에 감사 나누는 시간을 갖는다. 그때마다 꼭 나오는 이야기가 있다. 어제 중간놀이 시간에 나와 놀아준 ○○이에게 고맙다, 점심시간에 함께 놀아준 ○○야 고마워 이런 식이다. 학습 사이의 긴 휴식이 친구 관계를 돈독하게 해주는 의미 있는 시간이다.

그렇다고 해서 별사건 사고가 없는 것은 아니다. 중간놀이 시간을 놓쳐 교실로 못 돌아오는 아이들이 있어 그 아이들을 찾으러 나가는 경우도 있다. 또 긴 놀이 시간만큼 다투는 일도 있어 중재를 하고, 간혹 형님들의 축구공에 치이는 일도 있다.

---

* 우리 학교는 1학년과 6학년이 의형제를 맺는다. 3월 입학식, 한 달에 한 번 식사 만남, 여름 물총 놀이, 오봉산 동행, 졸업식 등으로 지속적인 만남을 갖는다.

스스로 운영하는 스포츠클럽

임효빈
교 사

무엇과도 바꿀 수 없는 체육

학기 초 '이런 반이 되면 좋겠어요!'에 대해 아이들과 이야기를 나눌 때 늘 빠지지 않는 바람이 있다. '매일 체육수업을 하는 학급' '정기적인 2시간 체육수업' 등의 바람 말이다. 하지만 고학년이 되면 이 또한 공염불에 그칠 것을 잘 알기에 이마저도 지레 포기하고 주어진 현실에 순응하는 안타까운 모습을 보기도 한다. 결코 넓다고 할 수 없는 작은 교실 속 책상에 얌전히 앉아 있는 것은 학생의 덕목이다. 하지만 그로 인해 억압된 움직임 욕구를 해소할 수 있는 공간을 열어주는 교육적 배려는 교사의 덕목이다. 어느 학교라 할 것 없이 운동장을 바라보면 아이들의 움직임 욕구가 얼마나 왕성한지 알 수 있다. 만약 운동장이 다소 한산한 학교라면 필시 그 학교 어딘가는 조용할 틈이 없는 운동장과 같은 곳이 있을 것이다. 그곳은 아마도 교내 복도나 교실일 가능성이 크다. 이렇듯 아이들 입장에서 행복한 배움을 위해 절대 빠질 수 없는 조건이 바로 움직임 욕구 해소를 위한 체육활동이다.

보다 충분한 실제 체육 시간이 필요하다

도림초에는 학생 수에 비해 비교적 넓은 운동장이 있다. 악천후나 미세먼지와 같은 피치 못할 기상 상황을 제외하고는 매 수업 시간 발 디딜 틈을 찾기 어려울 정도로 많은 아이들이 운동장 구석구석에서 마음껏 움직임 욕구를 해소하고 있다. 각반 체육 시간을 포함해 텃밭을 보러 가는 아이들의 종종걸음부터 소리 지르며 뛰쳐나오는 중간놀이 시간까지 아이들은 이 학교에서 참 많이 뛰고 많이 움직인다. 예비교사시절, 체육교과 지도 수업마다 늘 교수님이 강조하시던 '실제 학습시간'이란 용어는 교사라면 누구나 귀에 박히도록 들었을 것이다. 준비와 정리에 많은 시간을 소요할 수밖에 없는 체육 교과의 특성상 모든 활동에서 실제로 아이들이 몸을 움직이며 학습할 수 있는 시간을 많이 부여하는 것이 성공적인 체육수업이라 배웠다. 하지만 아이들의 바람과는 달리 많아야 주 3시간 부여된 체육 시간은 그에 비해 너무 적다. 체육 시간 내에서도 내실을 기해야겠지만 도림초는 이와 더불어 아이들에게 움직임을 위한 시간과 공간을 제공하기 위해 많은 노력을 기울이고 있다.

〈 농구 스포츠클럽 〉

아이들이 스스로 운영하는 스포츠클럽

스포츠클럽은 현저히 떨어져 가는 학생들의 건강 체력을 위해 교육부에서 마련한 자구책이다. 하지만 다른 수업에 비해 갑절의 에너지가 필요한 체육수업만으로도 부담스러운 교사에게 교과 외의 시간을 확보해 내실 있는 스포츠클럽을 운영하라는 것은 여간 어려운 일이 아니다. 계획과 조직, 물품 준비 및 지도, 정리까지 교사 주도의 스포츠클럽 운영에는 그만큼 많은 에너지가 필요하기 때문이다. 하지만 이 스포츠클럽에도 '학생자치'의 요소를 끌어와 아이들에게 맡기면 어떨까? 그러한 발상의 전환으로 도림초에서는 스포츠클럽 조직과 운영에 아이들이 주도적으로 참여한다. 비록 저학년에 도입하기에는 학년 특성상 어려운 부분들이 많지만 고학년에서는 충분히 성공적인 스포츠클럽 운영 사례로 손꼽을 수 있다.

매주 금요일 아침은 6학년의 공식적 '스포츠 데이'다. 이날은 유독 일찍 등교하는 아이들을 많이 볼 수 있다. 체육 창고 열쇠를 가져오는 아이부터 시작해 체육 물품들을 꺼내 나르고 경기를 위한 준비를 분주히 하는 아이들, 오늘의 활약을 기대하며 미리 몸을 풀고 연습하는 아이들까지. 운동장이 아침부터 부산하다. 교사도 다루는데 서툴 수 있는 라인기를 익숙하게 다루며 꽤 정확한 티볼 베이스라인을 완성하는 아이도 있다. 어떤 클럽은 담당 선생님이 조금 바쁘신지 선생님을 기다리다 지나가는 시간이 아까운 나머지 자신들이 알아서 팀을 짜기 시작한다. 선생님은 아이들의 경기가 원활하게 진행될 수 있도록 보조해주는 역할

정도를 맡는다. 이렇게 아이들 주도로 시작된 스포츠클럽은 1교시 전에 시작되어 1교시가 끝나는 시간까지 활동시간을 충분히 확보한다.

비단 활동 당일에만 아이들이 주도적으로 움직이는 것은 아니다. 바로 이 클럽을 구상하고 조직하는 준비 단계부터 아이들은 적극적으로 참여한다. 학기 초 스포츠클럽을 조직할 때 아이들이 선호하는 스포츠클럽 종목을 반영한다. 보통 학년 전체 다모임에서 의견을 듣거나 복도에 마련된 학년 전체 게시판을 통해 개설하고 싶은 클럽과 선호도를 조사한다. 보통 개설되는 종목은 피구, 티볼, 발야구, 농구 등이다. 인기 종목인 축구는 운동장을 많이 차지해 개설하지 않기로 정했다. 그렇게 학년 공통으로 선별된 클럽을 학급 다모임에서 적정 규모의 인원을 할당하고 조직한다. 그리고 편성된 클럽 구성원들이 한 공간에 다시 모여 의미 있는 스포츠클럽 활동을 위해 지켜야할 규칙 및 운영 방식에 대해서 논의한다. 해당 종목에 흥미는 있지만 익숙하지 않은 아이들도 이 시간을 통해서 설명을 듣거나 좀 더 구체적인 지도를 요구하는 경우도 있다. 이런 아이들에게는 더 잘하는 친구들이 나서서 알려주기도 한다.

스포츠클럽은 모두가 즐거워야 한다

그렇게 주 1회 활동을 한 달에서 두 달 정도 운영하면 아이들은 자연스레 다른 클럽에도 관심을 갖는다. 클럽 변경에 대한 요구가 많아질 경우 다시 학급 및 학년 다모임을 통해 클럽 인원을 재편성한다. 해보니 생각보다 재미가 없어서, 다른 종목이 재밌어 보여서, 더 친한 친구들과 함께하기 원해서 등등. 아이들은 다양한 이유로 다른 클럽의 문을 두드리며 다양한 스포츠를 경험해간다. 물론 스포츠에 전혀 관심이 없는 아이들도 있다. 처음엔 그래도 분위기에 맞춰서 해보는 시늉을 하다 이내 흥미를 금세 잃고 운동장을 방황하기 시작한다. 나름 산책의 의미를 갖고 운동장을 서성이기에 그냥 두다가도 이내 다른 클럽의 경기를 방해하는 상황이 잦아졌다. 선생님들은 이런 아이들을 지켜보다 한 데 모아 등산부를 제안했다. 사오십 분이면 학교 앞 오봉산 두개의 봉우리를 오르고 내리기에 충분한 시간이다. 아이들의 수긍을 얻어 나름 차선의 선택으로 조직된 등산부 덕에 운동을 좋아하지 않는 아이들도 주1회 정도는 땀 흘리도록 몸을 움직일 수 있게 되었다.

작은 틈새도 놓치지 않는 스포츠클럽

이렇게 운영하다 보면 축구와 티볼 같이 그 해 아이들이 유독 좋아하는 인기 스포츠가 생긴다. 그럼 주1회에 만족할리 없는 아이들은 중간놀이나 점심시간에도 운동장을 호시탐탐 노린다. 이러다보니 몇몇 학년이 같은 종목을 동시에 하다 협소해진 운동장 복판에서 부딪히기 시작했다. 스포츠를 목숨처럼 여기는 아

〈탁구 스포츠클럽〉

이들이 있기에 평소 얌전한 아이들도 이럴 때는 감정을 앞세우며 크게 다투기 일쑤다. 그래서 중간놀이나 점심시간에도 아이들의 자율적인 스포츠클럽을 운영하기로 했다. 요일마다 희망 학년을 배정하고 경기 전에 자율적으로 팀을 편성한다. 물론 학년 전체가 대상이지만 참여는 자율적이다. 조직이 완료되고 교사의 검토를 거치면 점심시간 스포츠클럽, 그들만의 리그가 시작된다. 아이들은 평소보다 바삐 점심을 먹고 나와 식별조끼를 입고 경기를 시작한다. 운동장은 금세 공을 따라 몰려다니는 아이들로 북새통을 이룬다.

비단 운동장에서만 스포츠클럽이 운영되는 것은 아니다. 이전 해에는 탁구에 관심이 많은 고학년 아이들이 있었다. 이런 아이들을 위해서 고학년 복도 중간의 빈 공간을 활용해 탁구대를 설치해 주었다. 공용 라켓은 남아나질 않아 아이들 각자 준비한 라켓과 공으로 수업 시간 외 남는 시간을 활용해 탁구치기에 여념이 없다. 아이들이 자주 오가는 길목에 위치한 터라 많은 아이들이 관심을 갖고 구경하다가 한 번 해보기도 한다. 그냥 지나가다 왕년을 추억하시며 한 판 붙어보시는 선생님들도 여럿 계시다. 작년에는 새로 오신 탁구 실력자 교감선생님의 등장으로 6학년 아이들이 설욕을 위해 부단히도 교감선생님을 찾아다니는 모습을 자주 볼 수 있었다. 때론 학년에서 스포츠클럽 시간이나 체육 시간을 활용해 복식 리그전을 운영하기도 한다. 초보티가 역력한 아이들도 연말 즈음이 되면 꽤나 실력자가 되어 자부심에 어깨에 힘이 가득 들어가 있다. 이렇게 수년간 애용한 탁구대가 남아날리 없다. 군데군데 파손된 부분이 많아 대의원회에서 탁구대 교체 안건이 나왔다. 아이들은 몇 주 후 반짝반짝한 새 탁구대 2대를 사용할 수 있게 되었다.

스포츠는 스스로 즐길 수 있는 자의 것

스포츠클럽에 대한 이야기이지만 사실 스포츠클럽은 아이들의 체력과 건강을 위한 최소한의 지원일 뿐, 나머지는 아이들 스스로 조직하며 참여하는 스포츠 활동에 더 큰 의미가 있다. 줄넘기 대회 및 인증제, 학교 특색 사업으로 고안한 체력 활동 프로그램도 좋지만 결국에는 아이들 스스로 재미있게 참여할 수 있는 스포츠 활동이 지속력을 갖고 아이들의 심신을 건강하게 할 수 있다. 아이들은 지금도 이를 위해서 계속 기회를 엿보고 시도하며 마음껏 스포츠를 누리고 있다. 도림초는 이런 아이들을 위해 앞으로도 날씨와 무관하게 마음껏 움직일 수 있는 놀이 공간을 유휴 교실에 배치할 예정이다.

우리가 만드는 체육대회

<table>
<tr><td>정미화
교 사</td><td></td></tr>
</table>

정미화
교 사

'그 시절' 체육대회

펄럭이는 만국기, 질서정연한 입퇴장, 하이라이트라고 할 수 있는 청백 계주, 1학년 친구들이 고사리같은 손으로 콩주머니를 던져 박이 터지면 '맛있게 식사하세요~'라는 현수막이 보이고 가족들, 이웃들끼리 모여 식사하던 풍경. 이 글을 읽고 있는 사람들이라면 한 번쯤 경험해봤을 법한 체육대회의 모습이었다. 시골에서는 물론이거니와 도시에서도 십 여년 전에는 학교 체육대회가 동네 잔치였던 때가 있었더랬다.

그 시절을 떠올리면 아름다운 향수에 젖곤 하지만, 사실 그 하루를 위해 보이지 않는 희생을 감수할 수 밖에 없었다. 우선 한 달여 간은 무용 연습이나 단체 경기를 위해 매일 운동장에 나가야했고 내리쬐는 뙤약볕에 나갈 때마다 아이들을 어르고 달래야 했다. 교육과정의 파행 운영이 이루어지는 것은 당연했고 막상 체육대회 당일이 되면 무대의 주인공으로 설 수 있는 시간은 5분여 남짓. 전체 프로그램의 수는 30여개가 되지만 학생들 입장에서는 자신이 참여하는 프로그램이 3개 정도밖에 되지 않다보니 집중력이 떨어지고, 삼삼오오 모여 장난치고 의욕없는 학생들에게 응원을 독려하느라 진이 빠지기 일쑤였다. 그랬다. 사실 체육대회는 준비하고 수고하는 노력만큼, 학생들에게 심신을 단련하고 단결심과 인내력을 기르는데 얼마나 큰 도움이 되었을지 매번 회의감이 든 것도 사실이다.

'우리가 함께 만드는' 체육대회

우리 학교의 체육대회는 좀 더 특별하고 자랑하고픈 행사였다.

'교사가 준비하고 학생들이 참여하는 체육대회'가 아닌 '학생들이 준비하고 선생님과 함께 하는' 체육대회, 우리가 함께 만드는 체육대회를 만들었다. 우리학교는 이미 스포츠클럽이

나 동아리 활동, 학교밖 탐험 등의 활동에서 학생들 스스로 부서나 주제를 정하고 계획하고 실행하는 것에 비교적 익숙해져 있었기 때문에 '학생들이 준비하는' 체육대회를 구상해보는 것이 그리 어려운 것은 아니었다.

준비하기

체육대회는 4월 마지막주 수요일로 정해졌고, 체육대회를 3주 정도 남기고 학생들에게 체육대회의 운영 방법을 설명하고 코너활동을 모집했다. 희망하는 3-6명의 학생들이 팀을 짜서 코너활동을 정하고 역할 분담 및 준비물 등을 의논하여 계획서를 제출하도록 하였다. 계획서가 통과될 경우, 그 학생들이 진행요원이 될 것이기 때문에 좀 더 신중하고 세세하게 준비하고 기획하도록 안내했다.

구성형식은 반별로 섞여도 괜찮다고 했으나 보통 반에서 뜻이 맞는 1-2팀의 계획서가 제출되었고, 그 중 중복되는 것을 제외하고 반별로 1팀 정도가 선정되어 총 5개의 코너가 마련되었다.

90-100여명의 학생들이 참여할 수 있을 정도의 물품을 5만원 이내에서 신청하도록 하였고, 각 구성원이 맡은 역할을 정하되, 진행요원들이 체육대회에 직접 참여하지 못하는 것을 아쉬워하였기 때문에 진행요원을 각 2팀으로 나누고 체육대회를 1,2부로 구성하여 프로그램의 반이라도 참여할 수 있도록 해주었다. 체육대회 당일에 쓸 모자와 호루라기까지 맞춰주니 주도성을 가지고 신나서 더 열심히 하려고 하는 것은 두 말할 나위가 없었다. 학급 내에서 청백팀을 나누었고, 학생주도 코너 활동 이외에도 장애물 달리기, 줄다리기, 학급별 계주를 넣어 개인 및 단체 경기를 함께 즐길 수 있도록 계획하였다. 사실 보이지 않게 선생님들이 준비할 것과 신경 쓸 것이 많이 있었지만 학생들은 확실한 주최자가 될 수 있었고 교육과정 운영의 손실 없이 1주일 이내에 준비를 마칠 수 있었다.

함께 즐기기

체육대회 당일, 학기초 아이들이 직접 디자인한 학년티를 맞춰 입고 온 학생들은, 런닝맨을 위한 이름표

< 우리가 준비하는 코너활동 >

1. 3명이상~6명이하로 코너를 준비할 학생을 반 상관없이 모집하여 코너활동을 마련합니다.
2. 코너를 준비하면 선생님께 제출합니다. (준비물, 내용, 구성원 역할분담 등을 자세히 기록)
3. 구성형식은 자율로 구성해도 됩니다.(다른 반 친구들과, 남녀함께 상관없습니다)
4. 물품이 필요하면 신청해 구입해줍니다. (단, 5만원을 초과하면 안됩니다.)
5. 최소 50명, 최대 90명 참여할 수 있도록 준비해야 합니다.(상품을 준비해도 됩니다)
6. 코너의 예 (미니올림픽, 간이축구, 페이스페인팅, 2인3각, 비행기 날리기 등)

코너이름		준비하는 학생 이름(학년,반)	대표( ),
준비물	코너준비물		
	선생님이 준비해 줄 준비물		
코너 설명 (간단히)			
구성원 역할분담	이름	역할분담 및 해야할 일	
진행내용 (간단히)			
게임 진행방법 (개인게임, 팀별게임)			
담당선생님 협의 내용			

를 등 뒤에 붙이고 팀별 색깔 아대를 손목에 끼고 나니 벌써부터 엉덩이가 들썩거린다. 걱정 없고 천진난만하던 진행요원들에게는 모자와 호루라기를 나눠주니 긴장한 모습이 역력하다.

〈 장애물 달리기 〉

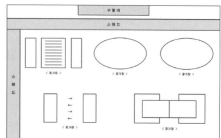

〈 코너 활동 배치도 〉

운동장에 모여 준비체조와 개인별 장애물 달리기를 하고 나니 벌써부터 땀이 송글송글이다. '그래도 체육대회에 달리기는 넣어야하지 않겠어' 하며 프로그램에 넣었던 장애물 달리기였는데 보는 사람이 많지 않고 보상이 없어도 열심히 달리고 재미있어 하는 아이들을 보면 귀엽고 힘이 난다.

본격적으로 코너 활동을 시작했다. 총 5개의 코너였기 때문에 다섯 반이 돌아가며 체험을 했고 각 반 선생님들은 코너에 서서 안전사고를 예방하고, 활동을 바꿔야 할 때에 징을 쳐주는 정도의 기본적인 역할만 했다. 아! 사진을 찍어주는 것은 덤이다.

코너 활동은 10분 체험· 5분 이동 및 준비로 1부에서는 3개의 코너를, 2부에서는 2개의 코너 활동을 하며, 코너 진행요원들이 두 팀으로 나누어 교대로 활동했기 때문에 진행요원들도 2-3개의 프로그램에 참여할 수 있도록 했다. 머릿속에 내가 해야 할 역할들이 있었어도 막상 운동장에 나가면 우왕좌왕하고 헤매기 마련이었는데 이 또한 한 두 번의 시행착오를 거치면, 처음에 규칙을 어떻게 설명해주는 것이 좋은지, 어떤 도움을 주는 것이 적절한지 등을 스스로 파악하고 수정해나가는 모습이 인상 깊었다.

〈 농구 〉

〈 런닝맨 〉

〈 사방줄다리기 〉

〈페이스 페인팅〉　　　　　　　　　　　　　　　　　〈피구〉

학생들이 직접 계획하고 실행한 체육대회 코너 활동

달리고, 힘쓰고, 경쟁하는 활동 뿐 아니라 페이스 페인팅 코너에서 원하는 타투스티커를 고르고 몸 이곳 저곳에 붙이면서 쉬어가는 활동까지 있어서인지 아이들은 지루할 틈 없이 체육대회에 전념할 수 있었다. 편의상 청백을 나누기는 했지만 그건 의미가 없다. 청팀이 이기고 백팀이 이기는 건 하나도 중요하지 않음을 아이들 스스로 알기 때문이다. 모두에게 똑같은 기회가 주어지고 똑같은 보상이 주어진다. 다 함께 즐기는 경쟁만이 있을 뿐 남을 이기기 위해 경쟁을 하는 체육대회가 아니었다.

마무리하기

'학생들이 준비'했다면 마무리도 '학생들'이다. 사용했던 물품들을 챙기고 쓰레기를 줍는 것은 강요하지 않아도 알아서 척척이다. 4시간동안의 체육대회 활동을 하며 너무 긴 대기 시간이 생기거나, 참여하지 않는 모습은 찾아 볼 수 없다. 모두가 함께 참여하지만 누구도 지치지 않는다. 체육대회가 끝나면 녹초가 되어야 했던 선생님들도 오늘은 한 게 없다며 웃음 짓는다.

급식을 먹고 활동 나누기를 하는 시간에는 보태거나 뺄 필요 없이 감정과 생각이 공유된다. 이렇게 또 우리 학년의 중요한 행사가 마무리 되었고, 컴퓨터 네트워크에는 (체육대회) 라고 하는 노란 폴더안에 체육대회의 이모저모가 담긴다. 사실 체육'대회'라는 말도 오늘 우리가 한 활동과는 괴리감이 있게 느껴진다. 그 옛날 동네 잔치까지는 아니겠지만 진정한 의미의 체육 '잔치'가 아니겠는가?

생각

온작품과 다모임으로 자라는 생각

꿈과 끼를 마음껏 펼치다
온작품 뮤지컬 이야기

엄월영
교　사

도림에서의 1년. 참 행복했다. "교사와 아이들 모두 행복한 학교". 아이들과 함께하는 시간이 선생님에게 기쁨이고 행복이라는 건, 교사로서 가장 가치 있는 순간이 아닐까.

내가 지난 1년 동안 우리 학교에서 방과 후 가장 많이 한 일은 '수업협의' 였으며, 동학년 선생님들과 대화하며 가장 많이 들은 말은 '우리 아이들이~' 였다. 그만큼 교사가 아이들에게 담뿍 빠져 있었는데, 이런 상황이 가능했던 건 행정 업무 등을 배제하고 오로지 아이들에게만 집중할 수 있도록 여건을 조성한 학교의 노력과 배려 때문일 것이다. 역시 터가 잘 만들어지면 그 안에서 교사는 마음껏 아이들과 함께하는 행복한 배움을 만들어 갈 수 있다.

우리 학교는 행복배움학교이다. 그럼, 행복 배움이란 뭘까? 말 그대로 아이들의 배움이 행복하게 일어나는, 삶을 위한 배움이 있는 교육과정일 것이다. 그런데 행복배움학교에 대해서 많은 사람들이 오해를 한다. 행복배움학교는 공부 안 하고 노는 데라고. 이렇게 말하는 사람들은 행복배움학교에 대해 겉핥기로만 아는 거다. 우리 학교는 과목별로 꼭 학습해야 할 성취기준을 파악해 학생 활동을 중심으로 교육과정을 재구성 한다. 이 과정이 행복배움학교에서 제일 중요한 작업이다. 그렇기에 교사들은 학생들이 활동 속에서 참된 배움을 얻을 수 있도록 누구보다 치열하게 고민하고 연구하며, 협의하여 교육과정을 재구성한다.

나 역시 적극적인 교육과정 재구성을 통해 활동 중심의 수업을 1년 동안 진행했다. 교사로서 보물 같은 시간이었다. 스펀지처럼 쏙쏙 빨아들이는 아이들을 보며 가슴 벅차오를 때가 참 많았다. 나에게 기억에 남는 수업들이 많지만 그 중 하나를 꼽자면, 주저 않고 말할 수 있는 것이 바로 '뮤지컬 수업'이다.

우리 학년에서 교육과정을 재구성 할 때, 그 중심에는 항상 '온작품 읽기'가 있었다. 여기에서 온작품 읽기란 필요에 의한 교과서의 '쪼개진 작품'이 아니라 온전한 책 한권을 읽은 후 함께 나누며 책에 집중해보는 수업을 말한다. 온작품 읽기를 통해 학생들은 책 전체를 함께 읽으며 그 책을 온전히 이해하고 더 깊은 감동을 느낄 수 있다. 새 학기 시작 전, 학년 교육과정 재구성 협의를 통해 아이들과 올해 나눌 온작품을 미리 정한다. 3학년 학생들의 수준과 학년 교육과정의 성취기준 등을 전반적으로 고려하여 도서를 선정한 후, 이 도서를 통해 아이들과 나누어야 할 학습내용을 정한다.

그 중 6, 7월의 도서는 송언 선생님의 '잘한다 오광명'이었다. 이 책은 말썽꾸러기 오광명과 그런 오광명을 따뜻하게 안아주는 털보 선생님의 이야기를 담은 창작동화로 100쪽 가량의 제법 길이가 있는 편이다. 이런 긴 호흡의 책은, 함께 읽으면서 이야기의 흐름 속에서 각 장면의 등장인물들에게 내 생각과 감정을 이입하며 읽는 게 좋다. "내가 @@이었다면 어땠을까?" 상상해보면서 읽는다면 이야기를 좀 더 깊이 있게 이해할 수 있다. '잘한다 오광명'은 딱 우리 아이들 또래의 이야기이기에, 아이들이 흠뻑 빠져 읽기에 딱 좋은 책이었다. 실제로 한 달이 넘는 기간 동안 천천히, 깊게 이 책을 읽으면서 긴 책을 소화하지 못하던 친구들도 끝까지 책 한권을 완독할 수 있었다. 온작품 읽기를 통해 나는 학생들의 독서력이 향상됨을 눈으로 확인할 수 있었다. 또한 책을 읽고 난 후 주인공과 그들이 처한 상황들에 대해 함께 나누면서 책에 대한 학생들의 이해력이 높아지는 것도 눈에 확연히 보였다.

마침 6, 7월에는 이 책과 더불어 문화예술체험의 일환으로 뮤지컬 수업이 예정되어 있었다. 수업 전, 동학년 선생님들과 '잘한다 오광명' 책을 어떻게 뮤지컬 수업으로 풀어낼 지에 관하여 협의를 진행했다. 책의 챕터는 총 5개, 3학년은 5개 반. 반 별로 한 챕터씩 극을 꾸며서 3학년 전체가 '잘한다 오광명' 뮤지컬 만들어보자는 의견이 나왔다. 너무 좋은 생각이었다. 따로 또 같이 책을 소화하는 뮤지컬 수업. 그런데 문제는, 뮤지컬 강사 수업은 반 별 15시간. 각 반 별로 시나리오부터 연기지도 및 소품 준비까지 모두 다르게 진행해야 한다는 점이었다. 이렇게 되면 담임교사가 신경 쓰고 준비해야 할 일이 훨씬 많아진다. 하지만 그 정도쯤은 No problem! 뮤지컬에 경험이 거의 없는 담임교사들이었지만, 해보겠다는 열정 하나로 뮤지컬 강사와 SNS 대화방으로 소통하고, 자료를 공유하면서 부족한 부분을 채워 나갔다.

〈잘한다 오광명〉의 교육과정 재구성에서부터 뮤지컬 공연까지 살펴보자면 다음과 같다.

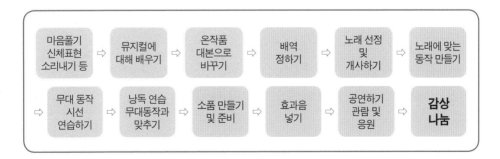

〈낭독 및 연기 연습〉

다음의 표에서 회색 부분은 뮤지컬 강사와 담임교사가 주로 준비하고 교수한 단계라면, 초록색 부분은 학생이 주축이 되어 활동한 단계라고 볼 수 있다.

그럼, 이제 우리 반 뮤지컬 이야기를 해보고자 한다. 처음 뮤지컬을 공연으로 올린다고 했을 때, 나는 정말 흥분되었다. 아이들이 또 언제 이렇게 큰 무대에 올라가서 연기할 수 있을까? 생각처럼 자주 오는 기회는 아닐 것이다. 열심히 연습하여 성공적으로 작품을 올린 후, 모두가 뿌듯함, 성취감이라는 같은 감정을 느끼게 된다면!! 이 자체가 아이들에게 좋은 추억이 될 거라는 걸 알고 있었다. 그래서 시작할 때부터, 나는 아이들에게 쉽게 오는 기회가 아닌 만큼 열심히 참여해주었으면 좋겠다고 이야기했었다. 우리 반이 맡은 챕터는 '오광명, 연애에 빠지다' 이다. 사랑과 감기는 숨길 수 없다는 말처럼, 이 챕터는 말썽쟁이 오광명이 짝사랑하는 준이를 향해 순수하게 마음을 표현하는 부분이다. 먼저 극의 역할은 11개, 반 인원은 19명. 역할을 몸 연기와 목소리 연기로 나누었다. 이렇게 역할을 나눈 이유는 반 전체 학생이 모두 참여하도록 하기 위함이었다. 또한, 학교 여건 상 무대에서 핀 마이크를 사용할 수 없었고, 3학년 아이들에게 대사를 전부 외워 극에 참여하기에는 부담이 있었기에 여러모로 딱 맞는 방법이었다. 결과적으로도 목소리 연기와 몸 연기를 구분한 덕분에 무대에 올라가기에 부끄러운 친구들도 부담감을 덜고 목소리 연기로 본 뮤지컬에 모두 참여할 수 있었고, 몸 연기를 하는 친구들은 에너지를 몸 연기에 집중할 수 있었다. 극의 완성도가 높아지는 건 당연한 결과였다.

뮤지컬 수업의 시작

뮤지컬 수업 초반에는 뮤지컬에 관한 전반적인 기본기 등을 강사와 익히면서 뮤지컬에 친숙해지는 시간을 가졌다. 그리고 배역을 정하고 나서는, 뮤지컬 진행 과정에서 아이들의 목소리에 많이 귀 기울였다. 본 활동의 최종 목표는 교사가 리드하는 판에 아이들이 노는 것이 아니라, 처음부터 하나하나 아이들의 의견을 넣어 함께 완성하는 뮤지컬이었기 때문이다. 그래서 기본적으로 대본이 완성된 후, 아이들과 극에 어울리는 노래를 함께 찾아보고 의견을 내었으며, 장면에 맞게 곡의 개사도 함께 하였다. 또한 노래에 어울리는 율동도 상의해서 만들어 보고, 기존에 교사가 생각했던 효과음에서 아이들이 의견을 내어 효과음들도 바꾸기도 했는데, 이게 실전 공연에서 소위 대박이 났다.

뮤지컬 강사가 일주일에 한 번씩 수업시간에 무대 시선 처리, 동작 등을 큰 틀로 지도하면, 그 다음 주 수업시간까지 아이들과 배운 장면을 소화할 수 있도록 연습을 반복했다. 연습하면서 나도 세부적인 부분을 다듬어주며 함께했다. 다른 교과 진도에 침해되지 않는 선에서 짬을 내어 매일 조금씩 꾸준히 연습했다. 처음에는 어떻게 해야 할 지 헤매던 아이들도 꾸준히 연습하면서 각자 자신의 캐릭터에 알맞은 행동들을 연구해 오고, 소품을 미리 준비해오는 모습들을 볼 수 있었다. "아이들도 즐기고 있구나!" 희열감을 느낀 순간들이었다. 이처럼 하나의 공연을 준비하는 건 많은 시간과 노력을 쏟아내는 작업이다. 하지만 교사와 아이들 모두 즐겁게, 뮤지컬에 흠뻑 빠져, 뮤지컬과 하나가 된 시간들이었다.

공연 당일, 학교에 오자마자 떨린다며 재잘거리는 아이들. 지금까지 열심히 했으니 그것으로 충분하다며 서로 파이팅을 외치고 강당으로 향했다. 1반부터 시작되는 공연. 우리가 한 달간 온작품 읽기로 함께 읽은 '잘한다 오광명'을 직접 뮤지컬로 구현하는 순간이었다. 이미 함께 전체적인 스토리를 공유한 덕분인지 아이들이 뮤지컬을 보는 집중력은 대단했다. 엉덩이 가볍고 말하기 좋아하는 아이들임에도, 2시간동안 한 자리에서 뮤지컬을 감상하며 함께 웃고 울었다. 우리 반 차례가 되어서 무대에 올라가니, 아이들은 연습

〈 공연하기 〉

〈3학년 모두가 주인공 모두가 관객~〉

한 것보다 더 멋진 기량을 뽐내었다. 무대체질이란 말이 이런 걸까. 200% 감정 이입하여 연기를 하는 친구들을 보며 그 동안 함께 연습했던 시간들이 떠올라 나 또한 가슴이 뭉클해졌다.

공연을 마친 후, 소감 나누기를 하면서 아쉬운 점들을 이야기하는 아이들. 내 눈엔 모두 최고였는데.. 그만큼 뮤지컬에 마음을 쏟았으니 후회도 아쉬움도 남는 법. 서로 잘했다고 크게 박수치며 마무리했다.

뮤지컬을 함께 연습하여 공연을 올리는 과정 속에서, 아이들 사이의 보이지 않은 연결고리도 더욱 단단해진 느낌이었다. 그리고 친구들의 몰랐던 끼를 새롭게 발견할 수 있었던 시간이기도 했다. "○○이는 몸 연기를 너무 잘해요." "☆☆이는 목소리 표현을 너무 실감나게 해요." "□□이는 노래를 참 잘 해요." "♡♡이는 춤을 예쁘게 잘 춰요." 등 아이들도 몰랐던 친구들의 소질과 적성을 개발해 낼 수도 있었다. 사실, 교실에서 획일적인 수업을 하면서 어떻게 아이들의 꿈과 끼를 찾아서 발현시킬 수 있을까? 나를 드러내고 표현할 수 있는 다양한 수업 활동을 통해서 자신의 적성을 찾아갈 수 있는 기회를 많이 주는 게 학교의 제대로 된 진로교육이 아닐까? 이번에 경험한 뮤지컬 수업이야말로 진짜 진로수업이 아닐까 하는 생각이 들었다. 그리고, 이번 기회를 통해 자신감과 책임감이 생긴 아이들이 많아졌다. 처음에는 쑥스러워하던 아이들도 무대에서 내 몸과 목소리로 표현함으로써 나도 해냈다는 자신감을 많이 가지게 되었다. 또한 자신이 맡은 역할을 책임지고 해낼 수 있도록 한 명 한 명 준비하고 노력하는 모습을 많이 볼 수 있었다. 교사로서도 참 보람되고 값진 경험이었음은 물론이다. 아이들과 함께 무에서 유를 창조해낸다는 자체가 보람이었고, 그 과정에서 아이들이 도전하고 좌절하면서도 다시 연습하여 결국에 해내는 모습을 보면서 나도 배우는 시간들이었다.

아마 아이들에게 '잘한다 오광명'이란 책은 절대로 잊을 수 없는 이야기가 되었을 것이다. 단순히 글로만 읽고 넘어갔다면, 제대로 이해 못한 부분도 있었을 것이고 기억에 안 남는 부분도 많았을 것이다. 하지만 책을 읽고, 한 달이라는 긴 시간동안 친구들과 함께 몸소 몸으로 표현하면서 함께 울고 웃었던 이야기는 아이들을 아이들의 가슴 속에 깊이 남아 있을 것이다. 지금의 나처럼.

아이들이 꽃 피워낸 온작품 수업

이주연
교　사

교사, 다 함께 온 작품 수업의 터를 닦다

'불량한 자전거 여행 프로젝트'는 내가 발령 후 첫 담임을 맡고 나서 동 학년 선생님들과 가장 먼저 구상했던 프로젝트였다. '교육과정 회의'를 처음 접하는 신규교사였던 나에게, 이는 마치 농부가 한 해의 성공적인 농사를 위해 터를 닦아 놓는 작업 같다고 느껴졌다. 작물이 무럭무럭 자라 온전히 우리 식탁에 올라오기 위해서는 필연적으로 농부의 땀과 노력이 필요하다. 교육도 마찬가지다. 한 해 농사의 시작이 터를 닦는 것이라면, 교육의 기초는 교육과정을 세우는 것이다.

아직 쌀쌀한 바람이 불었던 2월 초, 아이들의 온기가 없는 겨울방학 중이었지만 5학년 협의실 안은 시끌벅적한 소리와 열기로 가득했다. 그해의 교육과정을 어떻게 재구성할 것인지에 대한 선생님들의 열띤 토론이 한창이었기 때문이다. 가장 먼저, 아이들이 어떤 성취, 변화, 추억을 얻기 원하는지 협의를 하고 그에 따라 월별 교육 주제를 정하였다. 교육부에서 제시한 교육과정을 그대로 따르는 것이 아니라, 아이들을 우선으로 고려한 교육과정으로 재구성한다는 것은 그야말로 신선한 충격이었다. 이론적으로만 듣고 배운 교육과정 재구성을 처음 발령받은 해에 눈앞에서 경험하고, 또 그 일원이 되었으니 당연한 일이었다. 그렇게 월별 주제가 정해지고, 주제에 맞는 프로젝트도 하나, 둘 구상해 나갔다. 아이들과 처음 만나는 3월은 '나와 공동체'로 정해졌고, 이 주제와 적합한 작품을 토의한 끝에 ≪불량한 자전거 여행≫이 선택되었다. 작품이 선택되자, 선생님들은 일사천리로 작가를 섭외하고 작품과 연계될 수 있는 각 교과의 내용 요소를 뽑아내는 등 프로젝트를 세부화했다. 동 학년으로 처음 만난 것임에도 마치 오랜 세월 동안 잘 맞물려 돌아가는 톱니바퀴를 보는 듯했다. 그렇게 나는 선생님들과 모든 터를 닦아 놓고 이 프로젝트가 아이들을 만나 어떻게 펼쳐질지 기대하며 3월이 오기를 손꼽아 기다렸다.

아이들의 자양분으로 싹을 틔우고 꽃을 피우다

교사가 열심히 교육의 터를 닦았으니, 교육의 산실도 온전히 교사의 몫일까? 몸소 느껴본 결과 그렇지 않다. 오히려 교사가 잘 닦아 놓은 터 안에서 아이들이 싹을 틔우고 저마다의 꽃을 피워낸다. 심지어 예상하지 못한 꽃들도 피워내 교사들을 놀라게 한다. 그중 몇 가지 일화를 소개해 보고자 한다.

가장 먼저 떠오르는 일화는 책 표지의 그림과 목차를 보며 책의 내용을 예상해보는 '책과 만나기' 시간이었다. 대부분의 아이들이 제목만 보고 '자전거 여행을 하다 자전거가 고장 나서 고생을 하는 이야기', '불량한 학생들이 자전거로 여행을 하는 이야기' 등의 직관적인 예상을 했다. 그런데 한 아이가 표지와 차례를 유심히 살피더니 "마음에 불량한 부분, 그러니까 상처가 있는 사람들이 모여 자전거 여행을 하면서 치유하는 이야기일 것 같아요."라고 조심스럽게 말했다. 예상치 못한 답변에 놀라 재빨리 "왜 그렇게 생각했니?"라고 물으니, "제가 평소에 자전거를 타면 잡생각이 사라지는데, 이 주인공도 자전거를 타며 그런 기분을 얻을 것 같아서요."라고 수줍게 답했다. 아이는 자신의 경험을 통해 책과 이미 깊이 마주하고 있었다. 사실 이 아이가 평소에 발표도 잘 하고 수업 태도도 좋은, 소위 말하는 모범생이었다면 이 정도로 놀라지 않았을 것이다. 문제행동을 하진 않지만 언제나 자신의 세계에 빠져있는 친구였는데, 이 질문 하나로 그 아이의 새로운 면을 보게 된 것이다. 더욱이, 그 아이의 대답을 시작으로 더욱 깊이 있고 창의적인 예상이 많이 나와 책과 만나는 시간만 한 교시를 꽉 채워 수업했던 기억이 난다.

두 번째 일화는 아이들이 책을 대하는 자세의 변화에 대한 것이다. 성인도 그러하듯 대부분의 아이들은 '독서'라는 단어만 들어도 경직되고 기피 하는 태도부터 보인다. 심지어 200페이지가 넘는 장편 동화라니. 대부분이 50페이지가량의 책도 읽어 본 기억이 없었기에 아이들은 처음에 모두 아연실색했다. 그러나 아이들은 한쪽, 두 쪽, 순식간에 한 챕터를 다 읽더니 볼멘소리는 어느덧 사라지고 눈빛을 빛내며 책을 읽어 나갔다. 심지어 교과서의 글도 읽기 싫어하던 아이가 반 친구들의 분위기에 매료되었는지 느리지만 천천히 읽어 나가기 시작했다. 참으로 진기한 경험이었다. 그렇게 아이들이 책을 대하는 자세가 변했음을 동 학년 선생님들과 나누던 와중에 한 선생님으로부터 꿀 팁을 얻었다. 본인은 아이들이 책상에 앉아 책을 보는 것이 아니라 바닥 매트나, 교실 텐트 등 자유롭게 자신이 원하는 곳에 가서 독서 하도록 한다는 것이다. 아이들이 모이면 분명 떠들거나 장난쳐 독서에 방해가 될 것이라는 나의 선입견을 완전히 깨부수는 말이었다. '과연 잘 될까?' 하는 반신반의의 마음으로 아이들에게 제안했더니 아이들은 환호하며 삼삼오오 친구들끼리 모였다. 환호를 듣는 순간 아차 싶었지만, 속는 셈 치고 지켜보았다. 그랬더니 정말 동 학년 선생님께서 말씀해 주신 대로 친구들과 편하게 앉거나 누워 책을 읽는 것이 아닌가. 심지어 단어나 캐릭

〈 책속에 풍덩 〉

터가 이해되지 않는 부분은 서로 토의하기도 하면서 깊이 있는 독서를 해 나갔다. 이렇게 자유로운 분위
기 속에서 교사의 지도 없이 생각 주머니를 키워가는 아이들을 보면서 온전히 믿지 못한 내가 반성이 되
었다. 이처럼 여러 일화를 통해, 교육을 꽃 피우는 것은 전적으로 아이들에게 달려있다는 것을 절실히 경
험했다.

온 작품 수업의 산실, 열매를 맺다

온 작품 수업을 구상할 때 가장 최우선으로 했던 목표는 책을 읽는 경험이 아이들의 삶 속에 녹아들도록
하는 것이었다. 책이 아이들의 삶에 녹아들 때, 비로소 온 작품 수업의 열매가 맺는다고 생각하였다. 이 생
각은 아이들과 책을 나눌수록 점차 확신으로 바뀌었다. 한 예로 작품 속의 주인공 학생이 부모님의 불화

로 가방을 싸고 쪽지를 남긴 후 자전거 동호회를 하는 삼촌을 찾아가는데, 자신이 그 주인공이 되어서 가방에 챙길 물건과 쪽지를 써보는 활동을 했다. 아이들은 내가 예상한 것보다 더 진지하게 고민했다. 실제

〈작가와의 만남〉

자신이 그 상황에 처한 것처럼 가방에 어떤 물건을 챙겨야 실용적일지 고민했고, 자신의 상황을 투영하여 쪽지를 쓰는 친구도 더러 있었다. 서로의 쪽지와 가방 속 물건을 공유하면서 공감하기도 하고 마음속 한편에 있던 짐을 내려놓은 듯한 표정을 보이는 아이들을 보았다. 주인공 외에도 작품 속에는 각양각색의 사연과 문제를 가진 캐릭터들이 등장한다. 이 자전거 동호회 회원들의 다양한 갈등 상황에 대해 토론해보는 활동을 했었는데, 아이들은 그 인물이 된 것처럼 실감나게 입장을 대변하기도 하고 더 나아가 교실에서 일어난 친구와의 문제와 연결 지어 생각하기도 했다.

이 외에도 아이들이 책을 읽으며 자신의 삶과 연결 짓는 경우가 많았지만, 가장 절정이었던 순간은 작가와의 만남이지 않을까 싶다. 아이들은 장장 한 달간 푹 빠져있던 책을 쓴 작가님을 만난다는 생각에 설레어하기도 하고 궁금한 점도 많아했다. 어떤 아이는 벌써 사인을 받을 생각에 입꼬리가 내려가지 않았다. 그래서 그동안의 온 작품 활동결과들을 전시하고, 아이들이 궁금한 점들을 포스트잇에 쓴 뒤 보드판에 붙여 작가와의 만남을 준비했다. 드디어 작가와의 만남 당일! 작가님은 아이들이 자신의 책을 읽고 이렇게 자신들의 삶과 연결 지었다는 것에 감동하시며, 자신의 이야기를 많이 해주셨다. 왜 이 작품이 나오게 되었는지, 작품 속 인물과 에피소드가 작가님이 살아온 삶과 어떤 관련이 있는지에 대해 자세히 말씀해 주셨다. 아이들은 정말 놀라울 정도로 눈을 빛내며 작가님 이야기에 빠져들었다. 수업 시간에 보기 힘든 집중력이라 내심 서운하기도 했지만……. 한편으로 '이 책이 아이들의 삶에 깊이 녹아들어 큰 열매를 맺었구나!'하고 뿌듯한 마음이 들었다.

아이들 스스로 열매가 난 자리에 씨를 퍼트리다

≪불량한 자전거 여행≫ 외에도 몇 권의 온 작품 수업을 했지만, '이 프로젝트가 성공적이었다.'라고 말할 수 있는 가장 큰 이유는 아이들 스스로 교육과정에 참여하게 된 경험 때문이다. 작가와의 만남을 한 뒤, 동 학년 선생님들도 스스로 성공적이었다고 평가하며 프로젝트를 마무리했었다. 그런데 아이들에게는 작가와의 만남이 프로젝트의 끝이 아니었던 것이다. 오히려 작가와의 만남이 도화선이 되어 새로 나올 2권을 기다리거나, 작가님의 다른 작품을 구매해 읽는 붐이 일어났다. 심지어는 책의 내용처럼 우리도 자전거 여행을 떠나자는 아이들의 요구가 많이 있었다. 나를 비롯한 동 학년 선생님들은 아이들의 이러한 변화에 들떠 하며 그 요구를 흔쾌히 들어주기로 하였다. 바로 다음 달 월간 교육과정에 '인천대공원 자전거 여행'을 넣어 추진하였다. 자전거 여행 느낌이 나도록 대공원의 장소별로 미션을 주고, 모둠별로 팀을 만들어 미션을 수행한 뒤 사진을 찍어 올리도록 하였다. 교사의 도움 없이 아이들 스스로 대공원 안에서 자전거 여행을 하는 것이다. 반응은 가히 폭발적이었다. 아이들은 신나게 미션을 수행했고 사진을 찍으며 추억을 쌓았다. 한 학기가 지나고 되돌아보는 시간을 가졌을 때, '불량한 자전거 여행 프로젝트'가 가장 기억에 남

〈 인천대공원으로 떠나는 불량한 자전거여행 〉

는 활동이라고 너나없이 말한 것만 보아도 이 작품이 아이들의 삶에 깊이 내려앉았다는 것은 분명하다. 책 한 권으로 교육과정에, 더 나아가 아이들에 삶에 깊이 녹아들 수 있다는 경험을 하여 교사로서도 큰 발전을 하게 된 계기였다. 함께 해준 동 학년 선생님들께 감사드리며, 앞으로도 아이들의 마음을 흔들 수 있는 온 작품 수업을 해 나가고 싶다.

신나는 동시 읽기
어린이책 읽기 전문적학습공동체

한우정
교　사

신나는 동시 읽기

대추나무도 처음엔 처음 해 보는 일이라서
꽃도 시원찮고 열매도 볼 게 없었다

암탉도 처음엔 처음 해 보는 일이라서
횃대에도 못 오르고 알도 작게만 낳았다

모두들 처음엔 처음 해 보는 일이라서
조금씩 시원찮고 조금씩 서투르지만

어느새 대추나무는 내 키보다 키가 크고
암탉은 일곱 식구 거느린 힘센 어미닭이 되었다

- 이안, 「모두들 처음엔」 전문

지난 5월 27일, 코로나19로 등교개학이 다섯 차례나 연기된 끝에 유치원과 초등 1,2학년 등교수업을 시작으로 주1회 나마 학교 등교수업이 이루어졌다. 4월 16일 온라인 개학 이후 한 번도 경험해보지 않은 일들을 묵묵히 해내느라 교사도 아이들도 학부모님들까지 좌충우돌 모두 제정신이 아니었을 테다. 설레고 긴장하는 마음으로 출근을 했어야 하는 3월

2일, 시업식을 앞두고 코로나19 여파로 학교 일정이 온통 엉망이 되어버려 뭘 어찌해야 하는지, 온라인으로 아이들과 어찌 만나야 하는지, 그저 손 놓고 대기하며 허망함으로 당황하던 때는 아예 기억 저편으로 사라질 만큼 이제 우리는 온라인 원격수업에 익숙해져서 의연하게 잘 해내고 있다.

동 학년 선생님들과 행복한 책읽기

동 학년 선생님들과 동화책, 동시집을 함께 읽는 일은 독서교육을 중요하게 여기는 학년 교육과정을 함께 만들어가는 과정에서 어쩌면 당연한 일이다. 온 작품 읽기, 한 학기 한 권 읽기라는 이름으로 2015 개정 교육과정이 도입되면서 학교 현장에서는 다양한 방법으로 독서교육이 이루어지고 있지만 선생님들의 어린이 책 읽기는 여전히 익숙하지 않다. 온 작품 읽기 도서 목록 또한 선생님들이 직접 읽어보고 우리 학교, 우리 반 아이에게 알맞은 책은 어떤 것인지, 과정에서 끊임없이 수정 보완되어야 함에도 시간적인 제약 등 다른 업무에 밀려, 선생님들과 함께 읽기 시간을 가져보지 못한 채 아이들에게만 독서를 강요하게 되는 일이 다반사다.

독서 습관은 특히 초등교육에서 좋은 기억으로 자리 잡을 수 있도록 동기부여가 무척 중요하다. 이를 위한 해법은 한 가지다. 교사가 어린이 책 읽기를 좋아하고 일상으로 즐기면 된다. 함께 읽기는 온 작품 읽기에서 가장 중요한 방법적 요소다. '한 사람이 열권의 책을 읽는 것 보다 열 사람이 한 권 읽고 나누는 것이 훨씬 좋다'. 이 방법은 아이들에게도 교사에게도 똑같이 적용된다. 어린이 책을 동 학년 선생님들과 함께 읽고 나누다 보면 자연스럽게 반 아이들에게 옮아갈 수 있다. 무엇보다 일상적으로 어린이 책을 가까이 두고 동 학년 선생님들과 꾸준히 함께 읽기는 교사로서 책무를 떠나 어느새 행복한 책읽기로 자리 잡게 된다.

그중에서도 동시집은 바쁜 학교 일상에서 함께 읽기에 좋도록 설계된 맞춤형 텍스트다. 무엇보다 읽기에 부담이 없고, 다양한 시들 가운데 내 삶과 밀착된 시를 골라 이야기 꺼내기에 좋고, 그러다 보면 자연스럽게 우리 아이들의 삶과 교사의 역할이라는 거대 교육담론으로 이야기가 진행되면서 상황에 맞는 시들을 줄줄이 엮어내게 된다. '오늘은 우리 아이들에게 이 시를 소개하고 이런 이야기를 나눠야겠다, 이 시는 우리 반 ○○에게 소개해주고 싶은 걸, 이 시는 시집간 지 얼마 안 된 내 딸한테도 꼭 보내줘야지…' 등등. 함께 읽고 이야기 나누기에 그치지 않고, 사진을 찍어 두거나, 필사하여 가지고 다니며 가끔 다시 펼쳐보기, 직접 녹음해서 내 목소리로 다시 듣기, 짧은 시는 암송하여 노래하듯 흥얼거리기도 하며 시를 갖고 다양하게 놀게 된다. 동시집을 처음 읽게 되었다는 한 선생님은 동시집 함께 읽기를 하다 보니 나도 모르게 내 안의 감수성이 살아나는 것 같다며 만족해하셨다. 함께 읽고 나누는 시간을 가지지 않으면 얻을 수 없는 귀중한 체험이다.

> 작품은 가슴으로만 쓰는 것도, 손끝으로만 쓰는 것도, 머리로만 쓰는 것도 아니다.
> 김수영의 말마따나, "시작(詩作)은 '머리'로 하는 것도 아니고
> '심장'으로 하는 것도 아니고 몸으로 하는 것이다. '온몸'을 밀고 나가는 것이다."
> 작품 감상 역시 마찬가지다. 어느 하나로만 하는 것이 아니다. 아이들이 온 몸, 온 감각으로 자라듯,
> 입으로, 머리로, 눈으로, 가슴으로, 그리하여 온 몸, 온 감각으로 끌어당기듯 하는 것이다.
>
> - 이안, 「다 같이 돌자, 동시 한 바퀴」 중에서

이안 시인은 그의 동시 평론집, 「다 같이 돌자, 동시 한 바퀴」에서 시가 아니라 동시이기 때문에 가능한 지점들에 주목한다. "아이들이 읽으면 동요가 되고, 젊은이들이 읽으면 철학이 되고, 늙은이가 읽으면 인생이 되는 그런 시". 좋은 동시가 그렇다.

동시는 어린이 문학이지만 모두가 함께 읽고 즐길 수 있어서 더욱 매력적이다.

문학기행과 지속가능한 독자+작가와의 만남

4월 16일 세월호 6주기를 맞이한 그 날, 6학년 온라인 원격수업을 시작했다. 동시에 우리 동 학년 선생님들은 6학년 교육과정을 함께 만들어가며 어린이 책 읽기를 본격적으로 시작했다. 이안 동시집《오리 돌멩이 오리》를 시작으로, 사회 교과 관련 한국 현대사를 담은 책을 먼저 읽었다. 8.15해방 이후 반민특위를 배경으로 한《새 나라의 어린이》, 제주 4.3항쟁을 배경으로 한《한라산의 눈물》, 그리고 1학기 온작품 도서인《몽실 언니》를 함께 읽고 나눴다. 모두 6학년 교육과정과 맞닿아 있는 내용이다. 이 과정은 아이들과 온라인 원격수업 진행 과정에서 죽은 교과서 지식에 머물지 않고 생생한 삶 가운데 구체적으로 접근할 수 있어서 큰 배움 활동이 되었다.

온라인 원격수업이 어느 정도 정착되면서 동시집 함께 읽기는 작가와의 만남으로 이어졌다. 코로나 상황 속에서 작가와의 만남이 대면으로 이어지는 게 여의치 않게 되자, 독자와 작가들 사이에서 다양한 방법-줌(Zoom)을 활용한 온라인 만남 등-으로 소통을 모색하기 시작했다. 이보다 앞서 이안 시인은 올해 출판된《오리 돌멩이 오리》시집의 실질적인 배경이 된 충주 '호암지'에서 지속적인 독자+작가와의 만남을 기획했다. 이에 부응하여 우리는 이안 시인과의 만남을 가지는 동시에 권태응 '감자꽃'의 고장인 충주 문학기행을 아울러 계획하기에 이른다. 이 계획은 동시집 함께 읽기에 가속도를 붙여주었고, 덕분에 우리는 시집을 꾸준히 함께 읽으며 온라인 학습으로 답답하고 힘든 과정을 자연스럽게 털어놓으며 서로 위로하고 지지하는 시간으로 만들 수 있었다. 충주 문학기행과 이안 시인이 기획한 지속 가능한 독자+작가와의

충주 문학기행과 지속적인 독자+작가와의 만남

〈권태응 '감자꽃' 노래비 앞에서〉

〈어린이책 읽기-전학공 활동모습〉

〈이안 시인과의 만남〉

만남은 6월 14일, 일요일에 이루어졌다. 이른 장마로 연일 비가 오는 날씨였는데 그날은 쾌청하게 맑은, 문학 기행하기에 더없이 좋은 날이 되어 주었다. 반갑게 환대해주신 이안 시인과 다른 지역에서 온 몇몇 독자들과 어울려 시인의 동시 이야기를 생생하게 들으며 행복한 시간을 가졌다.

사람은 누구나 자신을 변화시키는 것(사람)을 사랑한다고 한다. 동시집은 동료교사와 함께 읽을 때도, 우리 아이들과 함께 읽을 때도, 그리고 작년에 읽을 때도 올 해 읽을 때도 언제나 '나'를 성찰하고 미묘한 변

화를 느끼게 한다. 처음엔 처음 해보는 일이라서 긴가민가하며 낯설게 다가오던 일이 이젠 내 안에 폭 들어와 버렸다. 점점 더 좋아지는 동시, 혼자 읽을 때보다 함께 읽어서 더 좋다.

> 처음엔 풀 사이로 숨기 바빴지
> 한 번 주고 두 번 주고
> 며칠 지나니
> 이제는 살랑살랑 마중을 오네
> 밥 몇 번 주었을 뿐인데
> 금붕어와 나 사이에
> 길이 든 거야
>
> 길든다는 말
> 길들인다는 말
>
> 금붕어와 나 사이에
> 길이 든다는 거였어
> 둘 사이에
> 살랑살랑
> 길을 들인다는 거였어

- 이안, 「살랑살랑」 전문

민주시민의식이 자라는 대의원 활동

호명성
교　사

시교육청에서 2020년에 배부한 학생자치 안내서는 '학생자치는 학생이 시민으로서 나와 우리의 일에 참여하여 서로 상의하여 결정하고 책임감을 갖는 것입니다'로 학생자치를 정의하고 있다. 이 정의에 의하면 학생들이 민주시민 자격을 가지고 주체적으로 참여하는 모든 활동들을 학생자치활동이라 할 수 있다. 우리학교는 선거를 통해 전교어린이회를 구성하지 않는다. 대신 심의 의결활동에 초점을 맞춘 대의원제도를 운영한다. 우리학교에서 민주시민성을 기르기 위해 대의원들이 어떤 활동들을 해 왔는지 살펴보도록 하자.

자율성이 자라다!

자율성은 자신의 일을 스스로 결정하고 자신이 결정한 일에 책임을 지는 자세이다. 핵심은 자기결정권을 확보하는데 있다. 대의원이 되는 과정은 철저하게 자발성에 기초한다. 하고 싶은 사람이 지원서를 작성하고 면접을 거쳐 대의원에 선발된다. 이 과정에서 자발성을 확보할 수 있는 장치들을 추가로 마련하고 있다. 대학원에 입학 할 때 연구계획서를 내는 것처럼 대의원 지원서를 받는다. A4 한장을 빽빽하게 채우다 보면 학생들은 이런저런 고민들을 하게 된다. 대의원이 어떤 일을 하는 사람일지를 고민하

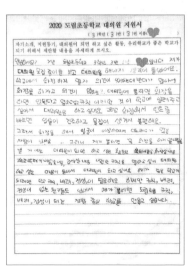

〈지원서〉

기도 하고 자신이 대의원이 된다면 무슨 일을 해야 할지도 고민하게 된다. 대의원이 되기전 치열하게 고민을 했던 학생과 아무 고민없이 대의원이 된 학생의 출발점은 전혀 다르다.

선발 과정은 면접으로 진행된다. 면접은 자신이 작성한 지원서를 면접관들 앞에서 구술하는 과정이다. 대의원 지원을 한 이유가 무엇이냐? 대의원이 된다면 어떤 일을 하고 싶으냐? 우리학교의 장점과 단점이 무엇이냐 등 간단한 질문만 던져줘도 아이들은 진지하게 대답한다. 이 과정을 통해 자신을 돌아보고 자기확신을 심어 줄 수 있다. 내가 왜 대의원이 되려고 하고 대의원이 되면 어떤 일들을 할지 진지하게 고민하고 성찰해 본 학생과 그렇지 않은 학생은 차이가 크다. 면접과정은 학생들에게 학생회 활동에 대해 진지하게 성찰 할 수 있는 기회를 제공해 준다. 대의원회가 구성 되면 사전 교육을 한다. 전년도 학생회 활동을 했던 선배들로 강의진을 꾸리고 강의 주제도 실제적인 도움이 될 만한 내용으로 구성을 한다. 우리학교는 작년 11월에 대의원을 뽑았다. 겨울 방학이 12월 31일이었기 때문에 12월에 주 1회 총 4번의 사전교육을 할 수 있었는데 교육의 질도 중요하지만 그것보다는 교육 자체가 더 중요하다. 이렇게 지원서를 작성하고 면접을 보고 사전 교육을 받았다 하더라도 자율성을 완벽하게 갖추지는 못한다. 실제 활동을 통해 차근차근 내면화해야 한다. 내면화는 행사진행을 통해 키워줄 수 있다. 학생회를 진행하다보면 행사를 진행하게 되는 경우가 많은데 학생들의 자율성을 키워주기 위해서는 무조건 한 가지를 기억해야 한다. 학생들에게 실패를 경험하게 하라! 우리나라 교육에서 학생들은 실패를 경험하지 못한다. 어

〈대의원 인터뷰〉

〈학생자치 사전교육〉

떤 일을 했을 때 부정적 결과를 받게 되는 걸 실패라고 한다. 부정적 결과의 원인을 분석하고 수정해서 다음번에는 긍정적 결과를 얻어내도록 만드는게 실패이다. 그런데 실패라는 말 속에는 중요한 전제가 숨어 있다. 바로 자기결정권이다. 자기가 결정하지 않은 일을 실패로 부를 수 없다. 학생회에서 복도통행 질서 캠페인을 벌인다고 생각해보자. 그 안건이 통과되는 과정에서 자치담당 교사의 입김이 상당히 들어갈 것이다. 자치담당 교사는 교감선생님의 사주를 받았을 확률이 상당히 높다. 그럼 이 캠페인의 주체는 누가 될까? 당연히 담당교사가 된다. 캠페인의 성패에 가장 안달난 사람은 자치담당교사가 될 것이다. 학생들은 별로 관심없을 것이다. 순번계획부터 실행계획까지 교사가 주도할 가능성이 높다. 학생들은 맥아리가 없을 것이고 담당교사는 얼굴이 화끈 거릴 것이다. 행사가 끝나고 나면 교감에게 불려가 한소리 듣는 사람도 담당교사 일 것이다. 이 행사를 통해서 학생들은 실패를 경험했을까? 실패를 경험한 사람은 담당교사이다. 학생들은 실패를 경험할 기회조차 없었다.

2019년 세월호 뱃지 만들기는 철저하게 대의원의 자발성으로 기획된 행사였다. 대의원 회의에서 뱃지 만들기 안건이 통과되었고 뱃지의 종류부터 행사 방식까지 아이들이 의견을 냈다. 나는 뱃지구입, 네임펜이나 매직 준비를 해 주었다. 실제로 행사를 진행하다 보면 디테일한 부분에서 신경쓸게 무척 많다. 행사장 설치만 하더라도 의자의 개수, 책상의 개수, 자리배치, 타이틀 설치 등등 기획 단계에서 생각하지 못한 변수들이 무척 많다. 이 모든 것들을 학생들에게 맡겼다. 학생들이 잘 할 수 있을까? 물론 잘하지 못한다. 책상 설치만 하

〈뱃지 만들기〉

〈경로당 방문〉

〈가래떡데이〉

더라도 전교 대상 행사인데 달랑 세개를 설치했다. 이때 "아이들이 몰리면 어떻게 하지?" 라고 가볍게 한마디 던지기만 해도 된다. 학생들이 결정하고 준비한 행사는 시작하기 전 대의원들이 엄청 긴장한다. 잘하지 못하면 어떻게 하지 걱정하는 것도 아이들 몫이다. 행사를 하는 이유가 뭘까? 행사의 성패는 무엇일까? 착착 진행되고 많은 학생들이 참여하는게 행사의 목적일까? 아니라고 생각한다. 그래서 이 모든 과정을 아이들에게 맡겨야 한다. 뱃지의 개수가 모자라 행사에 참여하지 못하는 아이들이 많이 생기게 되면 다음번에 비슷한 행사를 진행하게 될 때 뱃지의 개수를 잘 계획할 것이다. 책상이 적어 학생들의 줄이 길어 힘들었다면 다음번에는 책상 개수를 더 많이 준비할 것이다. 나는 이게 실패라고 생각한다. 실패는 주체적으로 참여한 사람만 얻을 수 있다. 그리고 다음번에 만회할 기회가 주어지는게 실패이다. 물론 교사의 도움이 꼭 필요하다. 단 모든 일을 자신들이 했다고 생각하게 만들어야 한다. 도와주더라도 은근슬쩍 도와주면 아이들의 자발성은 쑥쑥 자란다. 이런 식으로 1년을 보내면 아이들은 많이 달라진다. 학기말 경로당 행사에서 그 힘을 확인 할 수 있었다. 처음 경로당 방문 행사를 계획 할 때 나는 선물만 전달해주고 나오고 싶었다. 그런데 대의원들은 조를 짜서 위문노래를 불러 주겠다고 했다. 말리지 않았다. 난 뒤에서 사진만 찍었을 뿐 부끄러움은 대의원들의 몫이었다.

2018년 가래떡 데이 행사는 자기결정권의 힘을 보여주는 행사였다. 예전부터 빼빼로 계기교육을 많이 했는데 아이들은 겉으로만 듣는척 했지 씨알도 안 먹혔다. 우리반에서는 주고받지 않더라도 교사 몰래 주고받거 방과 후에 전달하는 아이들이 많이 있었다. 상술이네 비교육적이네 아무리 떠들어봐야 아이들은 내 말을 귓등으로도 듣지 않았다. 그런데 대의원에서 가래떡 행사를 진행한 2018년에는 정말 우리반에 빼빼로를 가져온 아이가 한명도 없었다. 전교가 들썩였다. 가래떡 하나 받아먹은 아이들을 보며 어떤 힘을 느꼈다. 교사가 아무리 교육적인 지도를 해도 듣지 않던 아이들이었는데 대의원이 진행한 행사 한방에 가래떡에 푹 빠져 농민의 날을 떠드는 아이들을 보며 심한 배신감을 느끼기도 했다.

공공성이 자라다!

학생들은 시야가 좁다. 개인과 관련된 경험들이 전부이다 보니 공공의 일에 관심을 가지기 힘들다. 학교에서는 공공의 일이 자신과 얼마나 밀접한 관련이 있는지를 경험할 수 있는 기회를 마련해야 한다. 우리학교는 매년 학생규칙만들기를 함께 해오고 있다. 학급별로 규칙을 만들기도 하지만 학교 전체에서 함께규칙을 만드는 활동을 1년에 한번씩 하고 있다. 2019년에는 교육삼주체회의를 중심으로 학생생활규칙을함께 만들었다. 학급회의, 학년다모임, 대의원 회의를 통해 학생들이 규칙을 만들었다. 교사들도 교직원회의를 통해 학생생활규칙에 대한 의견을 모았다. 학부모들은 가정통신문을 통해서 설문을 받았다. 모인의견을 가지고 3주체회의에서 토의를 거쳐 8가지 규칙을 만들었다. 만들어진 규칙을 학교게시판에 공고

〈 학생생활규칙 공청회 〉

〈포럼참석〉

하고 일주일동안 의견서를 받았다. 모아진 의견서를 바탕으로 공청회를 거쳐 최종적으로 학생생활규칙을 만들었다. 학생들은 일련의 과정을 통해 규칙이 학교 구성원 전체의 문제이며 자신이 관심을 가지고 의견을 표출할 때 변화되는 경험을 했다.

2019년 여름에는 강당을 누가 사용할 것인가가 화두로 떠오른 적이 있었다. 우리학교에는 5층에 소강당이 있었는데 6학년 전체가 5층에서 생활했기 때문에 수업 시간을 제외하고는 보통 6학년이 독점하여 사용하였다. 쉬는 시간이나 중간놀이, 점심시간에는 6학년들이 자유롭게 강당을 쓰고 있었다. 그런데 5학년 학생들을 중심으로 6학년이 강당을 독점하는데 대한 불만이 제기되었다. 결국 4,5,6학년 학생 대표와 교사대표가 모여 이 문제에 대해 3차에 걸쳐 토론하는 자리를 마련하였다. 신기하였던 점은 평소 강당을 사용하지 않던 학생들도 모두 이 문제가 어떤 방향으로 해결되는지 관심을 기울였고 적극적으로 자신의 목소리를 내려고 하였다는 점이다.

2019년에는 의도적으로 대의원들과 각종 포럼에 함께 참석했다. 민주시민교육을 주제로 한 포럼이었는데 내가 학생자치 꼭지를 맡아 운영하였다. 학생들에게도 주제를 미리 알려 주고 학생자치를 활성화 할 수 있는 방법들을 고민해 보게 하였다. 학생들은 진지하게 고민하였으며 자신만의 독특한 의견을 제시하기도 하였다. 시의회 견학도 공공성을 키울 수 있는 좋은 기회였다. 마침 시의원들은 도림동 근처에 상하수도 시설 건립과 관련하여 토론을 하였다. 자신들이 아는 장소가 나오자 학생들은 귀를 쫑긋하여 들었으며 상하수도 시설 건립에 대한 자신만의 의견을 말하기도 하였다. 조OO 대의원 학생은 2019 인천 학생인

권조례를 만드는 시민모임에 학생대표로 참석하기도 하였는데 시의회 참석 후 공적인 일에 관심이 생겼다고 했다. 이러한 경험이 바탕이 되어 2020년에 시교육청에서 제시한 정책연구에도 학생들은 적극적으로 참여하였다.

학생회 예산의 규모를 처음부터 대의원들에게 모두 공개하는 것도 공공성을 키우는 방법 중 하나이다. 작년 예산이 150만원이었고 올해 예산이 얼마며 작년에는 이 예산을 어디어디에 사용했는지 등의 정보를 모두 알려 준 다음 올해 예산을 어디에 쓰면 좋을지 함께 회의를 했다. 일련의 과정을 모두 학생들과 함께 했다. 나는 사용할 수 없는 곳이 어디인지 정도를 알려 주었다. 행사를 기획하고 예산을 분배하는 일을 경험해 본 아이들은 자연스럽게 공공의 영역에 눈을 돌릴 수 있게 된다.

연대성이 자라다!

구성원 내에서 문제가 발생했다면 토의와 토론을 통해 해결해 나가야 한다. 구성원 밖에서 문제가 발생하였다면 함께 힘을 모아 해결해야 한다. 이것이 민주시민에게 필요한 연대성이다. 대의원들과 함께 1년을

〈 시의회 방문 〉

보내며 연대성이 자라났다고 생각하는 지점이 몇 군데 있었다.

가장 먼저 대의원 회의를 꼽을 수 있다. 회의는 대의원 활동의 70퍼센트 이상을 차지하신다고 보면 된다. 우리 학교에서 사용하는 회의방법은 안건회의다. 먼저 대의원 카톡으로 2주동안 안건을 받는다. 회의가 시작되면 모인 안건을 사회자가 발표한다. 안건 발의자가 돌아가며 안건을 올린 이유를 설명하고 안건채택 절차를 가진다. 사전에 회의 규칙은 함께 정할 필요가 있다. 우리는 과반수 이상이 찬성하면 안건으로 채택하도록 규칙을 정했다. 안건이 채택되면 채택된 안건별로 토의를 진행한다. 안건이 찬반으로 나뉘는 경우 자유토론 형태로 진행하고 행사를 기획해야 하는 경우 학생들의 다양한 의견들을 받는다. 하나의 결론이 필요한 경우는 토의 과정에서 나온 의견들 중 중복되지 않게 1인 1투표를 하여 하나의 결정을 내린다. 서로의 의견을 깊게 들어보아야 하는 경우 투표를 하기 전 토론 시간을 길게 갖는다. 행사기획처럼 다양한 의견을 모두 수용해도 되는 경우에는 1인 중복투표를 하여 과반이 넘을 경우 채택한다. 간단하게 이야기하였지만 생각보다 회의가 복잡하고 길어지기 마련이다. 회의를 진행해 보면 알겠지만 퍼실리테이터의 역할이 엄청 중요하다. 학생들 중에는 이런 역할을 할 사람이 없어 교사가 이 역할을 해 주면 회의가 훨씬 매끄럽게 진행되지 않느냐 생각할 수 있겠지만 얻는 것보다 잃는게 더 크다. 이러한 회의를 2주간 진행하며 학생들은 소통하는 방법과 토의 토론 방식을 배울 수 있었다. 상대방의 말을 끝까지 들어주고 자신의 의견을 개진하는 법을 배웠고 내 의견을 하나 양보해야 하나를 얻을 수 있다는 점도 깨닫게 되었다. 회의는 연대성을 기를 수 있는 최고의 방법이다.

3월달에 공청회를 통해 학생생활 규칙을 정할 때의 일이다. 삼주체회의에서 정한 8개의 규칙 중 공청회 전날까지 핸드폰 사용과 화장 부분만 반대의견이 들어왔다. 이를 바탕으로 공청회를 열었다. 공청회에서 화장 반대의견서를 제출한 학생이 발표를 했는데당일 아침에 서명을 제출했다. 일주일동안 4-6학년 아이들에게 서명을 받았다. 학생들의 반대 이유는 첫째, 헌법에는 개인의 자유가 보장된다. 둘째, 경기도학생인권조례에서 복장의 규제를 금지하고 있다. 셋째, 선생님들은 자유롭게 화장하는데 학생들을 못하게 하는건 불평등한 일이다였다. 공청회가 끝나고 3주체회의에서 학생들의 의견이 반영되어 규칙을 수정했다. 이 일이 학생들 사이에서 두고두고 회자되었다. 서명운동은 또래 아이들의 힘을 모아 일을 해결했다. 이 경험을 한 아이들은 자세가 다를 거라고 본다.

학생을 시민으로 인정하다!

학생자치는 민주시민교육의 장이 되어야 한다. 학생들의 자율성을 키워 주어야 하고 공공성을 접할 기회를 마련해야 하며 연대성이 필요한 상황들을 경험하게 해 주어야 한다. 민주시민교육은 지식과 기능보다도 태도와 가치를 키워준게 더 중요하다고 생각한다. 교과와 창체를 포함한 교육과정을 잘 계획하는 것도 중요하지만 교사의 태도, 학교의 민주화 정도 등의 잠재적 교육과정이 더 중요한 이유가 여기에 있다. 학생들이 시민으로 존중받고 있을 때 민주시민의식이 자랄 수 있는 토양이 마련될 것이다.

원을 그리다, 마음을 나누다

김홍미
교　　사

처음 툭 튀어나온 말은 '문화 충격'이었다. 새로 옮겨 가뜩이나 학교도, 사람들도 낯선데 2월 연수에 참석하라니 이게 웬 날벼락인가 생각했다. 그렇게 참석했던 첫 연수의 내용과 형식 모든 것이 새로웠다. 연수란 자고로 강사가 앞에서 열심히 설명하면 연수생들은 가끔씩 고개를 끄덕이며 민망하지 않게 하는 미덕을 발휘하는 것이었다. 그런데 책상도 의자도 없이 둥글게 서서 끊임없이 움직이는 연수에 식은땀이 났다. 지금까지 교사로서 앞서가지는 않았지만 그래도 교육 흐름에 뒤떨어지지는 않는다고 생각했던 나의 안일함이, 아니 자만이 무너지는 순간이었다. 2월의 어느 날, 그렇게 도림에 첫발을 내디뎠다.

기억하기에 이곳에서는 모든 것이 낯설었다. 전입 교사에게 학교의 철학과 교육목표를 연수해 준 학교는 짧지 않은 교육 경력에 우리 학교가 처음이었다. 지금이야 많은 학교에 일반화되었지만 2월에 새학기를 위해 동학년 교사가 모여 교육과정을 재구성하는 것도 처음이었다. 학년 교육과정을 작성하는 것은 학년 부장님이 시수, 날짜와 씨름하며 계획하는 것이고 일개 교사인 나는 학급별 특색 활동을 운영하며 학년 교육활동이나 학교 행사에 조용히 튀지 않게 따르는 것 이라고 생각했다. 2월 교육과정 재구성을 위해 모이는 몇 차례 회의에서 나는 아무것도 모르는 신규처럼 회의 탁자 한 자리에 우두커니 앉아 있었다. 지금 돌이켜 생각해보면 신규도 나보다는 뛰어났으리라 본다.

가장 어려웠던 것은 회의나 연수에서 개인적인 의견을 말하는 것이었다. 개인적인 나의 성향도 있겠지만 내 의견을 적극적으로 제시하는 것도, 누군가의 의견에 반대 의사를 던지며 나를 드러내는 것도 쉽지 않은 일이다. 묵묵히 관행을 따르는 것이 미덕인 교직 사회 아

〈2월 전입교사와 함께하는 다모임〉

니었던가. 게다가 연수에서는 동그랗게 앉아 돌아가면서 소감을 말하라니. 순간 미드˙에서 보던 한 장면이 떠올랐다. 모르는 사람들이 모여 서로 자신의 이야기를 하며 눈물을 흘리면 다른 사람들이 위로해 주고 박수쳐주는 그런 장면들이 머릿속에 떠오르며 아찔해졌다. 누군가는 앞에서 매일 아이들에게 이야기하고 적극적으로 발표해야 한다고 가르치는 교사가 이런 모습이라니 실망할 수도 있을 것이다. 그러나 준비된 것을 아이들 앞에서 말하는 것과 나의 생각을 즉석에서 말하는 것은 너무나 다르다. 그 시간은 긴장의 연속이었다. 회의 시간, 연수시간이 부담스러웠던 나를 선생님들은 무시하지도 그렇다고 질책하지도 않으셨다. 자리 배치가 동그랗게 되어 있을 때마다 농담처럼 '환 공포증이 생긴 것 같아요'라고 말하면 웃어주던 동료 선생님들이 있었기에 나 또한 성장할 수 있었다. 때로는 의견을 물어봐 주고 응원해주며 서서히 학교 문화에 적응할 수 있도록 기다려주셨기에 가능한 일이었다.

그렇다고 모든 회의가 매끄러운 것은 아니었다. 목소리가 커지고 침묵의 시간이 길어질 때도 있었다. 결

---

* '미국 드라마'의 줄임말

론이 나지 않고 고민의 시간이 길어질 때의 해답은 역시 서로에 대한 믿음이었다. 의문이 생기고 서로의 의견이 다를 때는 비난이 아닌 경청과 소통으로 이해하려 노력하였다. 이러한 끊임없는 대화와 소통은 비단 교사집단뿐만이 아니라 교사와 학부모, 교사와 학생들, 그리고 학생들 사이에서도 서서히 자리 잡고 있었다. 회의나 수업에서 서로를 존중하는 우리 학교의 문화는 나의 의견에 반대하는 것이 나에 대한 공격이 아니라는, 당연하지만 강한 믿음이 자리 잡고 있기에 가능했다. 또 교장 선생님의 의견이라고 해서 일반 교사의 것보다 가치를 더 두지 않는다. 마찬가지로 교사의 의견이라고 해서 학생들의 의견보다 더 가치를 두지 않는다. 누구의 목소리든 그 의견의 무게는 평등하였다. 이런 성숙한 의사결정의 과정들이 있기에 우리 학교의 모든 것들에 대한 책임은 개인이 아닌 모두의 책임이었다. 그럼으로써 우리 모두의 학교가 되어 갔다.

서로를 믿고 의견을 나눈다는 것은

누군가는 무엇이든 회의하는 우리 학교의 모습이 효율성이 떨어지는 일이라 비판할 수도 있을 것이다. 나 역시 처음에는 결론 나지 않는 회의를 지켜보며 그냥 누군가가 결정해 주기를 바랐던 적이 있었다. 긴 회의 시간이 지루했고 내 업무가 아니라는 생각에 의견을 내는 데 적극적이지도 않았다. 쉬운 길을 두고 어렵게 돌아가는 것처럼 보였다. 그러나 그렇게 결정된 사안들은 내가 주체가 아니기 때문에 뒤에서 비난하기 쉽다. 그리고 결과가 좋지 않을 때에는 책임에서 자유로울 수 있다는 얄팍한 이기심이 작동된다. 물론 회의가 길어진다고 해서 좋은 결과로 이어지지는 않는다. 그러나 그만큼 많은 사람의 생각이 공유되고 이해되면서 우리 학교는 교육 공동체가 함께 움직이고 앞으로 조금씩 나아가는 지금의 모습이 되었다. 틀려도 다시 함께 문제를 해결할 수 있다는 서로에 대한 믿음이 있기에 용기 낼 수 있었다.

서로를 믿고 의견을 나누는 모습은 학생들의 회의 시간에도 그대로 투영된다. 우리 학교는 모든 학년에 걸쳐 다모임 활동이 있다. 학년별로 횟수의 차이는 있지만 매월 한 번씩은 자신을 점검하는 시간을 가지곤 한다. 학급 다모임, 학년 다모임에서 학생들은 교사들과 마찬가지로 둥글게 앉아 자신의 의견을 거침없이 발표한다. 물론 나처럼 아웃사이더 기질의 학생에게는 '패스'라는 강력한 방어권이 있긴 하지만 대부분의 학생들은 자신에게 오는 발언의 기회를 누구보다 잘 활용한다. 저학년 때는 자신의 의견이나 느낌 등을 말하고 고학년으로 올라갈수록 논리적으로 자신의 의견을 말한다. 갓 입학한 1학년부터 다모임이 일상이 된 6학년까지 이 과정에 어색함이 없다. 특히 학교의 굵직한 행사가 끝나고 난 뒤 가지는 평가의 시간에는 전문가처럼 의견을 발표하는 모습에 깜짝 놀라곤 한다. 아이들은 다모임 시간 동안 서로의 의견을 경청하고 때로는 친구들을 설득하며 이 사회의 믿음직한 시민으로 성장한다. 내 친구뿐 아니라 선생님, 부모님들도 나의 의견을 들어주고 지지해준다는 신뢰의 힘이 아이들을 건강하게 만든다. 더욱이 자신들이 낸 의견이 학교 활동에 반영되는 경험을 맛본 후에는 자신감으로 충만해진다. 머리로만 배우는 것이 아니라 발로 배우고 가슴으로 느끼며 성장해 간다. 어른들의 신뢰 속에서 아이들이 성장하는 모습을 보는 것은 교사에게 더할 나위 없는 보람이다.

학부모님들 역시 학교에 더 없는 지지를 보내주신다. 보통의 학교와는 다른 교육과정으로 인해 혁신 학교 초기에는 당연히 걱정과 혼란이 있었을 것이다. 그러나 지금은 누구보다 학교 교육에 응원을 보내주는 든든한 교육 동반자가 되었다. 그러한 신뢰의 고리가 생길 때까지 학교와 교사들은 고민하고 학부모님들과 소통하였다. 의문이 생길 때마다 모두 함께 머리를 맞대고 아이들을 위해 나은 길을 찾아보았다. 학부모 동행 모임을 통해 교육 철학을 나누고 아이들 문제를 공유하며 학부모님들은 나의 아이뿐만이 아니라 학교 모든 아이들의 보호자가 되었다. 그리고 적극적으로 아이들에게 도움이 될 연수를 찾아 받으시고 그 배움을 아이들에게 나누며 우리 학교 공동체의 한 축으로 단단히 자리매김하고 있다.

서로를 믿기에 우리 학교는 거침이 없다. 혼자가 아니라는 믿음에 우리 학교 교육은 더 큰 힘을 갖는다. 아직 완성형이 아닌 진행형인 우리 학교의 미래는 그래서 더욱 밝다.

공동체

탐험과 축제로 자라는 공동체

배움! 알파와 오메가
내 고장 탐험학습

김주현
교 사

내가 함께했던 모둠은 초등학교 2학년 남학생 4인으로 구성된 인천대공원 자전거 탐험팀이었다. 계획은 학교에서 출발하여 소래-인천대공원을 잇는 자전거 도로를 이용하는 것이었다. 7km 정도 되는 길이라 꽤 먼데 하면서도 결과보다 과정이지 갈 수 있는 곳까지 갔다오자 차선도 담아두었다. 그리고 안전을 위해 그림자 도우미로 어머님 한 분까지 총 6인으로 구성되었다. 솔직히 2학년에서 인천대공원까지 자전거 탐험을 하겠다고 계획서가 제출하였을 때 이미 교사, 학부모는 학생들에게 한세상을 도전받았다. 아침에 어머님을 뵈었더니 피곤하고 긴장돼 보이셨다. 말씀으로는 애기들이 다녀올 수 있을까 너무 걱정이 되어 자전거로 사전 답사도 다녀오고 그랬음에도 여전히 불안해서 잠을 잘 못 주무셨다고 하셨다. 단단히 보호 장비를 찬 아이들이 교문 앞에 모였다. 무심결에 아이들을 챙겨 출발하시려는 어머님을 붙들었다. 아이들의 선두와 후미를 모두 지켜 서지 말고 아이들이 결정하는 길을 그냥 따라가자며 이야기를 나누고 있을 때 한 학생이 질문했다.

재민 : (의기양양 출발 자세로 교문을 보고 있다 뒤에 대기 중인 나를 본다.)선생님~ 인천
　　　 대공원 길 어떻게 가요?

교사 : (헉! 경로는 그렸으나 역시 아직은 추상 개념일 뿐, 앎=삶 일치되는 그날까지 오늘
　　　 은 고생을 제물로 받치리라) 나는 오늘 그림자 도우미인데. 너희들 결정하는 데로
　　　 갈 뿐... 찾다가 길을 못 찾으면 또 안 되는 대로 탐험하지 뭐.

---

* 학생 이름은 가명으로 처리함

재민, 현철, 민기, 정태 : 어쩌지? 네비로 찾는다며.. 몰라! (교사를 보다 답을 얻을 수 없음을 알고 소란스
　　　　러워지다 자기 몫의 결정으로 가져간다)
현철 : (핸드폰 지도를 잠시 두드리다 포기)가자 내가 길을 알 것 같아. 갈 수 있어.

학생들은 대공원과 소래를 잇는 자전거길이 아닌 아버지와 서창도서관을 다녀서 길을 안다는 학생의 경
험 지도를 따랐다. 육교를 건너고 서창1, 2지구 마을 속살을 오롯이 뚫고 나아갔다. 오르고, 내리고, 걷고,
뛰고, 멈추길 40분! 장수동 사거리 진입전 현철이 갈래길에서 고민하다 왼쪽으로 꺾는다. 뒤따르던 민기
가 뭔가를 말하려다 말고 털래 털래 따라간다.

교사 : (배움의 순간! 이 타임을 놓칠 수 없지)얘들아! 여기서 길을 합의해야 할 것 같은데? 아까 뒤에서 친
　　　구가 하고 싶은 말이 있던 것 같더라.
민기 : 여기서 위로 쭉 가야 할 것 같아요.
교사 : 왜 그렇게 생각했니?
민기 : 길 안내판에 장수동이 저쪽이라고 되어 있었어요.
교사 : 안내판을 봤구나. 그래~ 친구는 왜 왼쪽 길을 선택했어?
현철 : 인천대공원 갈 때 탔던 버스가 이리로 갔었어요.
교사 : 오호~ (흠.. 역시, 사람에게 이유 없는 행동은 없다)그래서 왼편을 택했구나! 나머지 친구들은?
재민, 정태 : (웃음) 앞 친구 따라가고 있어요.
교사 : 아.. 그렇구나. 어쨌든 여기서 어디로 갈지 합의를 하고 가자. 그래야 어떤 길을 가도 함께 책임질
　　　수 있지. (오 신이시여! 제발 위로 결정되길... 30분을 돌아가기는 제 엉덩이가 너무 아프옵니다.)
재민, 현철, 정태 : (둘러보기와 침묵)생각해보니 저 위쪽이 맞는 것 같아요. 안내판을 본 쪽으로 가는 것이
　　　　맞을 것 같아요.
모두 : 우리 저리로 가자.... (콩닥콩닥, 최고의 긴장감이 아이들의 어깨에 내려앉았다. 5분 뒤 낯익은 사거
　　　리) 와~ 찾았다!!!

1시간 자전거로 목적지를 찾아 미로 속을 헤매 온 듯 탱탱한 긴장감이 탄성으로 새어 나왔다. 찰나의 순
간 드디어 해냈다는 성취감으로 그 모든 긴장감이 전환 된다. 뜨거운 햇살보다 더 강렬한 희열, 갑자기 후
광이 비치는가? 작은 아이들의 어깨가 산만큼 넓어진다. 힘찬 발걸음, 뿌듯한 얼굴빛, 함께 하는 친구들과
나누는 환한 미소가 가을의 청명함을 한껏 드높인다.

〈자전거 탐험팀〉

2015년 우리 학교에서 〈내 고장 탐험학습〉이 시도되었다. 소풍은 '공부 안 하고 놀러 가는 날'이었던 기성세대의 문화를 비집고, 체험이 가지는 '배움'의 가치를 확인하기까지 공동체는 두려움을 견디는 시간이 필요했다. 안전을 위해 도전 경험의 기회를 주저하던 교사는 학교 밖으로 교육과정을 열었다. 학부모 도우미는 실패 없는 성취를 주고 싶은 부모 마음으로 배움을 막아서지 않도록 그림자를 약속했다. 그리고 학생들은 전에 없이 지시의 입을 열지 않는 어른들을 미심쩍게 되돌아보았다. 그래도 되나? 진짜 우리가 짜는 거야? 교사와 부모의 입을 쳐다보던 학생들은 이제 고개를 돌려 자신의 심장 소리를 찾아 함께 나아갈 친구들의 손을 잡았다.

처음 시도하며 두려움과 걱정이 많았던 〈내 고장 탐험학습〉이지만, 사실 가장 어려웠던 것은 어른들의 욕심을 조절하는 것이었다. 학생들이 만든 계획서는 엉성했고, 선택한 장소에 대해 첨언이 필요해 보였고, 학생들의 들뜬 마음은 식혀 안전을 확보하고 싶어했다. 어른들의 불안을 잠재우고 만족시키기 위해 계획서가 어른들에 의해 보완되고 조율되지 않도록 깨어있어야 했다. 어른들의 친절함이 학생들의 주체적 결정을 체험할 기회를 빼앗고 이 탐험이 내 손을 떠난 어른들의 일로 경험되어 겉만 화려한 활동으로 퇴색되지 않도록 의식적인 인내를 발휘해야 했다.

때론 교사나 학부모가 학생들의 배움 순간을 가로막는 조력을 할 때가 있다. 실패의 기회를 주지 않고 스스로 결정하는 결정권을 주지 않고 좋은 결과 욕심에 매몰될 때 우리는 학생들의 자발성을 억압하게 된다. 자전거 탐험 길에 학생들의 자전거 사이가 벌어졌던 일이 있다. 코너를 돌아가니 선두 학생들이 보이지 않자 도우미 어머님께서 쏜살같이 아이들 행렬 가운데로 나아가셨다. 그 순간 선두의 아이는 자신의 선두를 지키고 싶어 더 속도를 내었고 오히려 아이들 사이는 벌어졌으며 뒤쳐진 아이는 선두의 아이들에게 잊혀졌다. 어머님은 아이들을 한눈에 보이는 안전한 거리를 확보하기 위한 부모의 마음이었건만 이 조력은 아이들의 협력을 헐겁게 했다. 또 인도로 걸어 올라가다 넘어진 자전거를 낑낑거리며 올릴 때엔 대신 끌어내어주고 싶은 애틋함을 다독여야 했다. 그러나 아이들은 자전거를 타기 위해 자기 자전거 무게를 감당하며 공간을 이동할 수 있어야 했고 그런 고생 뒤에 올 성취감이 순도를 높이기 위해선 참아야 했다. 한 번 더 어머님과 관찰한 내용을 가지고 협의를 하였다. 어른들은 불안과 아이들의 서투름을 채워주고 싶은 마음과 싸우는 동안 아이들은 또 한 뼘 자랐다. 후미를 따라가며 초조해하는 어른들 앞에 깜빡이는 파란불을 아랑곳하지 기다리는 아이들이 보였다. 이런 감동적인 마음 씀을 보았나! 모둠 친구와 함께 하는 건 보호자가 아니라 함께 자전거를 타는 자신임을 행동으로 실천하고 있었다. 여러 교과의 성취 요소인 협력과 배려, 공동체, 공감과 실천 등 사지선다형 100점 답지가 증명하지 못하는 참 배움의 결과였다.

2015년 〈내 고장 탐험학습〉에서 학생들이 선택한 탐방 장소를 정리해보았다.

〈학교밖 탐험 영역 나선형 확장〉

그림에서 보듯이 학생들의 선택한 장소는 우연인 듯 필연인 듯 나선형 확장을 보여주고 있다. 학년이 높아갈수록 아이들이 인식할 수 있는 공간, 시간, 사회 문화의 크기가 커간다. 구성주의 나선형 교육과정을 짜야 한다며 인위적으로 구조화하지 않아도 학생들은 자신의 자연스러운 발달에 따라 배움 과제를 정했고 배워나가고 있다. 또한, 학교는 아이들이 보여준 모습을 돌아보며 〈내 고장〉으로 탐험의 한계를 두지 말자는 반성을 통해 〈학교 밖 탐험〉으로 명칭을 수정하게 되었다. 아마 〈내 고장 탐험학습〉은 학생들에게 성장의 현장이었다면 교사와 학부모에게는 '아이들을 믿어라'라는 말을 머리가 아닌 몸으로 체득하는 교육의 장이었다. 그러니 우리 학교의 〈내 고장 체험학습〉은 학생, 교사, 학부모 3주체의 모두의 성장 하모니를 이끌었던 '배움, 알파이자 오메가'라 말할 수 있지 않은가!

가끔은 길을 잃어도 괜찮아
학교 밖 탐험

배수민
교 사

학교 밖 탐험은 도림초만의 특별한 체험학습이다. 학교 밖 탐험은 학생이 주인이 되어 스스로 목적지를 정하고 탐험의 처음부터 끝까지 모든 과정을 스스로 만들어 나간다. 기존 현장학습이 잘 짜여진 단체 패키지 여행이라면 학교 밖 탐험은 소규모 자유여행인 셈이다.

학교 밖 탐험 계획 세우기

학교 밖 탐험은 아이들이 스스로 만들어가는 체험학습인 만큼 철저한 사전 준비가 필요하다. 사전 준비에서는 서로 뜻이 맞는 학생들이 모여 모둠을 구성하고 탐험 주제와 그에 맞는 장소를 결정한다. 모든 아이들이 소외되지 않고 주도적으로 각자 역할을 맡아 서로 협력하며 활동할 수 있게 모둠 인원은 4-5명 정도의 소규모로 구성하였다. 5학년 2학기 교육과정에서 가장 중요한 역사를 테마로 사회 시간, 국어 시간, 창체 시간을 활용하여 계획을 세웠다.

모둠 구성을 마친 후에는 태블릿 pc를 활용하여 목적지에서 반드시 보아야 할 문화유산을 조사하였다. 8시 30분 즈음 출발하여 늦어도 오후 4시까지는 학교에 돌아와야 하므로 시간 계획을 정확하게 세우는 것이 매우 중요하다. 다만, 예기치 못한 시행착오로 일정이 늦어질 수 있으므로 예상 시간을 조금 여유 있게 잡아서 혹시 모를 상황에 대비할 수 있도록 안내하였다. 5학년 학생들이라 학교 밖 탐험을 4번이나 경험한 적이 있어 그런지 비교적 능숙하게 계획을 세워 나갔다.

이후에는 각 모둠별로 학교에서 목적지를 오가는 방법, 점심 식사 방법에 이르기까지 학교 밖 탐험의 세부 계획을 세우기 위한 정보를 조사하였다. 대부분 목적지가 서울에 있어 목적지까지 가기 위해서는 버스와 지하철을 여러 번 갈아타야만 했다. 버스와 지하철을 갈아

탈 때 무엇에 주의하며 어떻게 환승해야 하는지 비용은 얼마나 드는지 매우 자세히 조사하였다. 목적지에 따라 주변 식당을 이용할 수도 있지만 식사할 만한 장소가 없는 모둠은 도시락을 준비하기로 하였다. 입장료가 필요한 곳도 있어 교통비, 입장료, 점심 식사 비용을 모두 고려하여 각자 필요한 용돈이 얼마인지 구체적으로 계획하였다.

계획을 모두 세운 뒤 모둠 친구들과 함께 조사한 내용을 정리하여 문화유산을 소개하는 신문을 만들고 계획서를 정리하였다. 모둠별로 만든 신문은 교실 뒤편에 게시하여 서로 탐험할 목적지의 역사적 가치와 문화유산을 살펴보며 사전 지식을 쌓을 수 있게 하였다.

〈 학교 밖 탐험 계획 세우기 〉

학부모 도우미 모집 및 사전 교육

학생들과 학교 밖 탐험 계획을 세우면서 동시에 학교 밖 탐험을 함께 도와주실 학부모 도우미를 모집하였다. 담임교사가 가장 어려운 코스를 맡은 한 모둠을 담당하고 나머지 모둠은 각각 학부모 도우미 1분이 맡아 도움을 주기로 하셨다. 여러 해 동안 이어져 온 학교의 전통이기에 기꺼이 많은 분들이 도움을 주셨다. 일반적인 현장체험학습과 달리 학교 밖 탐험에서는 교사와 학부모 도우미가 학생을 인솔하지 않는다. 학생들이 앞장서 자신들이 계획한 대로 길을 떠나면 교사와 학부모는 뒤에서 아이들을 지켜보며 안전사고가 생기지 않도록 지켜보는 역할만 한다. 아이들이 길을 헤매더라도 나서서 알려주지 않는 것이 원칙이라는 점을 알려드리고 학부모님 스스로 판단하기 어려운 상황이 생기면 교사에게 연락하도록 비상 연락망을 알려드렸다. 각 학부모님들이 맡을 모둠이 모두 정해진 뒤 아이들에게도 이를 안내하였다. 학생들이 먼저 학부모님께 연락을 드려 도움을 주셔서 감사하다는 말씀을 전하고 간단한 소개를 하도록 지도하였다.

학교 밖 탐험 떠나기

드디어 학교 밖 탐험을 떠나는 날이 되었다. 목적지가 서울인 모둠은 목적지가 인천에 있는 모둠보다 이동하는 데 소요되는 시간이 많아 조금 더 일찍 등교하여 출발하도록 안내하였다. 모둠원이 모두 모인 조는 학부모 도우미와 함께 출발하게 하였다. 다행히 등교 시각을 어기는 학생은 거의 없었다.

버스를 타고 출발하는 아이들의 얼굴에 설렘과 호기심이 보였다. 그동안의 경험으로 많이 헤매지 않고 시간 안에 잘 도착한 모둠도 있었지만 내려야 할 정류장을 지나치거나 지하철 환승 노선을 헷갈리는 경우도 있었다. 어느 모둠은 지하철을 반대 방향으로 타서 목적지에 도착하는 데 아주 오랜 시간이 걸리기도 했다. 그래도 아이들은 짜증을 내거나 불안해하지 않았다. 문제는 정답을 알려주고 싶지만 말할 수 없어 참고 있는 교사였다. '지금 내려야 하는데…, 여기서 이렇게 헤매면 안되는데…, 저 지하철을 타야 하는데… ' 라며 말하고 싶은 것을 참기가 매우 어려웠다.

시행착오 끝에 목적지에 도착한 아이들은 자신들이 이 곳에 방문한 목적을 잊지 않고 해야 할 일부터 먼저 실행하였다. 물론, 다른 재미있는 유혹에 빠져 잠시 지체하는 경우도 있었지만 오랫 동안 시간을 낭비하지 않고 잘 해결해나갔다. 배가 고프다며 투정을 부리는 친구들에게는 간식을 나누어 주며 슬기롭게 대처하는 모습도 엿볼 수 있었다. 교실에서는 볼 수 없었던 새로운 모습을 발견할 수 있었다.

〈 서울로 떠나는 학교 밖 탐험 〉

사전에 조사했던 문화유산을 실제로 접한 아이들의 눈이 반짝거렸다. 사회 시간에 교사가 아무리 중요한 내용이라고 여러 번 설명해도 집중하지 않던 아이들조차 놀라운 집중력을 보여주었다. 문화재에 대한 설명을 읽고 이해가 되지 않는 내용은 휴대폰으로 검색을 하며 새로운 지식을 놓치지 않고 배우려는 모습이 매우 인상적이었다.

스스로 계획한 일정을 모두 마친 학생들은 다시 학교로 돌아와 담임 교사에게 보고를 해야 한다. 다행히도 모든 모둠이 중간에 큰 사고 없이 시간 안에 학교에 도착하였다. 도착한 아이들의 안전을 확인한 뒤 귀가하도록 하였다. 하교 이후에는 학교 밖 탐험을 위해 애써주신 학부모 도우미분들과 함께 학교 밖 탐험에 대한 소감을 나누며 감사 인사를 전했다.

학교 밖 탐험 정리하기

학교 밖 탐험을 다녀온 뒤 각자의 경험을 정리하고 공유하기 위해 학교 밖 탐험 발표회를 준비하였다. 각 모둠별로 탐험 과정을 간단히 소개하고 자신이 방문한 곳의 역사적 의미와 중요한 문화적 가치를 발표하였다. 발표 후 서로 궁금한 점을 묻고 답하며 자신이 경험하지 못한 장소에 대해서도 새로이 알게 되었다. 발표를 마친 뒤 소감문을 쓰며 학교 밖 탐험의 모든 과정을 정리하였다.

서울로 학교 밖 탐험을 다녀온 것이 처음이기에 아이들의 모험담은 발표회 이후에도 끊이지 않았다. 쉬는 시간, 중간 놀이시간까지 서로 모여 길을 잃고 헤맸던 일, 계획하지 않았는데 중간에 우연히 만나게 된 멋진 일에 대해 자유롭게 이야기 나누었다. 이런 아이들의 모습을 보며 기존의 현장학습과는 다른 학교 밖 탐험만이 가진 힘이 느껴졌다.

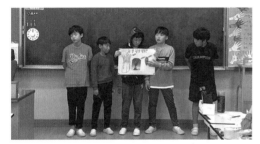

〈학교 밖 탐험 정리〉

어디에 왜 가야 하는지도 모른 채 정해진 대로 끌려다니는 것이 아니라 내가 원하는 장소를 스스로 결정하고 계획하여 자유롭게 떠난 길에서 만나는 모든 것은 아이들에게 의미있는 경험이 될 것이다. 학교 밖 탐험의 모든 과정을 통해 아이들의 삶과 함께하는 교육이 바로 이런 것이 아닐까 싶었다.

학교 밖 탐험은 교사인 나에게도 많은 생각의 전환을 가져다 주었다. 예전에는 항상 주어진 시간 안에 어떤 목표를 달성하기 위해 가장 효율적인 방법을 찾는 것이 최선이라고 생각했는데, 가끔은 좀 여유 있게 다른 길로도 가 보면 어떨까 하는 생각이 들었다. 어쩌면 우리는 계획대로 되지 않을 때, 길을 잃었던 바로 그 곳에서 생각지도 못한 멋진 일을 만날 수도 있다. 길을 잃은 곳에서 펼쳐지는 색다른 모험, 그것이 바로 학교 밖 탐험이 아닐까?

삶의 현장에서 배우는 살아있는 교육

정혜진
교 사

우리 학교에 처음 왔을 때 아이들의 삶과 연결된 교육을 하고자 교사들이 교육과정 재구성에 힘쓰는 것이 가장 인상적이었다. 지식 전달과 교과서 중심의 수업이 아닌 아이들의 삶과 어우러지는 교육 활동은 우리 학교 아이들의 삶 속 구석구석 스며들어 있다. 우리 학교 대부분의 교육 활동은 학년 안에서의 교육과정 재구성을 통하여 이루어지지만 학교 전체 차원에서 학교 특색 사업으로 운영되고 있는 프로그램들이 있다. 그중 하나가 바로 '진로탐색활동'이다. 우리 학교는 진로 교육으로 4, 5학년은 진로탐색활동을 6학년은 진로캠프를 진행하고 있다. 작년 5학년 담임교사로서 아이들과 함께 진로탐색활동을 경험하게 되었다.

이전까지 내가 아이들을 대상으로 했던 진로 교육은 아이들이 자기를 이해하고, 자신의 흥미와 적성과 그에 알맞은 직업에 대해 알아보고, 그 직업을 가지려면 어떻게 해야 하는지 조사하도록 가르치는 것이 전부였다. 이러한 진로 교육은 아이들이 직업에 대해, 그리고 어떻게 하면 그 직업을 가질 수 있는지에 대해 이론적으로는 알 수 있겠지만 경험적으로 알기 어렵다는 큰 한계가 있다. 진로탐색활동은 아이들이 직접 마을에 있는 사업장으로 찾아가 그 직업을 가지고 살아가

〈마을학교체험: 바리스타〉

〈마을학교체험: 원예〉

고 계신 분들로부터 실제적인 이야기를 들을 수 있고, 하는 일에 대해 직접 체험해 볼 수 있다는 점에서 기존 진로 교육의 한계를 보완하는 교육 활동이다.

진로탐색활동은 먼저 '진로탐색활동 위원회'를 구성하는 것으로 시작한다. 진로탐색활동 위원회는 교사, 학생, 학부모로 구성되며 프로그램을 준비하는 역할을 한다. 진로탐색활동 위원회는 직접 마을에 있는 사업장에 찾아가서 진로탐색활동의 취지에 대해 설명을 하고 교육 장소를 섭외한다. 교육 장소는 가능한 도림동에 위치한 생활현장을 우선적으로 섭외하고, 진로탐색활동의 교육목적에 공감하고 직업 교육에 열의가 있는 분들을 대상으로 편성한다. 직업탐색활동은 하루에 3차시씩 2일간 총 6차시로 진행되는데, 섭외된 사업장은 6차시 수업을 어떻게 진행할 것인지 계획서를 학교에 제출한다. 아이들은 사업장 목록과 교육 활동 내용을 보고 선호도에 따라 장소를 선택하며 10명 내외로 교육 장소에 방문하여 교육을 받는다. 14곳의 다양한 교육 장소(카페, 요양병원, 유치원, 도예공방, 서점, 분식점, 사진관, 미용학원, 중국집 등)가 섭외되었고 아이들은 이틀간 학교가 아닌 교육 장소로 등교하여 진로 교육을 받는다.

아이들은 자신이 선호하는 교육 장소를 정하고 그곳에서 진로탐색활동 선생님과 소통하며 직접 배울 수 있는 것만으로도 매우 설레하였다. 전문 직업인들을 학교로 초청하여 아이들을 대상으로 교육하는 것은 쉽지 않으며 하더라도 그 수가 제한적일 수밖에 없다. 반면에 아이들이 직접 사업장에 방문하여 배우니 더 다양하고 폭넓은 배움이 가능하였고 현장감 있는 교육이 이루어질 수 있었다. 교사들은 아이들이 어떻게 배우고 있는지 보기 위하여 여러 교육 장소를 잠깐씩 방문하였다. 진로탐색활동에 참여하고 있는 아이들의 모습을 살펴보니 평소 교실 수업 시간에 잘 집중하지 못하던 아이들, 무표정하게 앉아있던 아이들이 진로탐색활동 선생님의 말씀에 집중하며 적극적으로 참여하는 모습을 보며 '이런 것이 정말 살아있는 진로 교육이구나!'라는 생각이 들었다. 진로탐색활동 선생님들이 준비하신 교육 내용은 대부분 아이들이 처음 해보는 것으로 어려운 부분들도 있었지만 아이들은 눈을 반짝이며 열심히 참여하였다.

진로탐색활동이 단순한 체험으로 끝나지 않기 위해 아이들은 활동이 끝난 후 학교에 와서 자신이 체험한 활동내용과 활동을 통해 새롭게 알게 된 점, 느낀 점을 글로 정리했다. 이후에 돌아가며 자신이 쓴 글을 친구들에게 이야기하는 시간을 가졌다. 친구들이 무엇을 하고 무엇을 느꼈는지를 듣고, 자신이 무엇을 하고 무엇을 느꼈는지를 친구들에게 말하며 서로의 생생한 경험을 나누었다. 이러한 시간을 통해 진로탐색활동이 아이들 안에서 훨씬 풍성해졌다. 새로운 걸 알고 경험하게 되어서 재미있었다는 아이들도 있었지만 힘들었다는 아이들도 있었다. 아이들은 이 프로그램을 통하여 각각의 직업이 마냥 재미있는 것이 아니라 전문지식과 수고가 필요하다는 것을 알게 되었다. 아이들의 경험지식이 한 뼘 더 성장한 것이 느껴졌다.

진로탐색활동은 안전한 체험과 인솔을 위해 학부모의 교육 기부를 신청받아 학부모 인솔자의 인솔 아래 운영되었다. 진로탐색활동 마지막 날 아이들이 하교하고 난 후 교사들과 학부모 인솔자들과 모여서 간담

〈마을학교체험: 특수분장〉

회를 진행하였다. 이틀 동안 옆에서 지켜보며 프로그램에서 좋았던 점과 보완할 점에 대해 피드백하는 시간을 가졌다. 교사들은 전체적인 장소를 둘러보느라 한 장소에 오래 있지 못했는데, 아이들과 모든 시간을 함께한 학부모 인솔자를 통하여 교육 장소 하나하나를 더욱 깊이 있게 들여다볼 수 있었다. 어떤 부분이 좋았고, 어떤 부분이 아쉬웠는지를 이야기하며 다음 해에 진로탐색활동이 더 나은 방향으로 이루어질 수 있도록 함께 고민하는 시간이었다. 학부모들의 교육 기부와 교육공동체 안에서의 끊임없는 소통이 있기에 진로체험 활동도 해를 거듭해갈수록 더욱더 발전되고 있다.

지역사회와 협력하는 지역화 교육
"한 아이를 키우려면 온 마을이 필요하다"라는 아프리카 속담이 있다. 진로탐색활동은 무엇보다도 마을 공동체원의 협력으로 가능한 교육 활동이다.

진로탐색활동의 목적은 다음과 같다.
1. 내 고장 도림동에 있는 다양한 삶터를 이해하고 마을에서 일하시는 이웃 어른들의 일을 직접 체험해 봄으로서 마을에 대한 자긍심을 느낀다.
2. 고장의 일터가 단순한 생산과 소비의 경제적 관계를 넘어 지역사회 구성원들이 삶을 일구어 가는 다양한 방식을 이해하고 교실을 넘어서 생활 속의 배움이 일어나도록 마을 대안교육으로 만들어 간다.

진로탐색활동에서의 중요한 목표는 진로 교육과 함께 지역화 교육이다. 아이들이 배우는 내용은 지역화될 때 아이들의 삶 속에 살아있는 교육으로 녹아들 수 있다. 아이들이 나고 자란 지역에 대해 배우고 그 지역을 아는 것이 학교에서의 교육과정이 되어야 한다. 아이들의 교육을 위해서 학교와 지역사회가 협력해야 할 때 아이들의 삶과 연결된 살아있는 교육이 가능하다. 아이들은 지역화 교육을 통하여 지역 주민들을 알고 지역 주민들과 더불어 살아가는 법을 배운다. 아이들은 학교 안에서 공부하지만 결국 살아가야 하는 곳은 지역 공동체이기 때문에 지역 공동체에서 살아가는 법, 지역 공동체 사람들과 소통하는 법을 배워야 한다. 우리 학교의 진로탐색활동은 진로 교육 뿐 아니라 마을 공동체와 아이들을 더욱 긴밀하게 연결해주는 계기를 마련한다.
이전에 그냥 이용하던 가게 혹은 스쳐 지나가던 가게들이었는데, 진로탐색활동 이후에 학생들과 학부모들이 그 가게를 더욱 자주 방문하게 된다고 한다. 학부모들이 아이들에게 교육 기부를 한 가게들을 기억하고 좋은 인식을 가지게 되면 그 가게의 단골이 된다. 교육 기부해주신 분들의 사업장은 아이들에게 교육 장소로 기억되어 아이들에게 특별한 기억이 담긴 장소가 될 것이다. 아이들이 진로탐색활동 선생님과 한마을 공동체의 구성원으로 더욱 친밀한 관계를 형성하게 된다. 직접 이웃들의 삶의 현장에 찾아가 이웃들이 하는 일을 직접 경험해 보는 것으로 아이들이 자신이 살고있는 지역 공동체에 대한 이해가 깊어진다. 아이들은 이 마을에서 몇십 년을 살아가게 되는데, 진로탐색활동을 통하여 마을 공동체 안으로 한 걸음 더 깊숙하게 들어가게 된다.

진로탐색활동은 우리 학교의 교육적 방향성에 동의하고 기꺼이 자신의 삶의 터전을 교육 장소로 제공하며 교육 기부를 자원해주신 마을 어른들이 있었기에 가능했다. 진로탐색활동 선생님들은 우리 학교 학생들에게 직업 교육을 어떻게 할 것인지 고민하고 좋은 교육 프로그램을 제공하기 위해 노력하셨다. 그런 마음에 보답하고자

〈마을학교체험: 제빵사〉

학교에서 진로탐색활동 교육 기부를 해주신 선생님들을 위해 롤링 페이퍼를 쓰는 시간을 가졌다. 방문했던 교육 장소별로 아이들이 삼삼오오 함께 모여 교육 장소에서 함께 찍은 사진도 붙이고 감사의 글을 작성한 후 아이들이 하굣길에 진로탐색활동 교육 장소에 방문하여 선생님께 직접 전달하였다. 어른들은 교육 기부를 통하여 아이들에게 가르침을 제공하고 아이들은 어른들께 감사함을 표현하는 상호작용은 아이들에게 소중한 자산이 되리라 생각한다. 우리 학교에서는 감사의 마음을 표현하고자 교육 장소에 '교육기부 활동단체 교육 기부 인증패'를 전달하였다. 교육 기부해주신 분들께서는 이것을 사업장에 걸어두시고 자랑스럽게 생각하신다고 한다. 학생들의 교육에 아낌없이 지원하는 지역 어른들의 관심과 사랑을 보며 우리 아이들의 교육을 지역 공동체와 함께 나눠 나아가고 있다는 생각에 더욱 든든해지는 시간이었다.

6년의 기다림,
진로캠프의 꽃이 피다

전 혜
교 사

밑거름

"나는 도대체 언제 6학년이 되지?"

"빨리 6학년이 되어야 나도 진로캠프를 할 수 있어."

"엄마, 내가 진로캠프를 못 하고, 전학가는 일은 없어야 해요."

우리학교의 학생들이 6학년이 되기까지 한번쯤 해보는 말이다.

'1학년~5학년의 학생들은, 6학년 학생들의 진로캠프를 보며 성장한다.'라고 말해도 과언이 아닐 듯 하다. '1박2일의 진로캠프'는 도림초등학교 학생들의 6년간의 꿈이며, 자랑이다. 그만큼 모든 학생들이 꿈꾸고 좋아하며 기대하는 프로젝트 학습이다.

진로캠프 안에는 많은 것들이 녹아 있다.

나를 탐구하고 표현하는 활동 하기, 나의 관심 분야와 관련된 직업 찾기, 나의 관심분야이지만 흥미가 떨어지는 창업과 나의 관심분야가 아니지만 흥미가 생기는 창업 사이의 갈등 해결하기, 누적된 다모임 활동으로 만들어내는, 민주적 의사 결정의 최고봉이라 불리우는 '배려와 타협'으로 의견 나누기('다수결의 원칙'은 효율성이라는 장점 때문에, 소수의 의견이 배제될 수 있다. 누구나 느껴본 적이 있을 것이다. 이것이 가끔은 매우 폭력적으로 느껴진다는 사실을...), 세부적인 계획과 실현 가능성 탐색하기, 어려움이 예상되는 상황과 역할의 보조 방법 찾기(이 안에는 학생들간의 협력뿐 아니라, 교장·교감선생님의 관용과 이해, 업무 행정팀과 다른 학년 선생님들의 보조, 교사를 향한 학부모의 신뢰 등이 수반되어야 한다.), 잘 하는 친구에 대한 칭찬과 어려움을 겪는 친구에 대한 격려가 실천되는 우정 다지기, 전체적인 총괄과 정리, 안전에 대한 생각 나누기 등.

이 중 어느 것 하나 빠질 수가 없기에, 진로캠프에 앞서 모든 수업 시간에 학생들은 단련이 되어 있어야 한다. 다행히 도림초등학교의 학생들은 만 5년 6개월여의 긴 시간을 통해 스스로 생각하고 즐겁게 협력하며 더불어 나누는 마음과 자세가 만들어졌다고 생각한다.

준비과정

도림초등학교의 학생들은 첫 만남부터 다모임으로 시작을 한다. 다모임은 차를 마시며 조용의 의견을 나누는 다도모임이 되기도 하고, 포스트잇에 의견을 써 모두가 함께 생각을 표현하는 활동이 되기도 하며, 토론주제를 미리 공표한 후 토론자가 나와 생각을 이야기하는 패널 토론의 형식을 갖기도 한다.

3월에 학급 다모임으로 6학년의 규칙에 대한 이야기를 나눈다. 그리고 복도에는 커다란 화이트보드를 갖다 놓고 자신의 의견을 자유롭게 쓰도록 하였다. 자주 거론되거나 자주 쓰여지는 의견은 학년 다모임을 통해 전체적인 회의를 하였다. 이것은 민주적 회의 문화의 장이 되기도 했지만, 1반부터 4반 선생님이 모두 나의 담임 선생님 같고, 1반부터 4반까지의 학생들이 반 구분 없이 서로의 얼굴을 알고 이름을 친근하게 부르며 모두가 같은 반 친구인 것 같은 공동체성을 부여한다. 이렇게 만들어진 공동체성이 가장 중요한 준비과정이다.

4월경 잡월드 체험학습을 한 후, 교실에서 '사전 모의 창업'을 해 보았다. 이때 우리끼리 정한 전제 조건은 '지금 정한 창업 활동의 종목을 바꾸지 않고, 1년간 유지한다.' 였다.

잘 생각해 보아야 한다. 지금 내가 정한 창업의 종목은, 생각보다 많은 사람들의 흥미를 끌지 못 할 수도 있다. 나는 열심히 준비했지만 고객이 없다면 이것은 매우 고통스러운 시간이 될 것이다. 어떤 창업 활동은 너무나 많은 고객과 과한 서비스 정신으로 나를 피로하게 만들 수도 있다. 고학년의 고객들은 나의 창업 활동에 참여할 수 있지만, 저학년의 고객들은 어려워할 수도 있다. 이런 경우에는 나의 창업 활동 내에 두 가지 이상의 아이템을 개발하여야 한다. 학생들은 끊임없이 연구하고 의견을 나누며 수정 사항을 찾아갔다. 교사와 다른 친구들은, 학생들의 생각을 듣고 조언을 한다. 이 조언은 학생들이 선택할 수 있는 몇 가지의 대안 중 하나일 뿐이며 강요할 수 없다. 학생들은 더 좋은 방법을 찾기도 하고, 실패를 하며 나에게 알맞은 조언이 무엇이었는지 찾아내기도 한다. 학생들은 '사전 모의 창업' 후 다른 친구들 앞에서 '나의 창업 활동에 대하여 발표'한다. 그리고 '질의응답' 시간도 가지며 고객의 취향을 탐구하고, 나의 역량을 확인하였다. 단순히 상추 모종을 팔던 학생은, 고객이 직접 흙을 담고 상추 모종을 심어서 갖고 가는 체험 활동으로 바꾼다고 하였다. 그리고 미니 핫케이크를 팔던 학생은 고객의 숫자를 확인하며 재료를 정량화하여, 앞에 온 손님들에게 베푼 서비스 때문에 뒤에 온 고객들을 홀대하는 일이 없도록 하겠노라 다짐하였다.

〈준비일정 및 교육과정 재구성〉

일시	장소	운영내용 및 교육과정 재구성			
6.1(금)	강당	▶협의 및 안내 : ①꿈-발표계획서, ②꿈-모의창업 계획서/승인기준안, ③모두다발표회(장기자랑) 계획서			
6.4(월) (5~6교시)	교실	▶발표/심사 : 〈꿈-프리젠테이션〉 5분 발표/질의응답			
		교과	핵심성취기준	영역	교과 역량
		(국어/1~2차시) 9.주장과 근거 (226-247쪽)	국1626-2주장하는 글에서 주장의 타당성에 대한 적절한 의견을 제시할 수 있다.	말하기 듣기/읽기	의사 소통
6.5(화) (5~6교시)	평생 학습관	▶발표/심사 : 〈꿈-모의창업계획서〉 5분 발표/질의응답			
		교과	핵심성취기준	영역	교과 역량
		(국어/3~4차시) 9.주장과 근거 (226-247쪽)	국1626-2주장하는 글에서 주장의 타당성에 대한 적절한 의견을 제시할 수 있다.	말하기 듣기/읽기	의사 소통
6.7(목) (1~2교시)	교실/ 강당	▶제작 : 〈꿈-모의창업〉 가게 홍보물 만들기			
		교과	핵심성취기준	영역	교과역량
		(미술/1~2차시) 4. 표현의 나라로 (44-49쪽)	미6222. 여러 가지 재료와 용구, 표현방법, 표현 과정 등을 알고, 활용할 수 있다.	표현	자기주도 적 미술 학습능력
6.7(목) 점심시간	급식실 앞	▶홍보 : 〈꿈-모의창업〉 가게 홍보물 전시/설명			
6.7(목) (3~4교시)	가게별	▶제작 : 〈꿈-모의창업〉 가게 꾸미기			
		교과	핵심성취기준	영역	교과역량
		(미술/3~4차시) 4. 표현의 나라로 (44-49쪽)	미6222. 여러 가지 재료와 용구, 표현방법, 표현 과정 등을 알고, 활용할 수 있다.	표현	자기주도 적 미술 학습능력
6.7(목) (5교시)	가게별	▶점검/지원 : 6학년 교사진 - 준비상황 점검 및 지원			

실행

1박 2일 진로 체험이 시작되는 날이다. 학생들은 설레이는 마음으로 누구 하나 지각하는 사람 없이 학교로 서둘러 모인다. 아침 9시 강당에서 학년 다모임이자 오리엔테이션을 시작하며, 우리의 활동 내용 점검과 전체적인 규칙과 질서에 대한 확인을 한다.

1부는 1학년 학생들을 위한 진로 체험, 2부는 2학년과 3학년 학생들을 위한 진로 체험, 3부는 5학년과 6학년 학생들을 위한 진로 체험이다. 6학년 학생은 2개의 조로 나누었기에 한 조가 진행을 하는 동안, 다른 한 조는 진로 체험을 하러 자유롭게 다닐 수 있다.

이제 1학년부터 5학년까지의 후배들이 형님들의 꿈을 체험하고 맛보며 그들이 제공하는 서비스를 즐기게 될 것이다. 6학년 학생들은 학년별 특성에 맞는 준비물을 갖추고, 후배의 특성에 맞게 그들의 목소리톤도 알맞게 바꾸고 있다.

일본 애니메이션을 유난히 좋아하던 여학생들은 일본의 문화를 소개하며 일본 인형 만들기를 동생들에게 가르쳐주었다. 게임이 가장 좋다고 외치던 학생들은 코딩 로봇과 유튜버 체험 서비스를 하였다.

우려가 많았던 사격체험장은 의논 끝에 부드러운 재질의 BB탄 총을 구해 왔다. 한 교실 안에 입장 가능한 인원을 정확히 살피고 안전을 위한 보조 인원 배치, 안전 장비 착용에 대하여 매우 진지하게 연구하고 후배들을 안내하였다. '총 쏠 수 있데.'라며 달려들던 후배들은 사격체험장의 진지한 모습에 젖어들어 가장 질서 있는 활동 모습을 보여주었다. 그 학생들의 모습을 보고 있자니, 멋진 군인 또는 듬직한 경찰이 된 미래의 모습이 저절로 그려지며 흐뭇한 웃음이 나왔다.

자연과 식물을 사랑하는 친구들은 '나는 농부다'라는 팀을 구성하였다. 이들은 상추 모종을 담을 컵을 구하기 위해 동네의 커피숍을 찾아가, 버려지는 일회용 플라스틱 컵을 무료로 제공 받고, 깨끗이 씻어 말리는 사전 준비를 하였다. 이 뒤에는 알맞은 조언과 협조를 아끼지 않은 멋진 학부모님이 계시다.

너무나 많은 이야기가 있지만, 그중 한 가지, '운영 스텝 팀'에 대한 이야기를 중점적으로 말해보고자 한다. 어떤 일이든, 세부적이고 기술적인 일을 하는 사람이 있는가 하면, 전체적인 그림을 보며 총괄하는 사람이 있는 법이다. 우리는 이미 성인이 되어 이 사실을 어렴풋이 알고 있지만, 학생들은 이 사실을 파악하지 못하고 있는 경우가 많다. 저자의 경우, 세부적이고 기술적인 일은 학생이 하고, 전체적인 총괄은 교사가 하는 것이 정답이라고 생각하고 있었다. 그러다 보니, 학생들이 즐겁게 도전하여 활동하는 모습이 좋기는 하지만, 그 밑에는 '나의 노력과 희생'이 매우 많이 필요함을 피할 수 없었다. 이런 상황에서 거대한 프로젝트 학습은 매우 부담스러운 일이다.

나의 업무가 오로지 '교사'의 역할 하나라면, 얼마든지 나의 열정을 불태워볼 수 있다. 하지만 우리는 25명 학생의 담임교사의 역할 뿐 아니라, 한 기관의 공무원으로서의 행정적 역할도 해야 한다. 그리고 퇴근 후에는 나의 가정을 꾸려나갈 에너지도 필요하다. 때로는 나의 연로하신 부모님의 보호자 역할이 더해지기도 한다. 무언가를 혁신적으로 한다는 것은 많은 마음의 준비와 희생이 필요했다.

사실은 진로캠프라는 프로젝트를 진행하며, 다양하게 펼쳐진 공간 속에서 관리와 감독이 부재되어 생길 갖가지 오류 상황이 계속 떠올랐다. 이것이 나에게 매우 많은 스트레스를 야기한다는 것은 당연한 수순이었다. 그래서 동 학년 교사들과 이에 대한 이야기를 많이 나누었다. 동 학년 간의 협의도 매우 중요한 사항이다. 그래야 서로 간의 이해가 생기고, 억지스럽게 성취를 향해 달려가는 일을 미연에 방지할 수 있다. 동 학년 교사 간의 대화 중, 우리가 다르게 된 해결 방법은 '총괄과 관리의 역할도 학생이 할 수 있다.'라는 결론이었다. 이 결론은 신기하게도 나를, 우리 아이들에게 더 많은 기대를 걸어보고 싶은 희망적인 마음으로 이끌어주었다.

교사들은 복도에 있는 화이트 보드에 '총괄과 관리의 역할이 필요하지 않은가?'. '이러한 역할을 하고 싶은 학생이 있는가?'에 대한 질문을 적었다. 많은 학생들이 이것의 필요성을 인지하고 동의하였으며, 총괄 및 관리자의 역할을 하고 싶다는 학생들이 '많이'는 아니고 '딱 알맞게' 나왔다. 각 반에서 약 3명가량, 4개의 학급에서 약 12명의 지원자. 이 학생들은 '운영 스텝'이라는 이름으로 진로 체험을 하였다. 운영 스텝팀은 사전에 많은 회의를 하며, 자신들이 해야 할 역할들을 챙기기 시작하였다. 진로 체험을 위한 동선 안내장 만들기, 어디로 가야 할지 모르는 저학년 동생들 안내하기, 흐트러진 줄을 바로 세우기, 창업 활동에서 소진된 재료를 찾아다 보충해주기, 놀랍게도 '쓰레기 줍기와 복도 청소하기' 등의 다소 하고 싶어 하지 않는 일(교사의 입장에서는 꼭 넣었으면 하는 일)들까지도 스스로 하겠다고 자청하였으며 매우 기쁘게 활동을

〈진로캠프 준비〉　　〈마이크와 선풍기를 들고 잠시 쉬고 있는 운영스텝〉

〈진로 체험 프로그램 운영 중인 학생들〉

하였다. 이 학생들 중 절반은 이미 학교의 일에 관심을 갖고 봉사 활동을 하는 일을 많이 경험하였던 '대의원 학생'이었음은 '안 비밀'이다.

진로 체험 일정이 끝나고, 이 밤의 하이라이트, '모두 다 발표회' 시간이 되었다. '모두 다 발표회'의 원칙은 모두 다 참여를 하는 것이다. 아주 소소한 재능이라도 친구들 앞에서 보여주고, 6학년 만의 즐거운 추억거리를 만들기 위함이다. 이것은 교육과정 속에서 연습 시간을 따로 만들거나, 사전 고지 및 협의 등을 하지 않았다. 사회자 역할을 하기를 원했던 2명의 학생이 쉬는 시간에 각 반을 돌아다니며, 친구들이 무슨 장기를 선보일 것인지 간단히 적는 작업이 끝이었다. 학생들은 나와서 노래를 부르거나 아주 간단한 율동을 선보였다. 음악 시간에 배운 알토리코더 연주를 하기도 하고, 옆돌기 동작을 보여주고 들어가기도 했다. 수줍음이 많은 몇 친구들은 한참 고민을 하다가 넌센스 퀴즈를 내고 친구들에게 사탕 선물을 주며 박수를 받고 기분 좋게 무대를 떠났다. 나중에는 흥이 붙었는지, '제가 노래 한 곡 더 하고 싶습니다!'라는 요청도 밀물처럼 들어왔다.

이 모든 과정을, 행사에 도움을 주셨던 도림초의 많은 선생님들과 학부모님들이 강당 뒤에 앉아 아이들의 장기자랑을 지켜보았다. 사실 이것은 보여주기 위해 준비된 무대가 아니라 6학년끼리 즐기기 위한 무대였으므로, 6학년의 담임교사로서 '자랑스럽게 보여주고 싶지 않다. 그냥 가셨으면⋯⋯.' 이라는 속 좁은 생각이 들었다. 하지만, 모든 교사와 학부모는 아이들의 정제되지 않은 장기자랑에 황당해하다가도 곧 우리와 함께 편안하게 즐기며 웃기 시작하셨다. 어느 선생님이 말씀하셨다.

"도림초는 인싸(적극 참여하며 두드러지게 눈에 띄는 사람)도 아싸(사람들과 어울림이 적은 사람)도 없군요."

그 후, 다른 학년에서도 '모두 다 발표회'를 개최했다는 후일담이 전해지고 있다.

〈 진로캠프 세부일정 〉

	시간/장소	내용	담당자	준비사항
6월 8일 금요일	09:00-(50') 강당	▶오리엔테이션 · 다모임	교사	▷가계위치도 ▷질문지 : 지켜야 할 일, 예상되는 어려움/대처법
	09:50-(40')	▶가게 승인식 · 사진촬영	대의원/ 교사	▷가게승인기준(6.7 : 가게대표회의 결정사항) ▷가계부
	10:20-(40')	▶가게 운영(대상:1학년)	가게별	▷1학년은 중간놀이 시간을 활용하여 초대하기
	11:00-(30')	▶청소/휴식	6학년	▷청소 및 정리
	11:30-(40')	▶가게 운영(대상:2~3학년)	가게별	▷2~3학년은 휴식시간을 활용하여 초대하기
	12:10-(50') 급식실	▶중식	6학년	▷급식
	13:10-(30')	▶가게 중간점검	대의원/ 교사	▷가게승인기준(6.7 : 가게대표회의 결정사항) ▷가계부
	13:40-(40')	▶가게 운영(대상:4~5학년)	가게별	▷4~5학년은 휴식시간을 활용하여 초대하기
	14:20-(60')	▶청소/휴식	교사/ 대의원	▷청소 및 정리
	15:20-(70') 강당	▶다모임(평가와 격려)	코디/ 교사	▷질문지 : 어려웠던 점, 칭찬하고 싶은 친구 ▷수익금 : 불우이웃돕기 선정하기
	16:30-(90') 강당/교실	▶텐트 치기(장기자랑 준비)	6학년	▷텐트(수집) : 21개(남학생은 강당에 13개, 여학생 은 6학년 교실에 8개)
	18:00-(90') 운동장	▶석식(바베큐)	학부모 교사	▷대여 : 그릴(8개 세트) ▷설치 : 3층 평생학습관 책상(2개), 천막(2개) ▷교사는 돌봄교실에서 도시락 식사(학생 관리는 교 대)
	19:30-(90') 강당	▶모두다발표회(장기자랑)	6학년 사회자	▷모든 학생이 참여하되 다양한 형식으로 발표
	21:00-(90') 숙소/샤워실	▶세면 및 휴식	6학년	▷샤워실 : 2층 사용 가능
	22:30-(90') 교실	▶반별 모임	6학년	▷휴대폰 수거/담임재량활동(간식-수박) ▷소감문 작성
	24:00 - 숙소	▶취침	6학년	▷강당 앞 불침번 테이블 마련 ▷(화장실)남학생-도서실앞, 여학생-6학년교실 앞

	시간/장소	내용	담당자	준비사항
6월 9일 토요일	07:00-(60') 강당	▶체조·보물찾기	스텝	▷체조(운영스텝팀-율동), 청소 ▷보물(조식쿠폰-주먹밥)
	08:00-(60') 급식실 /운동장	▶조식·짐정리(청소)	교사	▷청소점검
	09:00-(60') 운동장	▶스포츠데이	6학년	▷휴대폰 반환 ▷배드민턴/발야구/피구

〈꿈-모의창업활동 (가게운영, 한 팀 인원 약 4명~5명)〉

영역	번호	가게명	장소	영역	번호	가게명	장소
체험	1	나는 농부다	6-1	카페	15	마녀분식-떡꼬치	진로실
	2	철도운전체험실	6-1		16	혜선이네-핫케이크 꾸미기	진로실
	3	페이스페인팅	6-2		17	스타벅스-빙수	5층쉼터
	4	도림유튜브	음악실		18	카페 바리스타-레몬에이드	5층쉼터
	5	도림사진관	음악실				
	6	B1G3	6-3				
	7	게임스타(코딩)	6-3				
	8	사격체험장	어학실				
	9	공을 던져라	강당				
	10	야구보다 축구	강당				
	11	테루테루(일본인형)	6-2				
	12	운영스텝	6-4				
카페	13	도림쿡(COOK)-떡볶이	진로실				
	14	맛있는 집-볶음밥	진로실				

〈강당에서 모두다발표회 전 잠시 쉬는 시간〉

정리

강당(남학생)과 6학년 교실(여학생)을 이용하여 텐트를 치고, 학교에서 1박을 마쳤다. 아침 일찍 일어나 간단한 식사와 청소 활동, 체육 활동을 했다. 피곤하지만 왠지 웃음이 나고, 그래도 집에 가고 싶지 않다. 무언가 더 할 것이 없냐고 말하며 아이들은 아쉽게 학교를 떠났다.

그러나, 그 후에도 학교를 떠나지 못하는 사람들이 있다. 뒷정리가 남은 6학년 선생님들? 아니다. 토요일 아침 일찍, 쉬는 날을 반납하고 학교 청소를 위해 오신 다른 선생님들이 계셨다. 6학년 선생님들은 피곤하실 테니, 일정이 끝났다면 빨리 돌아가라고 재촉을 해 주신다.

사실 1박 2일의 진로캠프는 학교의 모든 교직원이 너무나 많은 협조를 해 주셨다. 책상 나르기, 텐트 치기, 숯 피우기 등. 어찌 보면 6학년이라는 한 학년의 행사로 여겨도 될 일을 도림초가 모두 함께하고, 모든 도림초의 학생들이 6학년이 되면 얻게 될 혜택으로 생각하며 내 일처럼 함께 해 주신다. 학부모님의 이해와 협력 또한 대단하다. 3월 초, '선생님은 마음껏 교육해 주세요. 다른 부수적 걱정거리가 생기지 않도록 도와드리고 응원하겠습니다.'라고 말씀해 주신 학부모님이 생각난다. '모두 다 발표회'를 보며 '이게 뭐지? 엉망인데.'라고 생각할 것이라는 나의 노파심을 깨고, 6학년 전체의 하나 되는 분위기와 즐거움을 함께 공감해 주는 폭넓은 교육관을 지니신 분들이기도 하다. 6년간(정확히 5년 6개월) 교사와 학생, 학부모가 소통해오려고 노력한 긍정의 결과가 아닌가 싶다. 이렇게 진로캠프의 꽃이 활짝 피었다.

2020년 코로나 시대가 대두하였다. 1박 2일이라는 캠프는 사실상 어렵게 되고 말았다. 이제는 또 다른 고민을 시작해야 한다. 현재까지도 도림초의 선생님들은 계속 고민하고 있다. 나는 믿는다. 고민하고 소통하고 다시 의논하다 보면, 좋은 과정이 쌓여 좋은 결과에 다다르게 될 것이라고…….

공동체가 함께하는 도담도담 학교 잔치

박태규
교　사

"오늘 댄스동아리 공연이 열립니다. 4층으로 모여주세요."

댄스동아리 친구들이 공연마당 준비를 마치고 홍보를 하며 즐겁게 웃고 있는 모습이 무척이나 예쁘다.

"떡을 잘게 썰고 옆으로 옮겨서 콩고물을 묻히면 됩니다."

운동장 먹거리 마당에서는 저학년 친구에게 학부모님이 만드는 과정을 자세히 설명하는 모습이 보인다.

"손으로 흙을 부드럽게 감싸고 모양을 천천히 만들어 주면 된단다."

마을기업 사장님의 자세한 설명으로 고학년 친구가 열심히 도자기를 빚고 있다. 2층 복도

〈도담도담 큰 잔치 버스킹〉

전시마당에는 일년 동안의 교육 활동 결과물이 전시되어 많은 학생들이 둘러보고 있다. 그리고 행사에 필요한 각종 도구를 나르고 행사 후 나오는 다양한 쓰레기를 정리하는 도우미 복장의 대의원 학생들이 분주히 움직이고 있다. 우리학교에서 10월 말에 열리는 도담도담 학교 잔치의 모습이다.

우리학교는 일년 동안의 교육적 성과물을 발표하는 '도담도담 학교 잔치'를 연다. 도담도담이라는 말은 아이들이 밝고 건강하게 자라는 모습을 나타내는 순우리말이다. 학교의 존재 이유는 학생들이 행복하게 잘 자라도록 도와주는 것이라는 생각으로, 2015년부터 학교 구성원과 마을공동체가 멋진 하모니를 이루며 학교 잔치 행사를 진행해 왔다.

Q) 누가 참여하나요?

A) 공동체 모두가 참여해요

"올해 공연은 10개의 학생동아리가 참여합니다."

"올해 학부모회의 먹거리 마당 주제는 세계 음식입니다"

학교잔치는 학교의 교육공동체 모두가 일년 동안 준비한 교육활동을 함께 나누는 행사이다. 잔치는 전시, 공연, 먹거리, 나눔, 동아리 체험, 도서관 행사의 여섯 마당으로 이루어진다. 잔치는 보통 10월 말에 실시하며 5일 동안 진행된다. 여섯 마당 중에 전시 마당과 도서관 행사 마당은 5일동안 상설로 진행되며 다른

〈 학생벼룩시장 〉

마당은 목요일이나 금요일 중 하루씩 운영된다. 특히 전시마당은 학부모회, 방과후 교육활동, 학생동아리, 교사동아리들의 일년 동안의 활동 결과물을 전시하고, 도서관 행사 마당은 도서 전시, 작가 초청 등 다양한 행사가 5일 동안 펼쳐지게 된다.

Q) 누가 준비하나요?
A) 모두 함께 준비해요

"안녕하세요 대의원회 5학년 대표입니다."
"작년에 이어 2년째 활동하는 학부모 대표입니다"
1학기가 끝나갈 무렵이면 학교잔치 준비위원회가 구성이 된다. 준비위원회는 학기초 구성된 교육공동체의 대표와 희망하는 학생, 학부모, 교사, 마을 활동가 등이 같이 참여하게 되는데, 구성인원은 전체 12-15명 정도이며 각 주체별로는 3-4명 정도이다.
학생대표는 4-6학년 대의원 학생들로 주로 구성되며, 경험이 많은 고학년의 대의원이 저학년 대의원에게 무엇을 해야하는지 자세하게 교육을 진행하기 때문에 교사가 따로 교육할 필요가 없다. 여기에서 자연스럽게 선후배 간의 교류와 배움이 일어난다.
학부모회의 동아리들은 일 년 간의 다양한 활동 결과물로 전시 및 체험행사를 준비한다. 학년별 학부모 모임에서는 먹거리 마당을 준비한다.
마을활동가로써 일년 동안 교육과정에 참여하며 도와주신 마을기업들도 체험부스 운영에 참여한다. 이렇게 준비위원회 각 주체들은 서로 긴밀하게 협의를 하며 행사를 학기초부터 준비하고 내용을 확인 및 일정을 조율하는 역할을 한다.

Q) 누가 주도하나요?
A) 학생들이 주도해요

"올해는 예쁜 학생 도우미 모자를 구입하기로 했어요."
"대의원 학생이 공연마당 사회자를 맡고 행사 도우미로 활동하기로 했어요."
대의원회 학생들은 학교잔치의 공연 행사를 진행하고 도우미로 참여하며 전체적인 행사의 기획과 함께 일꾼 역할을 담당하였다. 그 외 일반학생들은 공연마당과 체험마당을 위해서 일 년 간의 창제 동아리 시간을 이용하여 준비한다.

〈 마을공동체 교육기부 〉

학생 동아리는 공연을 하는 동아리와 체험부스를 운영하는 동아리로 나뉘어진다. 동아리 활동은 4~6학년 무학년제로 운영되며 보통 30개의 동아리가 있는데 그 중에 10개 정도는 자율동아리로 지역 전문가, 마을활동가, 학부모 등이 보조교사로 참여하여 교육기부로 운영된다.

동아리 공연마당과 체험마당은 잔치의 후반부에 이틀간 운영된다. 동아리 체험마당은 모든 동아리가 자신들의 동아리를 소개하고 일반 학생들이 체험하는 활동으로 4시간 정도 운영된다. 1,2교시는 저학년 친구들이 체험하고 3,4교시는 체험부스를 운영했던 친구들이 다른 동아리 활동을 체험하도록 하여 서로의 활동을 격려하고 이해하는 시간을 갖도록 한다.

1~3학년 친구들도 나눔마당에서 벼룩시장을 주도적으로 운영한다. 교실이나 복도에 자신이 가져온 물건을 교환하기도 하고 팔기도 하면서 참여한다. 저학년은 모든 체험마당에 참여하며 행복한 경험을 하게 된다. 이 친구들이 고학년이 되면 자신의 경험을 바탕으로 스스로 준비할 수 있게 된다.

Q) 학부모도 참여하나요?
A) 학부모도 함께 성장해요

"직접 손으로 만들면서 체험하는 것을 좋아하더라구요."
"작년에 음식을 직접 만들게 했던 부스가 인기가 제일 좋았어요."
학부모회 임원 중 많은 분들이 준비위원회에 참여한 경험이 있다. 그래서 전년도의 활동 평가를 반영하여 그해의 사업을 구상한다. 그러므로 활동에 대한 연계성도 있고 해를 거듭할수록 경험도 쌓이고 행사를 준비하는 노하우도 많이 생겼다. 학부모는 동아리 활동과 학교잔치에 주도적으로 참여함으로써 학부모 개인의 역량을 기르고 자아실현의 기회를 갖는다. 또한 학부모는 잔치를 진행하며 아이들이 행복해 하는 모습에서 행복교육의 중요성을 닫게 되었으며 모든 아이들이 내 아이처럼 소중하다는 교육적 성장을 이루었다.

Q) 그외 누가 참여하나요?
A) 마을교육과 함께 해요

"아이들이 직접 만들 수 있는 작은 화분을 준비하려고 합니다."
"만들기에 관심있는 친구들이 직접 물레체험을 하며 도자기를 만들어 볼 계획입니다."
몇 년동안 교육기부를 통해 학생들의 체험활동을 도와준 마을기업 담당자들의 계획이다. 우리학교는 매년 마을과 연계한 교육활동으로 진로체험 활동과 학교밖 탐험활동을 한다. 이때 마을활동가 및 마을기업들과 연계하여 교육과정을 운영하며 교육기부를 받는다. 마을기업들은 5년간의 교육적 네트워크가 형성되어 있어 자연스럽게 행사에 참여하고 학생들의 활동에 많은 도움을 주고 있다. 예를 들면 목공, 플라워아트, 도예, 네일아트, 비즈공예 등으로 행사의 후반부 동아리 체험마당에 체험부스를 운영하며 마을교육공동체로 함께하고 있다.

Q) 어떻게 정리하나요?
A) 평가를 통해 성장해요

"공연팀이 너무 많아서 준비가 어려웠고 질서유지도 힘들었어요."
"매년 쓰레기 문제가 골치였는데 올해는 거의 나오지 않아 감동했습니다."

〈 도담도담 큰 잔치 평가회 〉

잔치가 끝나고 행사를 평가하는 자리에서 학부모, 학생들이 들려준 이야기이다. 잔치가 마무리 되면 준비 위원회 전체 모임을 통해 각 주체별 다모임에서 수렴된 의견을 나누고 평가한다. 예를 들면, '공연마당을 강당에서 준비하다 보니 보여주기식 행사가 되어 힘들었다. 작은 공연으로 학생들이 즐기는 행사가 되었으면 좋겠다.', '공연마당을 학부모와 함께 관람하도록 구성하였더니 학생들에게 재미보다 행사 준비 부담으로 다가왔다' 라는 대의원회 평가를 반영하여 다음 해에는 공연마당을 복도의 넓은 공간에서 하며 15분 동안에 2~3팀 정도 하는것으로 바꾸었다. 또한 작년 평가에서 너무 많은 음식물 쓰레기가 발생하는 문제점이 제기 되었다. 그래서 올해는 먹거리 마당에서 일회용품을 사용하지 않고 모든 학생이 개인용품을 지참하도록 하여 쓰레기 문제를 해결하였다. 이처럼 평가에서 나온 학생들의 의견들이 다음해 행사에 반영되도록 하여 경험속에서 배우며 성장하는 기회로 삼았다.

학교 잔치가 해를 거듭할수록 교육공동체는 성장 발전하고 있다. 대의원회는 행사의 주체로 자치활동을 펼쳤고, 학부모는 학생들과 함께하며 교육의 또다른 주체로 자리매김 하였다. 마을은 학교와 교류하며 교육과정을 고민하는 동반자가 되었고 교사들은 공동체가 소통과 화합을 이룰 때 성장할 수 있다는 소중한 경험을 하게 되었다.

4부

행복을
얻다

행복배움학교와의 첫 만남

유지형
교　　사

난 아직까지도 낯설고 서투른 것이 너무 많다. 여전히 자동차 운전은 할 때마다 긴장되고 부동산 계약은 자취방을 몇 번이고 옮겨 다녔음에도 지금도 인터넷에 검색해보기 일쑤다. 학교에서의 수업은 지금까지 수백 번은 한 것 같은데 아이들 앞에 서면 떨리는 건 교생실습 때와 다르지 않다. 어렸을 때는 어른이 되면 무엇이든 척척 해낼 줄 알았지만 막상 크고 보니 어른이 되어서도 새로운 것에 부딪혀 허둥대고 있다.

어느 날 여느 때처럼 인터넷을 하고 있는데 한 글귀가 눈에 들어왔다. '어느 누구에게나 인생은 처음이다.' 생각해보니 맞는 말이다. 똑같은 인생을 두 번 사는 사람은 없으니까. 누구나 무엇이든 항상 처음을 맞이하니까 낯설고 서투른 건 어찌 보면 당연한 거다. 그렇게 서투름과 마주하여 하나하나씩 익숙해지면 이제 난 도림초등학교, 아니 행복배움학교에서의 처음을 한 번 떠올려보려고 한다.

행복배움학교에서의 시작

생각해보면 그때 역시 온통 새로웠다. 예전 학교에서 근무하던 중 2월 마지막 주에 발령통보를 받아 부랴부랴 인천으로 올라와야 했다. 바로 일주일 뒤면 개학이라니 눈앞이 캄캄했지만 어쩔 수 없었다. 새로 발령을 받을 때 늘 그렇듯이 먼저 교육청에 가서 간단히 임명장을 받은 후 학교로 갔다. 넓은 운동장과 함께 옆에 있는 커다란 산이 날 반겨주었다. 그 산의 이름은 오봉산이며, 앞으로 엄청 자주 들락날락하게 될 것이라는 사실은 그때는 미처 몰랐지만 말이다.

교무실에 가서 우두커니 앉아 곁눈질로 이리저리 살펴보니 선생님들은 다들 할 일이 많아 바쁘신 모양이었다. 생각해보면 개학이 일주일도 남지 않았으니 다들 엄청 바쁘실 시기이긴 하다. 그렇게 눈치를 살피던 와중에 한 선생님이 내게 반갑게 인사하더니 동학년 선생님들이 모여 있는 곳으로 데려가셨다. 그렇게 간단히 인사를 마치고 교실과 학년 연구실을 둘러본 것이 도림초등학교와 나의 첫 만남이었다.

그리고 어김없이 개학이 찾아왔다. 사실 선생님이라면 당연히 해야 할 '앞으로 어떤 방향으로 학급을 운영할까?'라는 고민은 이때의 내겐 사치였다. 아직 교실도 미처 다 꾸미지 못한 채 아이들을 맞이하게 된 것이다. 개학 전날엔 엄청 긴장되고 과연 내가 잘 할 수 있지 걱정이 되어 밤잠을 설칠 정도였다. 그럴 때마다 예전에 한 선생님께서 해주신 말을 떠올렸다.

"쌤, 걱정 하지 마. 선생님들은 어떻게든 다 해~"

열심히 하면 어떻게든 되겠지, 라고 생각하며 계속 나를 다잡았다. 그리고 역시나 별 일 없이 무사히 3월 첫 달을 보낼 수 있었다. 동학년 선생님들도 열심히 도와주셨고, 물어보는 내가 민망하다 느껴지는 질문에도 이것저것 정성스럽게 대답해주셨다.

스스로에게 치여서 정신없이 허둥댔던 시기가 지나고 어느 정도의 여유가 생기자 학교의 이모저모가 눈에 서서히 들어오기 시작했다. 내가 근무하는 도림초등학교는 행복배움학교였다. 처음에는 학교에서 그럴듯하게 좋은 이름을 붙인 것인 줄 알았지만 알고 보니 혁신학교의 다른 이름이었다. 혁신학교라는 곳은 내 짧은 교직 경력 동안 많은 선생님들이 이야기를 하시고 또 이야기가 들려오지만 대다수의 선생님들이 실제로 근무해본 적은 없는, 일종의 전설 같은 곳이었다. 그런 곳에서 지난 일 년 간 내가 마주한 행복배움학교는 지금껏 내가 알고 있는, 그리고 경험한 학교 현장과는 사뭇 달랐다.

실제로 이루어지는 교육과정 재구성

맨 처음 내게 신선하게 다가온 것은 교육과정의 재구성이었다. 물론 교육과정을 재구성한다는 것 자체는 이미 널리 퍼져있어서 내게도 낯선 말은 아니었다. 그러나 다른 점은 행복배움학교에서는 이를 실제로 실천에 옮기고 있다는 점이었다. 우리나라의 공교육은 일부 학교를 제외한 대부분의 학교에 단일한 국가 교육과정을 적용하여 국민들이 차별 없이 비슷한 질의 교육을 받을 수 있도록 하고 있다. 그러나 현실적으로 살펴보면 주변의 환경, 학교의 시설, 학생 수 등이 모든 학교가 똑같을 수는 없기에 하나의 교육과정을 동일하게 적용하는 것은 무리가 있다. 때문에 모든 학교에서 국가교육과정을 토대로 하되 이를 재구성해서 학교교육과정, 학급교육과정을 이를 바탕으로 교육을 진행하는 것이다.

하지만 내가 지켜본 교육과정 재구성의 실상은 내가 알고 있는 이론과 매우 달랐다. 매년 새롭게 세운다는 학교교육과정, 학급교육과정은 사실 전년도 교육과정의 복사, 붙여넣기에 매년 달라지는 지침을 반영하여 살짝 수정하는 정도에 그쳤다. 학교의 환경을 고려한 교육과정 재구성은 거의 이루어지지 않은 채

나라에서 제시한 교육과정을 거의 그대로 따라가고 있을 뿐이었다.

하지만 이곳은 달랐다. 내가 학교에 처음 와서 이곳저곳을 둘러볼 때 인상 깊었던 것 중 하나는 학년 연구실 벽에 전지 크기로 붙어 있던 커다란 교육과정 표였다. 그 표에는 올해 우리 학년에서는 무엇을 중점으로 교육과정을 진행할지를 나타내는 각종 키워드와 그 주제에 따른 세부 활동들이 손 글씨로 적혀 있었다. 일 년이 지나고 나서야 비로소 알게 된 것이지만 우리 학교 선생님들은 학년이 종료되고 새로운 학년을 배정받은 뒤 모여서 직접 학년 교육과정을 재구성한다. 단순한 따라 하기, 답습하기가 아니었다. 학년별 성취기준만을 참고하여 이를 바탕으로 여러 차례의 회의를 통해 아이디어를 모으고 학교 현실을 고려하여 서로의 의견을 주고받아 진짜 교육과정 재구성을 이루어내는 것이었다.

아쉽게도 난 개학 일주일 전에야 지금의 학교로 발령받았기에 미처 교육과정 재구성에 참여하지 못했다. 하지만 크게 아쉬워할 필요는 없었다. 학기 중에도 선생님들은 자주 모여 교육과정에 대한 이야기를 나누었고 연 초에 재구성해서 세웠던 교육과정도 학기가 진행됨에 따라 그때그때의 상황에 따라 수정되고 다듬어졌다. 사실 아무리 교육과정을 재구성한들 처음 세워진 교육과정을 바꾸지도 않고 그냥 그대로 따르게 되면 재구성하는 의미가 없지 않은가. 교육과정에 대해 이야기를 나누는 자리에서 처음의 난 그 자리에서 눈치만 살피거나 조심스럽게 의견을 냈었다. 그러나 전부 나보다 교직생활을 오래 하신 선배 선생님들이었음에도 내 의견을 칭찬해주시면서 스스럼없이 받아들이고 반영해주셨다. 덕분에 나도 어느덧 적극적으로 교육과정에 대한 내 생각을 말하고 활발히 교육과정 재구성에 참여할 수 있게 되었다.

우리 학교에 맞게 재구성된 교육과정은 확실히 특별했다. 특히 인상 깊었던 것은 생태교육이었다. 우리 학년의 생태교육은 우리 학교 운동장에 위치한 텃밭과 앞서 잠깐 언급한 오봉산, 이 두 장소를 주로 이용하여 이루어졌다. 텃밭에서는 아이들이 감자를 직접 길렀는데, 감자를 심고 기른 후 캐내기까지의 모든 과정을 스스로 해냈다. 그렇게 캔 감자를 쪄먹으면서 재밌어하는 아이들을 보니 나도 저절로 즐거워지는 느낌이었다. 오봉산에서는 정말로 많은 활동을 했는데, 떨어진 나뭇가지를 주워 관찰하기도 하고, 나뭇잎을 보고 그림을 그리기도 했다. 꽃잎을 따와서 교실에서 화전을 구워 아이들과 나눠먹은 적도 있다. 생각해보니 거의 한 달에 한 번은 오봉산으로 간 듯싶다. 산을 자주 왔다 갔다 하면서 아이들도 자연과 저절로 친숙해지는 게 눈에 보였을 정도다.

올해에 난 드디어 교육과정 재구성에 직접 참여할 수 있게 되었다. 성취기준을 꼼꼼히 살펴보고 동학년 선생님들과 활발히 의견을 나누다보니 앞으로의 일 년 동안 무엇을 어떻게 아이들에게 가르칠지가 머릿속으로 희미하게나마 그려졌다. 보통의 다른 학교에서였다면 느끼지 못했을 경험일 것이다.

아낌없이 지원해주시는 업무지원팀

행복배움학교에서 예전 학교와 다르다고 느꼈던 또 하나는 업무지원팀의 존재였다. 사실 대부분의 학교에서 선생님들은 기본 적으로 수업뿐만 아니라 업무도 같이 배정받아 처리하시는 것이 보통이다. 이 업무 때문에 선생님들은 수업에 모든 것을 쏟기가 힘들다. 특히 수업이 늦게 끝나는 5, 6학년 선생님들과 힘든 업무를 맡으신 선생님들은 수업을 마치고 자신에게 부여받은 업무를 처리하다보면 어느덧 퇴근시간에 이르는 것이 일쑤다. 그래서 보통 퇴근 후에도 집에서 수업 준비를 하시는 것을 많이 보고, 나도 그랬었다.

하지만 우리 학교에서는 업무지원팀에 계신 선생님들이 전담 과목을 맡는 대신에 학교의 많은 업무를 처리해주셔서 대부분의 선생님들은 남는 시간을 업무 대신 교육 그 자체에 쏟을 수 있다. 나 역시도 저경력 교사임도 불구하고 배정받은 학교 업무는 하나도 없어서 수업이 끝나고 퇴근하기까지의 시간들을 모두 수업을 준비하고 연구하는 데 쓸 수 있었다.

사실 앞서 말한 교육과정 재구성이 우리 학교에서 실질적으로, 효과적으로 이루어질 수 있는데도 이 업무지원팀의 역할이 매우 크다고 생각한다. 교육과정 재구성은 생각보다 시간을 많이 소모하기 때문이다. 일 년의 학년 성취기준을 전부 검토하고 구성원들끼리 토론하여 처음부터 교육과정을 쌓아나가는 것은 생각보다 쉬운 일이 아니다. 여러 날에 걸쳐 학년교육과정을 세웠어도 학기가 시작되어 이를 실제로 적용해보면 수정해야 할 사항들도 생기기 마련이다. 이럴 때 바로 모여서 회의를 통해 수정하고 또 계속 수업 연구를 해야 유지될 수 있는 것이 교육과정 재구성인데, 업무지원팀에 계신 선생님들 덕분에 가능한 일이라는 생각이 계속 들었다.

그래서 나를 비롯한 그 대부분의 선생님들은 항상 교육지원팀에 계신 선생님들에게 감사드리고 있다. 그분들께서 열심히 학교 업무를 해주시고 다른 선생님들을 헌신적으로 지원해주시는 덕분에 내가 아무 걱정 없이 더 나은 교육을 위해 시간을 쏟을 수 있게 되었으니까.

민주적인 분위기 속에서 이루어지는 활발한 의사소통

내가 느꼈던 행복배움학교의 또 다른 점은 활발한 의사소통과 민주적인 학교 분위기다. 우리 학교에서 처음 참여한 교직원 회의에서 본 것은 그 동안 내가 겪은 교직원 회의와는 분위기가 사뭇 달랐다. 어느 누구도 거리낌 없이 자신의 의견을 당당히 말하고 또 이에 반박하며 의견을 주고받는 모습은 내게 있어 꽤 큰 충격으로 다가왔다. 내가 아는 교직원 회의는 교장선생님이 강조 사항을 말씀하시면 모두가 침묵으로 대답하고 몇몇 선생님들이 추가 안건을 발표하시면 또 침묵으로 모두 동의를 하는 그런 조용한 분위기였는데 말이다. 그러나 우리 학교의 교직원 회의는 달라도 너무 달랐다. 교장, 교감선생님은 아무리 사소한 의견이라도 경청하고 대답해주셨으며 심지어 활발히 의견 교환에 참여하시는 모습을 보고 '이게 뭐지?'라는 생각도 들었다. 얼핏 보면 중구난방이라는 느낌까지 들 정도였다.

지금 와서 떠올려보면 내가 그렇게까지 느낀 건 '어차피 반영되지도 않을 텐데 뭐 하러 시간만 잡아먹지?' 라는 냉소적인 생각이 머릿속에 자리 잡아서 그랬을지도 모른다. 지금까지 봐온 교직원 회의는 늘 그랬으니까. 하지만 교직원 회의에서 오랜 시간 끝에 나온 결론이 실제 학교 행사에서 이루어지고, 사소해보였던 의견들이 조금씩 반영되는 걸 보면서 내 생각이 많이 바뀌었다. 의미 없이 시간만 잡아먹는 의논은 사실 치열한 토론이었고 쓸데없어 보이던 주장은 사실 명확한 이유가 있고 타당한 문제 제기였다.

교직원 회의뿐만이 아니었다. 일이 있어 대신 참석하게 된 부장회의에서도 마찬가지였다. 학년에서 제기된 문제를 일일이 소개하고 하나하나 살펴보며 진지하게 이야기하시는 부장선생님들에게서 '퇴근 시간이니 얼른 끝내자~'라는 모습은 전혀 찾아볼 수 없었다.

당연히 모든 학교 구성원들의 의견대로 학교를 이끌어 갈 수는 없다. 그렇지만 '우리 학교는 적어도 선생님들의 목소리를 최대한 듣고 이를 반영하려 노력하는구나.'라는 생각이 학교 전체에 퍼져있다는 것만으로도 나를 비롯한 학교 구성원들에게는 커다란 힘이 될 수밖에 없을 것이다.

지금까지 길고 장황하게 떠들었지만 그래봤자 난 아직 행복배움학교를 채 2년도 경험하지 못한 풋내기 교사다. 그렇다고 행복배움학교가 아닌 학교 역시 많이 경험해보지도 못한 저경력 교사이기도 하다. 사실 아직까지도 행복배움학교에서 적응이 안 되는 부분도 아주 사소한 것이긴 하지만 조금은 남아있기도 하다. 하지만 적어도 내게는 행복배움학교에서 느끼고 배운 것이 결코 적지 않다는 것은 확신할 수 있다. 교직 경력 내내 행복배움학교를 거치지 않고 퇴임하시는 선생님들도 많다고 알고 있다. 그런 면에서 교사가 된지 얼마 되지도 않은 내가 벌써 행복배움학교에서 근무하며 다양한 경험을 하고 있는 것은 큰 행운이라고 생각한다. 그러고 보면 '행복배움학교'라는 말은 '아이들이 행복하게 배우는 학교'라는 뜻일 텐데 어째서인지 교사인 나도 이곳에서 아이들처럼 행복하게 배우는 것 같다는 느낌이 든다.

세 번의 도림유람기

차건호
교　사

나의 첫 발령지는 신설학교인 남동초등학교다. 아이들은 체육시간마다 운동장 돌 줍느라고 장난치며 까르르 시간을 보냈고, 선생님들은 울타리 나무를 심느라고 조경사가 되기도 하고, 쓰레기장이 없어서 모래와 시멘트를 퍼 나르며 시간을 보내기도 했다. 지금으로 봐서는 상상하기 힘든 풍경이지만 당시만 해도 그것이 학교의 모습이었다. 발령 동기들이 많았고 신설학교라는 독특한 분위기로 선배 선생님들과 즐겁게 지낼 수 있었고, 늘 아이들이 곁에 있었기에 행복한 학교로 기억 속에 남아있다.

두 번째 드라마를 그릴 학교를 찾는데, 어느 학교를 원하느냐는 교육청 인사 담당자의 말에 어디든 못가겠냐는 호기를 살짝 부려보았다. 그런데 그 당시 누구도 원하지 않았던 도림초로 발령이 났다. 시내와 멀리 떨어져 있었기에 유배지로 생각되는 학교였고, 신규교사라 근평이 바닥인 것은 알지만 그래도 그렇게 먼 곳에 있는 도림초로 발령받는 것이 조금은 섭섭하기도 하였다.

어렸을 적, 소래포구를 갈 때 지나던 구불구불 산길과 바닷길을 감상하면서 비포장도로 덕분에 버스 천장에 머리를 부딪치곤 했다. 도림동과 남촌동 사이에 어정쩡하게 논밭 중간에 자리 잡은 학교터가 궁금하기도 했다. 지금이야 학교 옆으로 편도 5차선 큰 도로가 있지만 1997년에는 편도 1차선으로 어느 강원도 산골짜기에 있는 분교 같은 작은 학교였다. 대중교통을 이용하면 2시간이 훨씬 넘게 걸리던 그런 곳이었다.

학교가 분교 같듯이 아이들이며 교사들도 뭔가 시골스러운, 마치 내가 초등학교 다닐 때를 연상케 했지만 나는 그 모든 것이 좋았다. 터줏대감이었던 기사님(시설주문관)은 큰아버지 같이 인자하셨고 학부모회장님은 이모처럼 인심이 훗훗해서 함께 있으면 마음이 풍요로 와졌다. 학교 앞 논밭에서 개구리, 올챙이를 잡다가 교실에서 키웠고, 비가 오면 운동장에 나가서 개구리와 신나게 뛰어놀곤 했었다. 마치 영화(선생 김봉두)에서 나오는 시골 학교의 하루 풍경처럼 말이다. 나의 도림에서의 첫 유랑기는 그렇게 끝맺음을 했다.

그리고 다음 학교의 4년이 흐른 뒤, 나의 선택지는 당연히 도림초가 1순위였다. 남들은 나를 이상하다고 했지만 예전의 풋풋한 고향 같은 인정이 그리웠다. 그 때 현재의 자리로 도림초가 이전을 한다고 했지만, 나의 선택을 막지는 못했다.

전교조 전임생활 2년이 흘러 도림초로 복직했는데, 전교조 교사라는 이유로 배제와 차별을 당하였고 그 싸움의 중심에서 동료 교사들의 지원과 격려로 잘 버티고 생활할 수 있었다. 어려울수록 교사들은 더욱 잘 뭉쳤고 서로의 동질성을 확인할 수 있었다. 학부모님과도 소통이 잘 되어 교사와 학부모가 아닌 가족들처럼 친해지기도 하였다. 아이들과 함께 오봉산을 오르내리며 수업도 살짝 빼먹고 아이스크림을 먹으며 돌아왔던 기억이 생생하다. 지금은 교육과정 재구성으로 얼마든지 가능하지만, 그때만 하더라도 관리자의 눈치를 살펴야 하는 시절이었기에 쉽지 않은 일이었다.

도림에서 3년의 시간이 흘러 전근으로 간 두 학교에서 마흔이 훌쩍 넘게 되니 2, 30대처럼 자유롭게 학교생활을 할 수는 없었고 승진하려는 교사들을 보면서 많은 고민과 방황을 하였다. 경력이 올라가면서 여전히 경직된 학교 문화와 승진 제도로 인한 교사 간의 갈등, 관리자들의 갑질 같은 횡포에 환멸을 느꼈다. 어디론가 떠나고 싶었다.

그리고 또 도림, 세 번째로 도림초 발령을 받았다. 친구들은 차라리 도림에 뼈를 묻으라고 했다. 당시 행복배움학교 4년 차를 맞이한 도림은 교사들 사이에 호불호가 갈리던 학교였고, 나의 선택은 당연히 호(好)였다. 발령 전 2월에 도림에서 교사 연수를 받으면서 여기를 선택한 나의 결정이 맞았다는 확신을 갖게 되었다. 연수 받는 교사들의 환한 얼굴과 진지함에서 행복배움학교의 실제를 알게 되었다. 또한 서로 존중하고 공감하는 학교문화가 바로 이런 것이고 혁신미래교육의 희망을 느낄 수 있었다.

살아 있는 교육을 위한 교육과정 재구성을 직접 해보니 교사로서의 자존감도 처음으로 맛볼 수 있었다. 교사들의 수동적, 소극적인 사고에서 자발적, 능동적, 적극적인 자세로의 전환이 가능한 곳이 바로 도림 행복배움학교라는 것을 느꼈다. 그것이 우리 도림의 힘이라는 것을 다시 한번 실감하게 되었다. 회식과 직원연수 자리에서도 아이들 이야기로 밤을 지새우는 선생님들을 보면서 존경의 마음이 샘솟았다. 경력 많은 선배라고 자만했던 내가 창피하기도 하였고, 후배들이 자랑스럽기도 하였다.

나를 더 행복하게 만들었던 것은 아이들을 존중하는 학교문화와 선생님들이었다. 그렇게 존중받는 아이들은 자신감이 넘쳤고, 스스럼없이 배려하고 소통하는 모습이 아름다워 보였다. 살아있는 교육, 생동하는 교육, 삶의 힘이 자라는 도림교육이라는 확신에 도림초에 있다는 것만으로도 행복했다. 누군가 나에게 '어느 학교에서 근무하시는지요?'라고 물으면 나는 당당하게 '도림초'라고 말할 수 있어서 뿌듯하다.

지금은 잠시 학교를 떠나 있지만, 나는 여전히 도림초등학교 소속 교사이고, 세 번이나 근무했던 나는 어느 누구보다도 '도림초와 도림의 사람들을 사랑합니다'라는 말을 자신 있게 할 수 있다. 교직 생활 중 나의 마음의 고향이며, 비타민 같은 도림초의 지속 상생 발전을 기원해 본다.

행복하게 성장하게 해 준 나의 학교

손연수
졸 업 생

현재 선학중학교 3학년에 재학 중이고 도림초 제43회 졸업생 손연수입니다. 이렇게 글을 쓸 기회를 주시다니 정말 영광스럽고 감사하다는 말씀부터 드리고 싶어요. 돌아보면 도림초에서 행복했던 추억이 참 많습니다. 그래도 그 가운데에서도 가장 의미가 있었던 추억을 떠올려 보면 대의원회 활동 얘기를 빼놓을 수가 없습니다.

재미와 보람이 있는 대의원회 활동

도림초는 4학년 때부터 대의원회 활동을 시작되는데 처음엔 그저 재미가 있어서 참여하게 된 활동들이 시간이 갈수록 활동에 대한 책임감이 생기기 시작했습니다. 열심히 준비한 학교 행사들을 친구들이 즐기고 좋아하는 모습을 보면서 너무 뿌듯했고 보람 있다고 느끼게 되었습니다. 그 뒤로 매주 목요일 6교시는 대의원회로 모일 수 있게 되  었고 어느새 친구들과 대의원회를 주도적으로 이

끌 수 있게 되었습니다. 학교폭력 예방 캠페인을 준비한다고 영화 작품을 찍느라 일주일간 밤늦게 집에 돌아갔던 적도 여러 번 있었습니다. 조명과 방송 장비를 들고 이리 저리 폼 잡고 다니면서 떠들었는데 배려해 주셨던 선생님들과 모든 분들께 감사드립니다. 집에 돌아가면서 우리가 하는 활동에 대해 자부심도 느끼고 서로를 생각하고 학교를 사랑하는 마음이 깊어졌던 것 같습니다.

장학금 바자회 사건

매주 목요일 6교시가 되면 5층 진로체
험실에 모여서 회의를 했습니다. 다양
한 행사와 캠페인을 계획했었는데 학교
생활 중 소소한 즐거움을 선사하는 역
할도 했었고 기억이 나는 건 학생 바자
회입니다. 어려운 학생을 돕기 위해 장
학금을 마련하자는 취지였습니다. 그래
서 학생들이 5층 강당에서 직접 팔 물건
들을 가져와서 저학년부터 고학년 학생

대의원다모임

들까지 모두 상인과 소비자가 되어 실제 돈으로 물건들을 사고파는 행사를 열었는데 시행착오가 가장 많
았던 행사여서 잊을 수가 없습니다. 수익금의 일부를 기부하자고 대의원들끼리는 계획이 되어 있었는데
실제로는 광고가 제대로 되지 않았던 겁니다. 그래서 기부하지 않고 수익금을 들고 나가는 학생을 발견한
대의원들이 아가서 기부금을 내게 하면서 억울하게 돈을 떼였다고 생각한 후배 학생이 분통을 터뜨린
겁니다. 이 부분 때문에 대의원회에서 모여서 회의를 했고 공식적으로 수익금을 돌려주고 사과문을 전교
에 게시를 했던 기억이 납니다.

설레임으로 가득했던 스태프 활동

동아리 축제(도담도담 학교큰잔치) 준비로 거의 매일 방과 후에 남아서 역할을 나누고 점검하며 회의했었
습니다. 당일 날 스태프 모자를 쓰고 축제를 진행하며 이끌었던 기억이 새록새록 떠오르네요. 이 일들을
계기로 남동소래아트홀에서 있었던 여러 학교를 초대하여 연합으로 예술공연 행사를 열었던 교외 행사에
서도 스태프 역할을 했던 기억도 납니다. 그렇게나 큰 행사를 진행했던 건 처음이라 많이 설레기도 했고
떨렸던 감정이 아직까지도 기억에 남습니다. 대의원회 활동을 하면서 물론 힘들 때도 있었습니다. 하지만
그로 인해 더 성장하고 얻게 된 경험들이 많아서 항상 대의원회에 들어가길 잘했고 추천하고 싶습니다.

벌써 졸업한 지 3년이 지났지만 저는 대의원회 활동을 했던 시절이 아직까지도 가끔씩 그립고 그 시절로
돌아가고 싶다는 생각이 듭니다. 제게 많은 경험과 성장의 기회를 주었기에 초등학교 생활을 행복하게 만
들어 준 대의원회 활동은 가장 의미 있고 행복했던 추억으로 남아 있습니다. 도림초에서 저를 이렇게 키
워준 선생님들과 친구들에게 정말 고맙고 감사하다고 전해 드리고 싶습니다.

나만의 추억이 아닌 모두의 추억

장혜경
학 부 모

2010년, 처음 큰 아이가 5학년 2학기 무렵에 도림초등학교로 전학을 왔고 세 아이 모두 이 학교를 졸업하게 되었습니다.

처음 학교에 왔을 때는 아이들도 어떻게 생활해야 할지 익숙하지 않았고 저도 이사 와서 여기에 적응하며 사느라 바쁘게 지냈던 것 같습니다. 그렇게 세 아이의 학교생활을 그저 집에서 챙겨주다가 녹색어머니회를 시작하고 둘째 아이가 6학년, 막내가 3학년이 되었을 때였습니다. 도림초등학교가 2015년 행복배움학교가 되었다고 하여 관심을 가지게 되었습니다. 아이들이 학교생활을 행복하게 할 수 있게 돕자는 취지로 학부모회에 관심을 가지고서 활동을 시작하게 되었고요. 행복배움학교로 지정된 후 도림초등하교에는 점차 변화가 일기 시작했습니다. 학부모회는 학부모의 자발적 모임으로 이루어지게 되었고, 민주적인 대화와 학부모 소통으로 인해 학교교육 활동에 대한 이해도가 높아졌습니다.

학부모회는 학부모가 학생들의 교육활동을 지원하는데 기여할 수 있는 발판이 되었고, 정기적으로 회의를 열어 학부모의 의견이 학교에 반영되는 통로가 되었습니다. 학년과 학급별 교육활동지원 급식모니터링, 학부모 명예사서모임, 녹색 어머니회 등의 자원봉사 활동을 하면서 학부모회를 중심으로 평생교육 및 학부모 동아리를 운영할 수 있게 되었습니다. 그리고 특정 학부모들로만 이루어 진 게 아니라 내 아이가 도림초등학교에 재학하고 있는 모든 학부모님들께서 회원이 되어 모두의 동의를 얻고 소식전달 체계를 만들 수 있었습니다. 학생 수 620명에 학부모회 참가회원 220명! 기적과 같은 일을 이루어 냈습니다. 이렇게 모든 학생과 학부모가 참여하여 함께 하는 것이 당연하지만 어느 학교나 그렇듯 여러 사정으로 학부모들이 이렇게까지 함께 하지는 못하는 게 일반적인데 말입니다. 220명의 학부모가 함께 하기까지 학부모 임원진들이 일일이 학년별 학부모들을 찾아다니며 행복배움학교를 이해시키고 학교 활동에 대한 편견을 바꾸어 가는 과정에서 즐거운 추억도 많았습니다. 들어주고 이해시키며 받아주는 일을 시작하면서 서로가 같은 마음으로 할 수 있다는 걸 배우게 되었습니다. 이렇게 학부모 활동이 재미있게 운영될 수 있었습니다.

그렇게 학부모의 참여를 독려하고 같은 의견을 모아 하나씩 학교와 선생님, 아이들과 함께 하는 행복배움학교를 시작하게 되었습니다. 많은 일이 있었습니다. 하나씩 그 이야기를 하다 보면 이 모든 일은 혼자 이루어 낼 수 있는 게 아닌 함께 라서 이루어 냈다는 말이 저절로 나올 수밖에 없습니다.

처음엔 학교 참여활동이 늘어나면서 학부모가 이야기에 참여하고 조정하며 만들어 가는 과정이 낯설기만 했습니다. 학부모 간담회라는 건 늘 듣기만 하던 입장이었는데. 그러나 이 활동도 점차 자리를 잡아가며 깊은 이야기들이 오가는 선생님과 학부모의 소통의 시간으로서 좋은 자리가 되기 시작했습니다. 학기가 끝날 때에는 학부모와 교사 모두 학년에서 있었던 일들을 나누고 평가해 보는 쉽지 않은 시간도 가졌는데 선생님들께서 마음을 열어 주셔서 함께 할 수 있었습니다.

자랑할 만한 일 중에는 120평의 땅을 빌려서 전 학년이 함께 했던 친환경 텃밭 가꾸기 활동도 있습니다. 하면서 밭을 가꾸는 농부의 심정을 이해할 수 있었고, 땅에서 얻는 것들은 어느 것 하나 땀 흘리지 않고서는 거저 얻을 없다는 것도 배우게 되었습니다. 120평을 고구마를 심고 거두기까지 무척 즐겁고 재미있었습니다. 아이들도 그 많은 고구마를 거두면서 행복해 했습니다. 전 학년 텃밭 채소 김장 담그기 나눔 행사도 기억에 있습니다. 아이들이 직접 기른 배추와 무를 뽑아서 다듬고 절구고 그것을 행구기까지. 추운 초겨울이었지만 추운 줄 모르고 웃음이 끊이질 않았습니다. 남자 선생님들께서는 큰 함지에 넣은 양념들을 있는 힘을 다해 버무려 주시고 그것을 강당에서 학년별로 들어와서 각자 절임배추에 버무려가며 처음으로 아이들 손으로 직접 김장을 해봤습니다. 담근 김치는 남촌 도림동 사무소에 전달하여 어려운 이웃돕기 행사도 했습니다. 평소에 김치를 잘 먹지 않았던 친구들도 맛있다고 어찌 잘 먹던지. 그 모습에 모두가 힘든 줄 모르고 즐겁게 모든 것을 해 낸 것 같습니다. 아이들, 선생님, 학부모 모두가 잊을 수 없는 추억이 되었습니다.

〈 학교텃밭 가꾸기 〉

또 자랑할 만한 것은 지역 주민과 함께 하는 지역 배움터가 있다는 것입니다. 4~6학년 아이들이 지역 주민의 음식점, 상점 등 각자 참여하고 하고 싶은 체험을 신청하면 직접 그곳에 가서 실제로 체험하는 활동입니다. 지역 주민들께서도 쉽지 않은 일이었는데 기꺼이 우리 학교 아이들을 위해 업을 포기하시면서 직접 지도해 주시고 함께 해 주셨습니다.

6학년은 진로캠프를 진행하였습니다. 그 캠프에 참여하는 학부모님들은 사전에 교육을 받고 아이들과 함께 할 수 있는 대화법 그리고 고민 상담을 이끌 수 있는 마음을 준비하여 하여 참여하게 되었습니다. 아이들은 평소에 부모님들과 나누지 못했던 속마음 이야기를 다른 친구 부모와 함께 하는 시간도 갖게 되었습니다. 참여해주신 모든 학부모님들께서 참으로 진지하게 아이들이 임해주셔서 내 아이가 아니었지만 내 아이를 이해할 수 있는 마음을 갖게 되었고 함께 참여해 주신 아버님들도 더 많은 아버님들께 학교 참여 활동을 부탁해 주시는 계기가 되었습니다. 그뿐 아니라 학교에서 이끌어주시는 선생님들 덕분에 학부모들은 여러 활동을 통해 아이를 키우며 잊고 있던 자신의 재능을 다시 발견할 수 있는 기회도 갖게 되었습니다.

도담도담 동아리 발표회에서도 학부모가 함께 참여하여 자신의 아이들에게 엄마로서 새로운 모습을 보여주는 기회가 되었습니다. 또 열심히 활동하는 학부모들을 격려해 주기 위한 학부모 일일 문화 탐방도 있었습니다. 학부모 일일 문화 탐방은 참여했던 학부모들에게 일상을 탈출하고 문화적 활동을 배울 수 있는 힐링의 시간도 되었습니다.

이 외에도 많은 교육 활동들이 있었습니다. 이 많은 교육 활동들은 학부모로서 새로운 변화를 가져오게 해주었습니다. 덕분에 그 해 전국 학부모 활동 장려상을 받게 되는 영광도 누리게 되었습니다. 정말 감사한 일이었습니다. 적극적으로 참여해 준 학부모들의 열정으로 맺은 결과였습니다.

말로만 듣던 행복배움학교를 처음 시작하며 어설퍼 보완해야 할 것들도 많았지만 그보다 학부모로서 잊을 수 없는 시간이라는 더 큰 것을 얻을 수 있었던 것 같습니다. 또 아이를 교육하면서 학부모와 교사 아이들이 지켜야 할 의무에 대해서도 심도 있게 이야기하며 이해를 돕는 공청회라는 귀한 시간도 갖게 되었습니다. 학생의 입장에서, 교사의 입장에서, 학부모의 입장에서 서로의 이야기를 통해 조금씩 서로가 지켜가야 할 방향을 잡아보게 되었습니다. 이처럼 많은 일을 이루어 내고 아이들과 선생님과 학부모가 많은 추억을 함께 할 수 있었던 것은 어느 한 사람, 어느 한쪽에서 이루어 낼 수 있었던 것은 아니었습니다.

세상을 따뜻하고 아름답게 만드는 말 중에 '고맙습니다.'와 '미안합니다.'가 있습니다. 고마운 마음을 느낄 때 '고맙습니다.'라고 표현하고 상대에게 잘못했을 때 '미안합니다.'라고 표현할 줄 아는 사람들은 기본적으로 소통하려고 노력하는 사람들입니다. 우리는 이런 사람들을 마음이 따뜻한 사람이라고 생각하거나 자신의 잘못을 주저 없이 인정하는 멋진 사람이라고 생각합니다. 우리 도림초등학교는 그랬습니다. 선생

〈김장담그기〉

님들도 학부모도 아이들도 서로 배려하고 이해하려고 이러한 말들을 통해 소통해 가기 시작했습니다. 처음은 누구나 어설프고 서툴고 내가 모르는 것은 배척하고 하지요. 그러나 우리 도림초등학교의 모두는 이러한 것을 깨려고 노력하고 소통해 가기 시작하여 행복배움학교를 이루어 낸 것 같습니다. 지금도 더 나은 학교를 향해 가고 있는 것 같습니다. 모두가 행복할 수 있다면 멈추지 말고 계속 좋은 것을 이어 나가야 하겠습니다. 나만의 추억이 아닌 모두의 추억으로 만들어 나갔으며 좋겠습니다.

학생을 위한 교육을 실현하는 학교,
도림초

김민경
교 생

교사가 되기 전에 학교 현장을 경험할 수 있는 교생실습은 단 세 번밖에 없다. 그중 한 번을 도림초등학교에서 보낼 수 있었다는 것은 내게 있어 큰 행운이었다. 선생님들께서는 학교의 모습 그대로를 보여주시고, 가지고 계신 경험들을 아낌없이 나누어주셨기 때문이다.

특히 도림초등학교에서는 전문적 학습 공동체, 교육과정 재구성, 담임교사의 업무 경감과 같은 앞서가는 교육의 모습을 볼 수 있었다는 것이 인상적이었다. 작년 작년 논술 주제로 나오던 앞으로 학교들이 나아가야 할 방향을, 도림초에서는 이미 실행 중이라는 것이 놀라웠다. 대학교 공부를 하면서는 한 번도 들어보지 못했던 교육의 경향을 실습 학교를 통해 직접 볼 수 있어 큰 도움이 되었다.

또 인상적이었던 점은 학생들이 주체적으로 활동을 하고 있다는 것이었다. 코로나로 인해

〈 교생과의 첫만남 〉

직접 활동하는 모습을 보지 못해서 아쉽긴 했지만 선생님의 이야기만으로도 충분히 학생들이 자발적으로 참여하고 있는 모습을 상상할 수 있었다. 교육과정 재구성 수업으로, 아이들이 교사의 도움을 거의 받지 않고 대사관에 연락해서 면담을 계획하고 실행까지 해냈

〈교생 수업〉

다는 말을 들었을 때는 내가 생각하는 것보다 학생들은 스스로 잘 해낼 수 있다는 것을 느꼈다. 아이들을 전적으로 믿고, 교사의 도움 없이 아이들끼리 활동을 할 수 있는 자유를 주어도 좋겠다는 생각을 했다.

도림초등학교는 학교를 둘러보기만 해도 학생들이 즐거운 마음으로 다닐 수 있는 학교여서 좋았다. 작은 연못, 각종 채소와 식물이 자라는 화단. 학생들끼리 방과 후에 자치, 여가 활동을 할 수 있는 교실과 실내 정원도 마련되어 있었다. 또 반장, 부반장을 정해두지 않고 모든 학생들이 동등한 위치에서 학교생활을 하고 있었다. 이런 점은 더 즐겁고 민주적인 학급 분위기를 형성하는 데 도움이 될 것 같았다.

행복배움학교인 도림초등학교에서의 경험은 다른 학교에서는 해보기 어려운 소중한 경험이었다. 도림초의 교육 방법이 개별 학생 맞춤형 수업과 학원이 아닌 '학교에서만 가능한 교육'을 실현할 수 있다고 생각했다. 이 곳에서 보고 느꼈던 이상적이고 혁신적인 교육의 모습을 교사가 되어서 실천해보려고 노력해보고 싶다.

박세웅
교 생

도림 초등학교로 처음 출근 했던 날, 5학년 학생들이 꽃다발을 전해주었다. 그날 받은 꽃다발의 의미는 존중이었다. 실습생을 학교의 구성원으로 인정해주고, 실습생들의 교육 활동을 전적으로 존중해준다는 의미였다. 도림 초등학교의 모든 구성원은 동등한 위치에서 서로를 존중해주며 함께 배우고 있었다. 그렇게 우리도 4주 동안 도림 교육 공동체의 일원이 되어 교육의 역할과 가치에 대해 생각해 볼 수 있었다.

학생들이 등교할 수 없는 초유의 사태 속에서 도림 초등학교가 그동안 해왔던 프로젝트들

을 직접 볼 수 없어 아쉬웠다. 하지만 특강을 통해 1년간의 프로젝트를 정리해서 보는 것도 뜻 깊은 시간이었다. 도림 초등학교에서는 발도르프 교육을 적용해 교재 대부분과 교실을 재구성해 이루어지는 1학년 교육과정과 온 작품 읽기를 뮤지컬로 연계한 3학년의 교육과정, 가치 덕목을 중심으로 교과를 통합해 이루어지는 5학년 교육과정과 같이 교육과정 재구성이 다양하게 이루어졌다. 이러한 교육과정 재구성이 자연스럽고 실질적인 이유는 민주적인 대화와 협의 덕분이라고 생각했다. 도림 초등학교에서는 같은 학년 선생님들끼리는 물론, 교감, 교장 선생님과 부장 선생님들도 시간과 장소를 가리지 않고 열정적으로 대화하셨다. 실습생인 우리도 자연스럽게 대화에 참여할 기회가 많이 있었는데, 우리의 의견도 지위에 상관없이 동등한 하나의 의견으로 받아들여졌다. 특히 모든 교사가 모여서 대화하는 다모임에서 많은 것을 느낄 수 있었다. 둥글게 둘러앉아 자유로운 순서로 이런저런 이야기를 나누는 것이 기존의 교직원 회의와는 다른, 말 그대로 대화의 실체를 본 느낌이었다. 그런 대화 문화 속에서 우리 실습생들도 협의실에서 자연스럽게 수업 나눔을 하고, 하나의 수업을 공동으로 만들어보기도 했다. 대화는 교사들 사이에만 이루어지는 것이 아니라 교사와 학생들 사이에서도 이루어졌다. 비대면 수업 상황에서도 학생들과의 의사소통을 위해 '카카오톡 채널'을 활용한 5학년의 수업 방식이 바로 그 예이다. 양질의 온라인 콘텐츠를 개발하는 것도 좋은 방법이지만, 학생들의 이해도를 점검하고 요구를 즉각적으로 반영할 수 있는 쌍방향적 의사소통 방식이 학생들에게 큰 도움이 되리라 생각했다. 제약이 많은 비대면 수업 상황에서도 최대한 아이들과 소통할 수 있는 창구를 마련해주신 5학년 담임선생님들 덕분에 실습생인 나도 작게나마 아이들과 정서적 교감을 할 수 있었다. 이처럼 도림 초등학교의 동력은 대화에서 나온다. 대화를 통해 모든 것이 시작되고, 끝날 때도 대화를 통해 성찰한다. 우리도 지난 4주 동안 대화의 즐거움과 효과를 충분히 느낄 수 있었다.

도림 초등학교에서의 4주는 행복 배움 학교가 어떤 학교인지 생각해볼 수 있는 시간이었다. 학생, 교사, 학부모 모두가 만들어가는 학교 분위기 자체가 행복해서 '행복하게 배우는 학교'라는 의미도 있겠지만, 나는 '행복을 배우는 학교'라고 생각했다. 학생들은 저마다 행복의 씨앗을 마음속에 품고 있다. 행복 배움 학교에서 아이들은 행복의 씨앗을 가꾸는 법을 배운다. 그리고 학교에서 경험한 민주적인 대화와 마을 교육, 자치 활동과 선생님들의 사랑은 훌륭한 밑거름이 될 것이다. 그렇게 그것들을 사회 속에서 꾸준히 실천하면 마침내 행복의 열매를 맺어 사회에 그 행복을 나눌 수 있는 사람이 될 것이다. 그래서 우리 교사들은 아이들이 갖고 있는 저마다의 행복 씨앗을 싹틔울 수 있도록 다양한 교육적 밑거름을 제공해주어야 할 것이다.

정답은 없다

홍문숙
교　사

"싸울 수 있다니 부러워요" 인천형 혁신학교 초창기에 운영한 연수에서 한 말이다. 자신의 생각을 자유롭게 말하는 것이 어려운 학교 문화에서 얼마나 자유롭게 이야기 할 수 있기에 싸우기까지 한단 말인가? 그 후로도 혁신학교 운영의 어려움을 이야기하는 자리에서 이런 저런 문제점을 나눌 때도 나는 연신 "부러워요"를 외쳤다. 미간을 찌푸리며 화가 섞인 어조의 대화를 부러워하는 나를 본 선생님들도 어이없이 함께 웃음지으셨다. 정말 저런 학교가 있나? 싸우더라도 자신의 생각을 말하고 듣고 협의할 수 있는 그런 학교가 있나? 저런 꿈의 학교에서 근무하고 싶다는 소망이 연수에서 나눈 많은 말들과 글을 통해 가득 쌓였다. 그 소망을 이루기 위해 나는 아무 재주도 없지만 과감하게 초빙의 문을 두드리고 우리학교에 근무하게 되는 꿈을 이루게 되었다.

꿈만 같은 도림의 1년차

2017년 드디어 꿈꾸던 도림초등학교에 근무하게 되었다. 근무 1년차가 맡기 어려운 4학년에 업무까지 없는 호강을 누리게 되었다. 출발부터가 믿어지지 않는 시작이었다. 우리 4학년은 5개의 반으로 내가 맡은 반은 4학년 5반이었다. 학년 구성원은 젊고 멋진 학년부장님과 완벽에 가까운 섬세한 2반샘, 철학적 낭만이 묻어나는 키다리 3반샘, 스튜디어스 외모의 4반샘, 그리고 철없는 왕언니 나로 구성되었다. 내가 벌써 왕언니라니......

꿈꾸듯 입성한 우리학교는 '정말 저런 학교'였다. 꿈꾸었기에 그만큼 하고 싶었던 것도 많았다. 동학년회의 때마다 '이것도 하고 싶어요, 저것도 하고 싶어요' 하며 많은 것을 욕심내고 제안하고 비판했다. 이 모든 회의에서 안된다고 한 적이 한 번도 없었다. 제안에 대해 함께 고민하고 같이 해결방안을 마련하면서 정말 하고 싶었던 많은 것들을 아이들과 함께 할 수 있었다.

뒤돌아보면 이렇게 많이 생각하고 공부하고 협의할 수 있었던 것은 업무 없이 오로지 교육과정에 집중할 수 있었기에 가능한 것이었다. 지금껏 한 번도 경험해 보지 못한 교육과정의 집중은 우리가 왜 수업을 하는지, 무엇을 가르칠 것인지, 어떻게 가르칠 것인지를 충분히 연구할 수 있게 해주었다. 교사 본연의 교육에 집중할 수 있었던 것은 우리가 집중할 수 있도록 뒤에서 받쳐주신 많은분들 덕분이었음을 일년이 지난 후에 깨닫게 되었다. 이런 일 년의 시간동안 교사로서의 충만감과 자신감을 얻을 수 있었던 귀한 시간이었다.

교육과정에 정답이 있는 걸까?

우리 4학년 5반 아이들의 장점은 아주 자유롭다는 것이었다. 밝고 명랑하며 자유로운 아이들을 보면서 미소 지을 때가 많았지만, 그 장점이 단점으로 급격히 변하는 때도 많았다. 아이들에 관해 동학년 선생님들과 이야기를 나누어 보면 비단 우리 반만의 이야기가 아니었다. 4학년 전체의 공통점인 것이다. 그래서 우리는 4학년 2학기에 우리 아이들에게 인내, 절제를 배울 수 있도록 프로젝트 수업을 구성하였다. 우리 프로젝트의 이름은 '참았다 먹으면 더 맛있는 마시멜로우'였다. 다시 봐도 제목이 너무 근사하다. 그 프로젝트에는 온작품「논어 들고 나타난 공자 귀신」읽고 나누기, 아침 고요산책으로 오봉산을 천천히 걸으며 나무에 기대어 명상하기, 조용히 걷기 등 고요함을 느끼는 아침 산책활동을 2학기 동안 꾸준히 실천하였다. 물론 단 1학기만에 인내와 절제가 완성될 수는 없다. 그래도 작은 씨앗을 뿌렸기에 조그만 새싹들이 하나둘 인내와 절제로 피어났다.

2017년 우리 학년은 이러한 프로젝트 수업으로 구성된 교육과정 재구성이었다. 우리의 생각이 담긴 교육과정 재구성이기는 하였지만 전체의 교육과정을 다루지는 못하는 한계를 가지고 있었다. 또한 아직까지 주간단위의 주간학습을 하고 있었던 점이 아쉬움으로 남았다.

이러한 아쉬움을 안고 2018년에는 5학년 학년부장을 맡으며 야심찬 교육과정 재구성에 도전했다. 학년이 구성된 2월부터 동학년 선생님들과 함께 듣고 싶은 연수를 권유하였다. 학교 오는데 1시간이 넘게 걸리는 길도 마다 않고 "연수 듣고 싶어요"로 답한 예쁜 신규 2반샘, 어린 아이들을 돌보도록 서산에 계신 친정엄마를 올라 오시게까지 하면서 연수에 참여한 3반샘, 아이들과 같이 읽고 싶은 온작품을 선정하자며 방학 중에 10권의 책을 싸들고 우리집을 방문한 열정의 4반샘, 그리고 수업을 마치면 온 기운이 빠진다고 오후에는 항상 파김치가 되어 계셨던 5반샘. 이 열정적이고 멋진 동학년 선생님들과의 출발은 '행복한 수수'를 꿈꾸는 5학년이었다. 1년의 5학년 비전을 세우고 1학기 교육과정을 계획하고, 세밀하게 월간계획으로 교육과정을 재구성하였다.

너무 열정적으로 달렸던 것일까? 5월쯤 되었을 때 '너무 지친다.'는 생각에 몸도 마음도 지쳐 있었다. 그제서야 정신을 차리고 돌아보니 이미 동학년 선생님들은 물론 아이들도 모두 지쳐 있다는 것을 깨닫게 되었다. 아무리 맛있는 음식도 무조건 많이 먹을 수 없는 것처럼, 아무리 좋은 교육활동도 아이들은 물론 교사도 소화할 수 없도록 욕심을 부렸던 것이었다. 의도도 좋았고 과정도 훌륭했지만 그 안에 욕심이 있었던 것이었다. 과유불급이라는 말이 딱 맞는 말이었던 것이다. 넘치는 열정, 넘치는 활동, 넘치는 시간 들을 조절하는 것이 필요하다는 것을 깨닫게 되었다. 이런 실패의 경험을 교훈으로 2학기에는 천천히 숨고르기를 할 수 있게 되었다.

혁신학교의 꽃은 교육과정 재구성이라고 할 수 있다. 그 안에 교사, 학생의 의미 있는 성장의 가치가 연결되어 있기 때문이다. 그러나 그 교육과정은 전체를 재구성 했다고, 활동이 다양하다고, 너무나 창의적이라고 훌륭한 것은 아니다. 어떠한 형식이나 틀에 얽매이지 않고 교육과정 안에 담긴 고민의 시간이 있다면 그 자체로 된 것이 아닐까 생각한다. **교육과정의 정답은 없다 선생님들의 그 고민이 바로 정답이 아닐까** 생각한다.

업무는 누가하지?

우리학교에서 교육과정과 더불어 중요한 이슈는 업무분장이다. 교육과정에 집중할 수 있는 업무분장을 만드는 것이 우리학교 업무분장의 기준이다. 이를 만들기 위해 매년 치열한 토의를 한 우리학교의 살아있는 업무분장에 대해 이야기 나누고자 한다.

2017년 업무는 교무, 연구, 학년부장, 1, 2, 3학년 선생님, 전담선생님들이 업무를 맡으시고, 4~6학년만 업무가 없는 구조였다. 학기말 교육과정 평가회 때 필요 없는 업무를 더 줄여야 한다는 의견이 중요한 이슈였다. 그렇게 하지 못하면 1~3학년 선생님들이 업무를 처리하느라 함께 교육과정을 의논할 시간이 부족하다는 점을 이야기하면서 치열한 회의 끝에 2018년에는 1, 4, 5, 6학년 선생님들 업무를 없앴다.

치열한 회의의 결과를 반영하며 보낸 2018년의 1년을 평가하며 우리학교도 업무전담팀을 만들어 교사의 업무를 다 없애는 방법을 토의하게 되었다. 이 회의는 업무를 최소로 줄이고 싶은 마음과 결국 그 업무는 누군가는 해야된다는 어려운 부담을 갖고 힘겨운 회의를 몇 차례에 걸쳐서 하게 되었다. 그 과정에서 업무지원팀은 하고 싶으나, 영어전담은 부담스럽다는 분의 의견을 받아들여 과목은 업무전담팀이 정할 수 있는 권한을 부여하면서 업무전담팀에 대한 부담을 과목선택권으로 조금 덜어 주었다. 또한 각 선생님들은 전담수업시간을 양보하여 전담수업시수를 줄이는 방안을 만들었다. 이렇게 많은 이야기 속에서 2019년에 처음으로 교무, 연구, 전담교사 2명의 업무지원팀과 업무를 자원해 주신 4명 교사들과 함께 업무를 분담하여 운영하게 되었다.

그렇게 치열한 회의와 논의 끝에 업무경감을 위해 논의하고 방법을 강구했지만, 여전히 업무는 남아 있는 것이 현실이다. 너무 과중하게 부장에게 업무가 집중되어 있는 구조가 오래 유지 될 수 있을까? 도림에서 선물처럼 보낸 행복한 1년에 보답하기 위해 정말 자발적으로 업무지원팀이 되었는데, 이제 3년 동안 업무에 빠져 있다 보니 이젠 힘이 든다. 기쁨으로 함께하고 싶었고, 도움을 주고 싶은 마음으로 시작했지만 이젠 그 기쁨이 힘듦으로 바뀌었다. 이런 생각을 하고있는 것이 비단 나 혼자만은 아니었다. 그렇기에 이제 또 다른 업무경감 방안을 생각할 때가 된 것 같다. 정답은 없는 것이다. 우리학교의 역사처럼 계속해서 이야기 나누고 방법을 찾아 나가며 함께 고민하며 한 뼘씩 한 뼘씩 성장하는 것이 필요할 뿐이다. 우리가 걸어온 길은 실패가 아니라 교훈이며 그 교훈은 앞으로 나아갈 동력이 되는 것이다.

실패해도 괜찮아

틀려도 괜찮아, 실패해도 괜찮아라는 말은 참 쉽다. 실패한 누군가에게 위로를 건네는 말을 할 때는 쉽게 건넬 수 있는 말이다. 그러나 이 말이 나의 가슴 아픈 실패와 실망감으로 다가올 때는 감당하기 어려운 무게로 내려온다. 결국 우리가 걸어가고 있는 이 혁신의 길은 아무도 모르는 미지의 길이기에 두렵고 떨리는 길 위에 선 것이다. 그러기에 수 많은 실패와 좌절이 우리를 기다리고 있다. 그 길 위에서 실패한 누군가를, 마음 아픈 누군가의 손을 꼭 잡아 주는 동료가 있다면 실패해도 괜찮아하고 먼지를 툭툭 털고 일어설 수 있으리라 믿는다. 우리학교의 혁신의 길도 순탄하지 않았다. 누군가는 넘어지고 쓰러지고 아파했지만, 그 동료의 손을 꼭 잡아준 우리 도림의 동료와 해 맑은 얼굴의 순수한 학생들과 교사를 믿어 주시는 따뜻한 학부모가 계셨기에 이 혁신의 길을 묵묵히 갈 수 있었다. 앞으로도 우리 학교는 많은 실패의 경험들이 쌓일 것이다. 이 실패의 경험들을 소중한 자산으로 삼아 묵묵히 걸어가기를 바라고 기대한다.

행복배움, 다시 꿈꾸다

김광석
교 장

행복배움에 대한 고민

지난 6년간 우리 학교에는 많은 변화가 있었습니다. 학교에 있는 모든 구성원들이 그렇듯이 '학교, 이대로 괜찮은가?' 하는 고민을 우리 학교 구성원들도 하였습니다. 많은 사람들은 이런 저런 어려움으로, 아니 핑계로 고민을 하다가 포기합니다. 때론 몇몇이 새롭게 변화를 꾀하다가 학교를 떠나고 맙니다. 하지만 도림은 달랐습니다. 처음 제안한 사람은 하나였으나, 먼저 말을 꺼내지 못한 이들의 공감은 불길처럼 번졌습니다. '해보자, 바꿔보자'는 마음은 곧 실행에 옮겨졌고, 하나씩 바뀌어 가기 시작했습니다. 비록 작은 것이었지만, 변화가 보이기 시작하였습니다.

때마침 교육정책이 학교의 자율성과 다양성을 추구하는 방향으로 바뀌었고, 인천형 혁신학교를 공모하였습니다. 우리 학교는 이미 준비하고 있었기에 이에 응모하였고, 1기 인천형 혁신학교인 '행복배움학교'에 선정되었습니다. 행복배움학교에 선정된 이후, 앞서서 혁신학교를 운영한 인근 시도의 우수한 점을 벤치마킹하였습니다. 어떤 것은 학교에 그대로 적용한 것도 있었지만, 어떤 활동은 그대로 적용하기에 무리가 있어서 수정, 보완하였습니다. 또 어떤 것은 학생 수가 많은 도시 학교에 적용하기 어려운 것도 있었습니다.

우리 학교의 지난 6년간 행복배움학교 운영은 성공적이었다고 자부합니다. 앞서서 언급했듯이 모든 게 잘 되었다고, 뜻대로 되었다고 생각하지는 않습니다. 아직 다듬고, 고치고, 채워야 할 것이 많기에 행복배움에 대해 다시 꿈을 꿉니다. 여러분과 함께 꿈을 꾸고, 채우기 위해 몇 가지 부분에 대한 고민을 같이 하고자 합니다.

교육과정 재구성의 자율성, 다양성 추구

교사들이 학년을 새롭게 시작하면서 가장 먼저 하게 되는 것이 교육과정 구성입니다. 이는 교사의 교육철학과 대상 학생, 학부모, 학교 여건, 지역사회 환경 등을 고려하여 수립하는 것으로 매우 중요한 작업입니다. 하지만 상당수의 교사들은 교육 관련 업체가 제공하는 프로그램에 의지하여 학년 또는 학급의 교육과정을 구성합니다. 심지어 담임교사 또는 전담교사의 재량에 의한 활동 기재를 요구하는 부분에도 업체가 제공하는 모호한 활동명을 그대로 둔 채 교육과정을 운영합니다. 근래 시기와 지역 여건 등을 고려하여 부분적으로나마 교육과정을 재구성하고, 적극적으로 운영하려는 교사들이 늘어나는 것은 다행입니다.

우리 학교는 12월에 다음 학년에 함께 할 학년 교사를 구성하여 새학년 교육과정 수립을 위한 협의를 시작합니다.(다음 연도 전출 교사를 제외하고 잔류 교사 중심으로 다음 학년 교사 배정. 이때 학년당 1명 내외는 전입교사 배정을 위해 비워 둠.) 겨울방학 중 자료를 모으고 유선 또는 대면 활동을 통해 의견을 교환합니다. 2월 중 새학년 교사 배정이 완료되면 전학년이 학년별로 모여 새학년 교육과정 재구성을 위한 협의를 심도있게 열고 있습니다. 이미 공감한 학교 비전을 토대로 학년 교육 활동 주제를 정한 후, 월별 주제를 논의합니다. 그리고 월별 주제에 의한 과목 구성, 교육활동 선정 작업이 이루어집니다. 이러한 일련의 과정은 기본적으로 국가수준의 교육과정, 교육청의 편성·운영 지침을 준수합니다.

우리 학교가 추구하는 교육과정 재구성 작업은 매우 바람직한 방향이고, 효율적이라고 생각합니다. 이상적인 것은 학급 교육과정 재구성이나 현실적인 한계를 지니고 있으므로 현재로서는 학년 교육과정의 재구성, 적정화가 요구된다고 생각합니다. 집단 지성의 힘을 발휘하여 학생의 실질적인 배움을 일으킬 수 있는 교육과정, 학생이 즐겁게 참여하고 자기 스스로 배움을 이끌어 갈 수 있는 '교육과정 재구성 역량'이 모든 교사에게 주어지기를 기대합니다. 또한 그러한 여건이 각 학교에 조성되기를 바랍니다.

함께 참여하고 결정하는 문화 형성

불과 20 여 년 전까지만 해도 학교 구성원은 매우 단순하였습니다. 교원, 학생, 행정직원 그리고 학부모들로 구성되었습니다.(그 당시 학교가 학부모를 학교 구성원으로 인정하였는지는 아직도 확신이 서지 않습니다.) 교직원 회의는 일방적인 전달 위주 방식으로 진행되었고, 학생, 학부모의 의견이 거의 반영되지 않았습니다. 교육청의 공문은 절대적이었고, 학교장의 지시는 엄중하여 거스릴 수 없었습니다. 다수의 교직원은 불만이 있어도 참아야 했고, 따라야 했습니다.

그로부터 꽤 시간이 지난 현재, 대부분의 학교에는 다양한 직종의 사람들이 구성원으로 함께 하고 있으며, 학부모, 지역사회 주민도 학교 구성원으로서의 목소리를 내고 있습니다. 교사들 역시 자신의 이익을 위해 권리를 주장하고 있습니다. 학교 현장이 아슬아슬한 줄타기를 하고 있다고 느껴질 때도 있습니다.

학교마다 차이는 있으나 학교내 갈등은 대개 관리자와 교사, 교사와 행정실 직원, 교직원과 교육감 소속 근로자들간의 갈등입니다. 쉽지 않은 문제이나 학교에서 함께 참여할 수 있는 기회를 주고, 각자 맡은 일에 대한 존중과 배려의 문화가 조성되어야 합니다. 이를 위해서는 교장, 교감을 비롯한 교원, 행정직원의 노력이 더욱 필요합니다. 우리 학교도 다른 학교와 같이 구성원간의 갈등이 존재합니다. 위치에 따라 쉽게 동의하기 어려울 수도 있으나, 우리 학교는 한 사람 한 사람의 의사를 존중하고 대등한 관계에서 협의하고 결정할 수 있는 문화를 만들어 가기 위해 서로 노력하고 있습니다.

학부모, 지역사회 주민의 요구 또한 귀 기울여 듣고 함께 할 수 있도록 학부모회를 적극적으로 지원하여 활성할 것입니다.(도림초 학부모회, 2019 학부모회 학교교육참여 우수사례 교육감 표창 수상) 학부모가 교육활동에 참여할 수 있는 기회를 더욱 확대하고, 지역사회 주민과 소통에 이전보다 더 노력할 것입니다. 마을교육공동체 구성 및 내실화를 위해 소상인공 등 지역주민과의 협력체제를 보다 강화할 것입니다. 지역주민과의 소통에 있어서도 공감과 협의를 우선할 것입니다.

배움의 공간, 꿈꾸는 놀이터

학교 공간은 학생들이 하루 중 집 다음으로 많이 생활하는 공간입니다. 학교에서는 배움 활동이 주가 되지만, 교사 또는 친구들과 함께 생활하면서 사회적 관계를 발전시키고, 공간 이용으로 인한 즐거움을 얻게 됩니다. 따라서 학교는 학생이 삶을 살아가는 역량을 고루 갖출 수 있도록 설계되고, 건축되어야 합니다. 경제성과 효율성만을 추구한 학교 모습이 아닌 주변 환경과 조화를 이루어야 하고, 학생·학부모·지역사회의 요구를 반영해야 합니다.

학교를 처음부터 잘 지어야 합니다. 하지만 여러 이유로 여전히 교실수를 중심으로 학교를 짓습니다. 다양한 용도의 특별실을 갖추고 있으나 깊이 있는 고민의 결과라 여겨지지 않습니다. 그러다 보니 시간이 지나감에 따라 쓸모가 없는 공간이 생기거나 유휴 공간이 생기기도 합니다.(예전의 인구 팽창기에는 유휴 공간이 부족하였으나 현재 많은 학교에서 신입생 수 감소로 유휴 공간이 늘어나고 있음.) 이제 학교 공간을 제대로 학생들에게 돌려주어야 할 때입니다. 학교를 부수고 다시 짓기는 매우 어려우므로 현재 있는 건물, 공간을 토대로 학생들이 학교에서 꿈꾸고 신나게 생활할 수 있는 공간을 함께 만들어 가야 합니다.

공간 활용에 대한 부분은 관리자가 먼저 꺼내야 합니다. 대부분의 학교에서 교사들은 학생 교육활동에 전념하고 있어서 학교 공간에 대한 생각을 크게 하고 있지 않습니다. 의견이 있다고 해도 공론화하기를 꺼려합니다. 그러므로 교장 또는 교감이 학교 공간 재배치 및 필요 시설물 설치에 대한 논의의 장을 마련해야 합니다.

우리 학교는 학교 공간 재배치 및 필요 시설물 설치에 대한 논의를 시작할 것입니다. 학생, 교직원, 학부모 및 지역사회 주민 등이 고루 들어갈 수 있도록 위원회를 구성하고, 충분한 논의가 이루어질 수 있도록 최소 6개월 이상의 위원회 활동 기간을 마련할 것입니다. 논의가 활발히 진행될 수 있도록 개인의 의견을 존중하는 분위기를 만들겠습니다. 다양한 의견을 반영한 쓸모있는 공간, 효율적인 공간을 만들겠습니다. 무엇보다도 학생들이 즐겨 이용할 수 있는 공간, 재미있는 공간 조성에 귀 기울이겠습니다.

같이 만들어 가는 배움

우리 학교는 '행복배움학교'를 실현하기 위해 학년별로 특색있는 교육활동을 추진하고 있습니다. 학생자치 활동, 오봉산 숲체험학습, 온작품 활동, 연못을 이용한 생태체험학습, 마을공동체와 함께 하는 진로교육, 학교밖 탐험 활동, 도담도담 큰잔치, 발도로프 교육 등이 그것입니다. 물론 이 외에 더욱 다양한 활동을 학년 수준에 맞게 하고 있습니다.

대부분의 학교 또는 학년 교육활동이 학생 주도적으로 활동이 실시됩니다. 특히 학생자치 활동, 학교밖 탐험 활동, 도담도담 큰잔치는 학생이 중심이 된 활동입니다. 처음 계획 단계부터 평가, 발표회까지 교사는 안내자, 촉진자로서의 역할을 할 뿐입니다. 처음엔 염려스러운 부분이 많았고, 답답하였지만 참고 기다려주니 점점 나아지는 모습을 확인할 수 있었습니다. 스스로 하였기에 배움의 깊이가 달랐고, 그것이 힘이 될 수 있었습니다. 앞의 글에서는 잘된 점을 중심으로 기술하였습니다. 학생들에게 배움의 즐거움을 주었고, 실제 큰 배움으로 결실을 맺었습니다. 하지만 아직 부족한 점이 많습니다. 도림은 그동안의 노력으로 이룬 결과를 다시 살펴보고, 도림 만의 특색있는 교육활동으로 다져가겠습니다.

오봉산 숲체험학습, 온작품 활동, 연못을 이용한 생태체험학습, 마을공동체와 함께 하는 진로교육, 발도로프 교육 등도 도림이 자랑하는 교육활동입니다. 자연과 어우러진 배움은 학생들에게 배움에 대한 부담을 줄여주고 있습니다. 학년별로 다양하게 추진되는 온작품 활동은 책 읽는 즐거움을 주고 있으며, 생각을 공유하는 기쁨을 알게 합니다. 마을교육공동체와 함께하는 진로교육을 통해서는 마을에 사는 사람들에게 관심과 애정을 느끼게 합니다. 자신의 미래에 대해서도 보다 현실적으로 접근하게 하는 계기가 되고 있습니다. 발도로프 교육 활동은 입문기 단계의 저학년 학생에게 배움의 즐거움을 알게 합니다. 도림은 이러한 교육 활동이 학생의 성장과 배움에 실질적으로 기여할 수 있는지에 대해 지속적으로 성찰하고, 새로운 모델을 만들어 갈 것입니다.

우리 학교가 6년 동안 다른 학교와 좀 다르게 하고자 한 교육 활동이 아직 부족한 점이 많습니다. 그리고 모든 학교에 맞지 않음도 알고 있습니다. 강권하고 싶지도 않습니다. 하지만 앞으로도 우리 학교는 모든 구성원의 지혜를 모아 도림의 교육을 완성하도록 노력할 것입니다.

다시 꿈꾸다

이제 지난 6년간의 교육 활동을 되짚어 보고 앞으로 더 나아가려고 합니다. 무언가를 빨리 이루어보려는 욕심이 과해 보지 못하고 지나쳐버린 것들은 없는지 되돌아 살펴보고자 합니다. 겉으로는 아이들을 내세우면서도 실제 속을 들여다보면 우리를 내세운 건 아닌지 깊이 반성도 할 것입니다. 아이들이 정말 원하는 활동을 계획하고 추진했는지, 그들의 부모들도 우리 학교의 교육 활동을 이해하고 함께 했는지에 대해서 진지하게 살펴볼 것입니다. 또한 학교가 지역과 지역주민의 삶을 학교교육과 연계하기 위해 얼마나 고민했는지에 대해서도 성찰할 것입니다.

우리 학교가 많은 시간 가치 있다고 생각하고 추진했던 교육 활동이 아이들의 배움에 기여하고 있는지, 아니 지금은 조금 더디더라도 시간이 지나면 보다 큰 열매를 맺게 될지에 대해서도 깊이 있게 고민할 것입니다. 우리 학교 교육에 대해 관심을 가져 주시는 모든 분들의 비판도 겸허히 수용할 것입니다. 더 많이 하려고 욕심부리지 않을 것입니다. 아이들의 흥미와 관심거리를 파악하여 선택과 집중의 기지를 발휘할 것입니다.

우리는 멈추지 않을 것이고, 앞으로 나아갈 것입니다. 그러기 위해 오늘도 '교직원 다모임'에서 우리는 각자의 생각을 나타낼 것입니다. 나와 다른 의견에 대해서도 공감하고, 더 나은 결과를 만들어 갈 것입니다. '행복배움' 이루기 쉽지 않겠지만, 다시 꿈을 꿀 것입니다. 모두 함께.

에필로그
책출판 전학공 - 행복배움학교, 도림을 기록하다.

김광석
교 장

행복배움학교 2.0 성공, 미래형 혁신학교 기반 마련

우리 학교 선생님들은 매우 열정적입니다. 학교 교육에 대해 논의할 때에는 전투적이기까지 합니다. 다모임 활동 시간에는 정해진 시간을 넘겨도 지루해하지 않습니다. 전교직원 다모임 보다 횟수가 빈번한 학년 모임에서는 더욱 그러합니다. 이러한 열정이 학생 교육으로 이어집니다. 이해가 부족한 학부모를 끝까지 설득합니다. 처음에는 의아해하거나 망설이던 학부모들도 나중에는 함께 하게 됩니다. 겉으로 드러난 부분만 추구했다면 학생, 학부모의 자발적인 참여를 이끌어내지 못했을 것입니다. 선생님들의 끊임없는 연수와 협의, 설득이 '행복배움학교 도림'을 만들고 있습니다. 우리 학교 교육활동이 모든 학교에서 그대로 적용될 수 있으리라 생각하지 않습니다. 우리 학교에서의 교육활동이 모두 옳다고 생각하지 않습니다. 하지만 우리는 우리 학교 6년의 교육활동이 의미 있는 교육활동으로 큰 성과를 나타냈다고 자부합니다. 그래서 그간의 교육활동 모습을 책으로 출간하기로 하였습니다. 이를 통해 행복배움학교 도림의 6년에 대해 스스로 성찰하고, 평가받는 기회로도 삼고자 합니다. 아울러 행복배움학교 2.0을 충실히 마무리하고, 미래형 혁신학교 기반을 마련하고자 합니다.

김동현
교 사

아름다운 학교 공동체의 맛을 보다

서로 이렇게까지 믿어 준 학교 공동체는 처음 맛 보았다. 마음과 생각이 모여 학교와 연결되는 그 과정이 얼마나 달콤했던지. 학교는 여기에 삶을 뿌리 내리고 싶을 때까지 기다려 주었다. 그 과정에서 누군가는 더 희생하고 수고해야 했다. 이를 한참 뒤에야 깨닫게 된 후 이 학교를 사랑하려고 애쓸 필요가 없어졌다. 학교에 보여 준 신뢰와 사랑이 연결되자 내면으로부터 뭔가 문을 열고 흘러 나오기 시작했다. 자발성이 개인을 넘어 공동체로 연결되고, 선순환이 지속되는 과정을 통해 학교에서 어떤 일들이 벌어질 수 있는지 행복하게 경험할 수 있었다. 어느새 학교 이야기는 나의 이야기, 우리의 이야기가 되어 학교 담을 흘러 넘어갔다. 그 이야기를 듣고 함께 근무하게 된 동료들이 더불어 행복해 하고, 성장해 가는 장면을 볼 때마다 또 다른 기쁨을 누리고 있다. 그래서 매일 학교에 가서 하는 중요한 역할은 학생들과 동료 교사들을 신뢰해 주고 기다려 주는 일이라 여기고 있다. 여기서 꽃 피운 강력하고 아름다운 힘을 맛 보았기 때문이다.

김소현
사서교사

출판 전학공 시간은 도림을 알아가는 시간

작년 8월에 도림초에 왔다. 아이들이 왁자지껄하게 선생님께 장난을 걸고 오늘 하루 있던 일을 재잘거리며 이야기하는 와중에 인수인계를 받았다. 선생님께서는 그런 아이들이 익숙해 보이셨다. 나는 실습을 매번 중고등학교로 나갔기 때문에 실질적으로 초등학교는 졸업한 뒤로 처음이라 '요즈음 아이들은 다 이렇게 스스럼없고 자유로운가?'라고 생각했다. 의문은 도림초에서 몇 달을 지내니 금방 해소되었다. 5층 구석에 자리한 도서관이라는 특성상 아이들과 함께 하는 시간은 적음에도 불구하고 몇 번의 행사와 몇 번의 다모임으로 나는 이 학교는 내가 경험했던, 또 내가 전공 시간에 배웠던 학교와는 무언가 다르다는 것을 알 수 있었다.

이제 1년, 나는 우리 학교가 여전히 새롭고 신기하다. 초임 기간제 교사로서 어려운 점도 많았지만 그보다는 놀랍고 감탄스러운 점들이 훨씬 더 많았다. 이번 출간 또한 마찬가지였다. 1년 동안 도림초의 구성원으로서 선생님들과 아이들을 보아왔음에도 불구하고 책으로 엮기 위해 모인 이야기에는 내가 몰랐던 익숙하고 또 낯선 도림을 들을 수 있었다. 내게 있어 출판 전학공 시간은 내가 모르던 도림을 알아가는 시간이었다. 이 책을 접하시는 모든 독자가 내가 그랬듯 '도림'을 느껴주셨으면 좋겠다.

이석구
교 감

아이들이 행복하기 위해서는 선생님들이 행복해야 한다

아이들이 행복한 학교가 진정 좋은 학교다. 아이들이 행복하기 위해서는 선생님들도 행복해야 한다. 선생님들이 배고프면 아이들을 잡아먹는다. 물론 전부는 아닐 것이지만, 도림의 구성원은 행복하다고 생각한다.

이번 책 만들기 작업을 하면서 그것을 더 느꼈다. 보통 선생님들은 학교를 떠나면 이전 학교에 다시 오기가 쉽지 않다. 왠지 어색하여 발걸음이 와닿지 않는다. 그런데 도림을 떠난 선생님들은 '친정'이라는 표현을 사용한다. 진정 멋진 사람들이 아닌가? 그 멋진 구성원 중한 명인 나도 행복하다. 또한 이번 책을 만드는 작업에 참여하게 되어 더 행복하다. 책 만들기에 기꺼이 노력을 다하고, 글을 쓰는 선생님들을 보면서 살아 숨 쉼을 느낀다.

난 학교들이 '도림'처럼 그랬으면 좋겠다. 아이들이 중심인 학교, 아이들을 위해 최선을 다하는 선생님들, 그리고 아이들과 선생님을 지원해 주는 관리자와 교직원들. 이런 멋진 도림 같은 학교들이 많아졌으면 좋겠다.

이해정
교　사

행복배움학교 6년의 이야기

내 책을 만들고 싶다는 로망이 있었다. 그리고 학교를 떠나는 올해, 도림의 이야기를 기록으로 남기고 싶었다. 도림의 교육과정이 누군가에게 도움이 된다면, 아니 도림의 이야기를 남기는 것만으로도 보람이 있지 않을까? 전학공의 이름으로 9인의 교사가 의기투합했다. 출판전문가와 글쓰기 교수님의 연수를 들으며 매주 모여 열띤 논의를 거쳐 목차를 만들고 나만의 꿈에서 우리들의 꿈으로 구체화 시켰다. 행복배움학교 6년의 이야기를 기록하다 보니 초기 구성원들의 열정에 가슴 떨렸고, 뭔지 모를 뭉클함이 몰려 왔다. 그들의 생생한 기억들을 떠올리며 지금 우리가 누리는 많은 것들이 얼마나 큰 노력의 결실이라는 것을 알았다. 2월부터 시작한 10개월의 대장정을 함께 해준 전학공 동료와 도림에서 자신의 경험을 기꺼이 참여해주신 42명의 집필진에게 감사함을 전한다. 뜻깊은 일이라며 지지해주신 동부교육지원청 교육장님 이하 이오연 장학사에게도 고마움을 전한다.

임효빈
교　사

교사들의 이야기와 삶

작가와 일반인의 경계가 무너지고 있는 1인 출판 시대를 마주하며 교사로서 자신의 삶을 글로 기록하는 것이 얼마나 큰 의미가 있는지 생각해보곤 했다. 마침 여느 학교보다 특별한 행보가 주목되는 도림초 만의 책을 집필한다는 소식에 발이나 담가보며 떨어지는 콩고물이나 먹어볼까 했다. 생각보다 깊숙이 담가진 물이 몸까지 깊숙이 차오른 상황 속에서 조금 벅찬 느낌을 받기도 했지만 그 너머로 보이는 각기 결 다른 다양한 생각의 물줄기를 엿보는 묘미도 얻었다. 이 책은 혁신학교에서 차마 다 말하지 못하고 보여주지 못했던 교사들의 이야기와 삶이 담겨있다. 내가 맛보았던 것처럼 또 다른 누군가도 그 맛을 보고 다시금 학교란 어떤 곳인지 생각해보는 기회가 되었으면 좋겠다.

전 혜
교　사

시간에 대한 기록들이다

학교가 정말로 해야 하는 일, 교사가 진심으로 고민해야 하는 일, 학생들이 스스로 배우고 느껴야 하는 일, 학부모와 함께 공감하는 일. 이 모든 것의 시작점을, 도림초에서 드디어 만들어냈다는 생각이 든다.

약 19년의 교육경력이 있었지만, 나의 철학과 교육관이 든든하게 정립된 것은 근 4년간의 일인 것 같다. 이것이 뿌리가 되어, 교실에서 뿐 아니라 나의 삶 전체에 생생한 에너지를 공급하고 있다. 무엇이 나를 생각하고 행동하게 만들었을까? 무엇이 나에게 열정을 준 것일까? 그 시간에 대한 기록을 이곳에 남겨본다.

호명성
교　사

교사들은 어떤 삶을 살아가는지

좋아하는 선배가 얼마 전 책을 한권 냈다. 그 책에서 '이야기를 만든다는 것은 삶을 깊이 이해하는 것'이란 구절이 마음에 와 닿았다. 교사를 한지 십 수 년이 지났지만, 교사들이 어떤 삶을 살아가는지 모른다. 아니 내가 어떤 삶을 살고 있는지조차 모르겠다. 교사는 삶을 돌아보기에 너무 바쁘고 시간은 빠르게 흘러간다. 교사의 삶은 각자의 교실에서 파편화되고 흔적도 없이 사라지고 만다. 책을 만드는 시간은 도림이라는 공동체의 이름으로 교사로서 살아온 이야기를 나누는 시간이었다. 차곡히 쌓인 글을 읽고 서로 대화를 나누는 시간은 도림이 지나온 길을 돌아보는 시간이었지만 다른 한편으로는 삶을 깊이 이해하는 시간이었다. 혼자서는 절대 하지 못할 경험들을 체험하게 해 준 전학공 동료들과 도림초선생님들께 감사의 마음을 전하고 싶다.

홍문숙
교　사

재미있는 혁신 교육이야기

'재미있다' 우리의 원고를 읽으며 떠 오른 생각이다. 이 감정을 누르기 어려워 밤 10시에 친구에게 전화를 걸어 "우리 이야기 재미있다"를 외쳤다. 우리의 이야기가 재미있다니, 딱딱하고 혁신의 가치를 강요하는 듯이 전해져 지루하면 어쩌나 하는 걱정했었는데……

우리의 좌충우돌 혁신을 향한 이야기가 왜 재미있을까 생각해보았다. 그 안에는 진정한 교육의 고뇌와 교육현장의 생생한 경험이 그득히 담겨 있기 때문인 것 같다. 혁신을 꿈꾸는 많은 분들이 재미있는 혁신교육 이야기 속으로 함께 빠져 보기 바란다.

☆ 이 책의 집필에 참여한 분들 (가나다 순)

강민진, 김광석, 김동현, 김민경,

김소현, 김윤희, 김주현, 김지연,

김홍미, 박소영, 박세웅, 박정혜,

박태규, 배수민, 설희순, 손연수,

신은희, 엄월영, 오수진, 유지형,

이석구, 이세민, 이은미, 이은숙,

이주연, 이재원, 이태섭, 이해정,

임은혜, 임효빈, 장혜경, 전 혜,

정미화, 정혜진, 조선희, 조하나,

차건호, 한우정, 허정림, 호명성,

홍문숙, 홍문주